किसान आंदोलन 2020-21: अदम्य संघर्ष व स्वाभिमान की गौरव गाथा

उमेद सिंह

ISBN 979-8-89498-839-9

अमर बलिदानी शहीद किसानों को समर्पित

विषय सूची

आभार

मैं इस पुस्तक को लिखने का श्रेय सबसे पहले अपनी पत्नी सत्यवती व दोनों बेटों डा. (प्रोफेसर) मनोज सिवाच, प्रतीक सिवाच व पुत्र वधु डा. (प्रोफेसर) प्रियंका सिवाच व पूजा को देना चाहता हूँ, उन्होंने मुझे जोर देकर वकालत छोड़ने के लिये प्रोत्साहित किया। विशेषकर डा. (प्रोफेसर) प्रियंका सिवाच ने मुझे पैसा कमाने की बजाय पढ़ने व लिखने में अपना बाकी जीवन लगाने के लिये प्रेरित किया और मैंने 2019 में वकालत से पूर्णतया सन्यास ले लिया। किसान जातियों, श्रमजीवी व कारीगर जातियों के इतिहास में स्थान व भूमिका के बारे में प्राचीन स्मृतियों, अर्थशास्त्र, दूसरे धर्मग्रंथों व मध्य कालीन इतिहास को पढ़ा और जीवन में ऊंची जातियों द्वारा इन वर्गों के प्रति व्यवहार को जाना। यह विश्वास हो गया कि इन वर्गों का कर्तव्य केवल शासक वर्ग के लिए उपभोग सामग्री अन्न, फल, सब्जी, दूध, कपड़ा, कारीगरों द्वारा हथियार, वाहन, बर्तन व दूसरी चीजो का निर्माण करना है। मेरे इस विचार को महात्मा फूले, बाबा साहब डा. अम्बेडकर व दूसरे विद्वानों के लेखों से बल मिला। अन्त में कृषि विशेषज्ञ व अर्थशास्त्री श्री सोमपाल शास्त्री (पूर्व कृषि मंत्री, भारत सरकार) के एक साक्षात्कार से ये विचार विश्वास में बदल गये। उन्होंने बताया कि ब्रिटिश

समय से लेकर व वर्तमान भारत में भी किसानों की पैदावार को उपभोक्ता वर्ग के लिए प्रयोग करने व कारखानों के लिये कच्चा माल उपलब्ध कराने की प्रवृत्ति रही है।

जब मैं इस विषय पर सामग्री एकत्रित कर ही रहा था तो भारत सरकार ने ये तीन कृषि कानून पास कर दिये। इस पर किसान आन्दोलन शुरू हो गया। मैंने इस पर पुस्तक लिखने का निर्णय लिया। इस लेखन में अनेक मित्रों ने मेरी सहायता की है। इनमें से कुछ का नाम से धन्यवाद करता हूँ। डाटा इकट्ठा करने में छोटे भाई वजीर सिंह, कर्नल जे. पी. फोगाट, बलजीत सिहाग ने पूरी मेहनत की, सारी बार असोसिएशनों के प्रधानों का विशेष आभारी हूँ, जिन्होंने न केवल सामग्री प्रदान की परन्तु काम को सराहा भी, अम्बाला बार प्रधान दिलबाग सिंह दानीपुर ने तो विशेष फूल मालाओं से स्वागत किया जिस से उर्जा मिली।

डा. (प्रोफेसर) बलविन्दर टिवाणा, पंजाबी विश्वाविद्यलय, पटियाला, सत्यपाल सिवाच का आभारी हूँ। इन्होंने क्रमशः पंजाब व हरियाणा में आन्दोलन की शुरूवाती के दौर बारे में लिखित में जानकारी दी। कामरेड इन्द्रजीत, कामरेड फूल सिंह, कामरेड रामचन्द्र यादव ने अपने समय व सलाह से प्रोत्साहित किया। अखिल भारतीय किसान सभा नेता कामरेड हन्नान मौला (8 बार के पूर्व सांसद) व डा0 अशोक धवले ने अपना कीमती समय निकालकर आन्दोलन के विकास व तथ्यों की जानकारी दी। कामरेड अशोक धवले ने अपनी पुस्तक 'When the Farmers Stood Up' भेंट की। महाराष्ट्र व दक्षिण भारत की किसान पंचायतों बारे जानकारी दी जो इस पुस्तक में समाहित है। पंजाब के ही नहीं, सारे किसान आन्दोलन के मुख्य नेता जोगेन्द्र सिंह उग्राहां

ने अन्दोलन बारे एक नई समझ दी और अपना कीमती समय दिया। योगेन्द्र यादव, कामरेड बलवान सिंह पूनिया, विधायक राजस्थान, कामरेड अमरा राम, पूर्व विधायक हाल सांसद व स्योपत राम मेघवाल, पूर्व विधायक का आभार व्यक्त करता हूं। इन्होंने राजस्थान में आन्दोलन के बारे में जानकारी दी। मौलाना अर्शद मील, एडवोकेट ताहिर हुसैन शिकरावा, एडवोकेट अज़ीज़ अख़्तर, मुबारिक ख़ान अटेरना व सलीम अहमद मुफ्ती का मेवात में आन्दोलन की जानकारी देने के लिये धन्यवाद करता हूं। इसके अतिरिक्त अनेक किसान कार्यकताओं का भी मैं तहेदिल से धन्याबाद करता हूँ, जिन्होंने मेरी इस काम में मदद की।

अन्त में अर्थशास्त्र विभाग, चौ. देवीलाल विश्वविद्यालय के मुकेश वर्मा, रिसर्च स्कॉलर पूजा गोठवाल व ममता कुल्हड़िआ जिन्होंने अपना कीमती समय निकाल कर टायपिंग काम पूरा किया, का विशेष धन्यवाद करता हूँ। मैं डा. (प्रोफेसर) मनोज सिवाच के प्रति, जिन्होंने मुझे पुस्तक की रूप रेखा व स्वरूप के बारे में अपना परामर्श व मार्ग दर्शन लगातार दिया, अपना आभार प्रकट करता हूँ। मैं मेरे सहयोगी वकीलों नरेश सिवाच, मंजीत जांगड़ा, दलसिंह सिवाच व मुंशी महावीर नरवाल का भी धन्यावाद करता हूं जिन्होंने मेरे लम्बित केसों को पूरी तरह सम्भाल लिया व मुझे कोर्ट के कार्य से फ्री कर दिया।

मैं डॉ रमणीक मोहन के लिए भी अपना सहृदय विशेष आभार प्रकट करता हूँ जिन्होंने अपनी व्यस्त दिनचर्या से वक़्त निकल कर इस पुस्तक का बहुत गंभीरता पूर्वक भाषा संपादन किया।

लेखक

सोमपाल शास्त्री

पूर्व कृषि मंत्री (भारत सरकार)

प्रस्तावना

इस पुस्तिका में जिस किसान आन्दोलन का आँखों देखा हाल लिखा गया है, वह कई दृष्टि से स्वतन्त्रता प्राप्ति के बाद का सर्वाधिक अनूठा आन्दोलन रहा। एक तो यह सबसे लम्बा चला। 26 नवम्बर 2020 को प्रारम्भ होकर 12 दिसम्बर 2021 तक लगभग 13 माह की अवधि तक चलकर समाप्त हुआ। दूसरे, यह अपने मूल उद्देश्य को प्राप्त करने में पूर्णतः सफल हुआ। सरकार को किसानों की मुख्य मांग माननी पड़ी। वह अपने द्वारा पारित तीनों तथाकथित सुधारवादी कानूनों को निरस्त करने पर विवश हुई। तीसरे, यह आन्दोलन पूरी तरह शान्त, अनुशासित और अहिंसक रहा। जो भी अहिंसा या अतिशयता हुई वह केवल सरकार की ओर से हुई। सत्ताधारियों द्वारा भाँति-भाँति के अनर्गल आरोप लगाये जाकर आन्दोलन को बदनाम करने का कुत्सित प्रयास भी किया गया। इसे केवल पंजाब प्रान्त के कुछ किसान संगठनों का, अतिवादियों, वामपन्थी राजनीतिज्ञों तथा विदेश में रह रहे राष्ट्र-विरोधी तत्त्वों द्वारा उकसाया गया, वित्तपोषित और समर्थित कहा गया। यह तथ्य है कि आन्दोलन की शुरुआत पंजाब के किसानों

ने ही की। परन्तु शीघ्र ही हरियाणा, उत्तर प्रदेश, राजस्थान और दिल्ली के सब किसान उसमें सक्रियता से भागीदार बन गये। उसके बाद पूरे देश के सभी किसान संगठन धरने में सम्मिलित होते चले गये। शीघ्र ही आन्दोलन को पूरे भारत के किसानों ही नहीं बल्कि कृषकेतर सब वर्गों, बुद्धिजीवियों तथा समस्त स्वतंत्र मीडिया का भी भरपूर और व्यापक समर्थन मिला, जो अन्त तक उतना ही जीवन्त बना रहा। परिणामतः सत्ताधारियों द्वारा लगाये गये सभी आरोप अनर्गल और निराधार सिद्ध हुए। इतने विशाल, व्यापक और शान्तिपूर्ण जन-आन्दोलन की ऐसी सफल और सुखद परिणति ने एक बार पुनः यह दर्शा दिया कि जनमत में कितनी शक्ति होती है। यद्यपि इसमें लगभग सात सौ किसानों को अपने जीवन की आहुति देनी पड़ी। निश्चित ही देश की आगामी पीढ़ियाँ सदा उनके इस महान् बलिदान के प्रति कृतज्ञ एवं ऋणी रहेंगी।

इस आन्दोलन की सबसे बड़ी विशेषता रही पंजाब की गुरुद्वारा प्रणीत सांझी सामुदायिक लंगर व्यवस्था का सार्वजनिक और सार्थक प्रयोग, जिसमें अन्य प्रदेशों विशेषकर हरियाणा, दिल्ली, उत्तर प्रदेश और राजस्थान के किसानों ने उत्साहपूर्वक सक्रिय भाग लिया। सब प्रकार के जातिगत, क्षेत्रगत और वर्गगत भेदों को भुलाकर पूरी दुनिया के समक्ष भारत की विविधतापूर्ण सांस्कृतिक परम्परा से ओत-प्रोत स्वतः प्रेरित सामूहिक अनुशासन और सहकारिता का एक सर्वथा नवीन, प्रेरक और अनुकरणीय उदाहरण प्रस्तुत किया। इस कारण पूरे विश्व में उनकी प्रशंसा होने के साथ-साथ सब देशों के कृषकों एवं जनसामान्य की सहानुभूति और समर्थन भी अर्जित हुए। इससे यह भी सिद्ध हो गया कि वर्तमान सत्ताधारी दल की साम्प्रदायिक विभाजनकारी सोच एवं प्रवृत्ति को भारत का जनमानस भली-भाँति पहचान चुका है और

उसे सार्वजनिक रूप से नकार रहा है। उसने निश्चय कर लिया है कि वह इस अनिष्ट उद्देश्य को सफल नहीं होने देगा। यह देश में लोकतांत्रिक व्यवस्था के सुरक्षित भविष्य एवं जन एकता जनित समरसता के स्थायित्व का विश्वास दिलाने वाला बड़ा ही शुभ संकेत है।

अब इस आन्दोलन की पृष्ठभूमि और कारणों पर कुछ प्रकाश डालना भी अपेक्षित प्रतीत होता है। किसान की असहाय स्थिति, विवशता और विपन्नता युगों पुरानी है। चिरकाल से प्रचलित सब किस्से कहानियों में "एक गरीब किसान था" यह वाक्य मुहावरे के तौर पर सुनने को मिलता रहा है। प्राचीन काल से ही सामन्ती राजाओं-रजवाड़ों, सूदखोरों और व्यापारियों की त्रिगुटीय दुरभि सन्धि के माध्यम से कृषक वर्ग का शोषण सदा होता रहा है। यही प्रवृत्ति और नीति औपनिवेशक शासन काल में भी न केवल यथावत् जारी रही, बल्कि कृषकों के श्रम से अर्जित सम्पदा को लूटकर विदेश भेजा जाने लगा। स्वतंत्रता प्राप्ति के उपरान्त जमींदारी उन्मूलन आदि भूमि सुधारों से कृषकों को अपने द्वारा जोती जा रही भूमि का स्थायी स्वामित्व प्राप्त हो जाने से यद्यपि काफ़ी राहत मिली। परन्तु गेहूँ उत्पादक विशाल सिंचित भूभाग पाकिस्तान के हिस्से में चले जाने से आज़ादी के पहले दो दशकों में देश को खाद्यान्न अभाव के भारी संकट का सामना करना पड़ा जिसके कारण सरकार का सारा ध्यान उसका समाधान करने पर ही केन्द्रित रहा। 1951 में अमेरिका से उसके पी.एल. 480 नामक कानून के तहत भारी मात्रा में गेहूँ का आयात करके एक अस्थायी समाधान किया गया, जो 15 वर्ष तक जारी रहा। परन्तु 1965 में हुए भारत-पाक युद्ध के बाद अमेरिका ने वह सहायता बन्द कर दी और आगामी दो वर्षों में भारत को भयावह सूखे

का सामना करना पड़ा। तब अन्न का संकट और भी गंभीर हो गया। उस परिस्थिति में मैक्सिको और जापान से गेहूँ तथा धान की बौनी किस्मों के प्रति एकड़ अधिक उत्पादन देने वाले बीज मंगाये गये। सिंचाई के साधनों का बड़े पैमाने पर विस्तार किया गया। रासायनिक उर्वरकों के प्रयोग को प्रोत्साहित किया गया। इस समेकित रणनीति के वांछित परिणाम भी हुए। लगभग एक दशक में भारत खाद्यान्न में आत्मनिर्भर हो गया। इस चमत्कारिक सफलता ने पूरे विश्व को चकित कर दिया और इसे 'भारत की हरित क्रान्ति' की संज्ञा देकर प्रशंसित किया गया। सबने एक स्वर में यह भी स्वीकार किया कि इस पूरे उद्यम में सर्वाधिक महत्त्वपूर्ण और अग्रणी भूमिका भारत के किसान की रही। इसमें भी कोई सन्देह नहीं कि किसान की आर्थिक दशा में भी सुधार हुआ। परन्तु उसे उसके योगदान के अनुरूप उचित प्रतिफल कभी नहीं मिला। इसके कारणों पर आगामी पंक्तियों में संक्षिप्त सी चर्चा की जा रही है।

यह सर्वविदित है कि कृषि के सम्बन्ध में स्वतन्त्र भारत की प्रायः सभी सरकारों का ध्यान मुख्यतः कृषि जिंसों का भरपूर उत्पादन बढ़ाकर संगठित औद्योगिक मजदूरों और मुखर शहरी जनता को पर्याप्त मात्रा में खाद्य वस्तुएं तथा कृषि आधारित उद्योगों को कच्चा माल सस्ती दरों पर उपलब्ध कराने पर केन्द्रित रहा। जिस वर्ष किसान अधिक उत्पादन करता तो भाव गिर जाते और यदि पैदावार कम होती तो विदेशों से आयात कर लिया जाता। यह समस्त नीति और उसके प्रेरक तत्त्वोद्देश्य कमोबेश वैसे ही रहे जैसे कि अंग्रेजों की औपनिवेशिक सरकार के काल में हुआ करते थे। इस तथ्य से इंकार नहीं किया जा सकता कि किसानों की आर्थिक एवं सामाजिक दशा में सुधार अवश्य हुआ। परन्तु यह

भी कटु सत्य है कि कृषि क्षेत्र द्वारा देश की प्रगति में उनके द्वारा किये गये योगदान के अनुरूप उन्हैं समुचित भाग नहीं मिला। वैसे तो इसके अनेक प्रमाण हैं। परन्तु यहाँ केवल एक सरकारी आंकड़े का उल्लेख किया जाना पर्याप्त है। वह यह कि आज़ादी के समय देश की पूरी जनसंख्या का लगभग 75 प्रतिशत भाग खेती के व्यवसाय में लगा था और राष्ट्र की सम्पूर्ण आय का लगभग 60 प्रतिशत भाग उसके हिस्से में आता था। जबकि आज भी देश की लगभग 60 फीसदी जनता खेती पर निर्भर है, परन्तु सकल घरेलू उत्पाद यानी पूरी राष्ट्रीय आय में उसका हिस्सा घटकर केवल 16 प्रतिशत हो गया है। इसका सीधा अर्थ यह हुआ कि पहले खेती में लगे प्रति व्यक्ति की आमदनी और अन्य व्यवसायों में लगे प्रति व्यक्ति की आय में एक और दो का अन्तर था। वर्तमान में यह अन्तर बढ़कर एक और आठ हो चुका है। दूसरे शब्दों में कहें तो पहले कृषि व्यवसाय में लगे लोगों की प्रति व्यक्ति आमदनी अन्य पेशे वालों के मुकाबले आधी थी, जो अब घटकर एक बटा आठ हो गयी है। अथवा खेती में लगे प्रत्येक व्यक्ति के मुकाबले प्रत्येक अन्य व्यवसायी की आमदनी पहले दोगुनी थी, अब आठ गुना हो गयी है। इसके कई कारण हैं, परन्तु मुख्य दो हैं। पहला है कृषि उत्पादों के दाम अन्य उत्पादों के दामों के अनुपात में न बढ़ना और दूसरा है कृषि से इतर रोज़गार न मिलने के कारण कृषि भूमि पर बोझ बढ़ना जिसके कारण जोतों का बटवारा होते जाने से जोतों का आकार लगातार छोटा होते जाना। इसी का परिणाम है कि ग्रामीण क्षेत्रों में गरीबी अपेक्षाकृत अधिक है।

कृषि व्यवसाय की सबसे बड़ी कठिनाई है कि उससे आय का सतत प्रवाह जनित नहीं होता। फसल बोवाई से पूर्व खेत की तैयारी से लेकर कटाई तक उसके ऊपर होने वाले व्यय और

परिवार के सब प्रकार के व्यय तो लगातार चलते रहते हैं, परन्तु आमदनी केवल फसल कटने के समय होती है। उस वक्त किसान इन्तज़ार करने की स्थिति में नहीं रहता। उसे अपने उत्पाद का जो भी भाव मिले उसी पर बेचने को मजबूर होना पड़ता है। उसकी इस विवशता का लाभ पूंजीपति व्यापारी और सूदखोर सदा उठाते रहे हैं। इसी समस्या से राहत देने के लिये न्यूनतम समर्थन मूल्य प्रणाली का प्रारम्भ हुआ। परन्तु वह सदा अत्यन्त आंशिक रूप में ही क्रियान्वित होती रही। सब सरकारें वायदा तो करती रहीं परन्तु उसका समग्र क्रियान्वयन कभी नहीं हुआ। मुख्यतः दो कठिनाइयाँ सदा रहीं। न तो कृषि उत्पादों का उचित मूल्य निर्धारित हुआ और जो हुआ वह भी सब फसलों और सब किसानों को कभी नहीं मिला। अनेक किसान संगठन इसकी मांग करते रहे। दर्जनों सरकारी संस्थानों, समितियों और आयोगों ने इस व्यवस्था को दुरुस्त करने की सिफारिशें कीं। सभी सरकारें आधे-अधूरे गोलमोल शब्दों में वायदे तो सदा करती गयीं, परन्तु किसी के द्वारा कभी उनके ऊपर कोई ठोस कार्यवाही नहीं की गयी। परिणामतः अन्य वर्गों के मुकाबले किसान सतत पिछड़ता ही चला गया।

सर्वप्रथम 2014 के लोकसभा चुनाव अभियान के दौरान श्री नरेन्द्र मोदी और उनकी पार्टी ने स्वामीनाथन आयोग की सिफारिश को लागू करने का ठोस वायदा बार-बार और पूरे जोर-शोर से दोहराया। परन्तु सत्ता में आने के बाद कुछ नहीं किया। 2015 यानी भाजपा के सत्ता में आने के एक वर्ष तक इस दिशा में जब कुछ नहीं हुआ तो कुछ किसान हितैषी स्वयंसेवी संगठनों तथा कार्यकर्त्ताओं ने सर्वोच्च न्यायालय में इस मुद्दे पर एक याचिका प्रस्तुत कर दी। उस पर सुप्रीम कोर्ट द्वारा सरकार को जारी किये नोटिस के जबाब में सरकार ने अपने लिखित उत्तर में कह दिया

कि उसके पास उपलब्ध वित्तीय संसाधनों में इस सिफारिश को लागू करना सम्भव ही नहीं है। किसानों को मोदी सरकार का यह पहला झटका था। इसके कुछ ही समय बाद 2016 में उनकी सरकार ने एक और शिगूफा छोड़ दिया कि वे किसानों की आय दोगुना करेंगे। परन्तु कितने समय में कर देंगे, यह नहीं बताया। इस संबंध में संसद तथा संसद के बाहर सवाल पूछे जाने पर कहा कि वर्ष 2022 तक यानी छह साल की अवधि में ऐसा कर देंगे। किसानों को फिर कुछ आशा बंधी। वे प्रतीक्षा करने लगे। परन्तु दो-ढाई वर्ष तक ऐसा कोई काम नहीं हुआ, जिससे आमदनी दोगुनी होने की दिशा में कुछ प्रगति हो। यह दूसरा झटका था। फिर 2018 की आखिरी तिमाही में सरकार द्वारा रबी की फसल के न्यूनतम समर्थन मूल्य घोषित करते हुए दावा कर दिया गया कि स्वामीनाथन आयोग की सिफारिश लागू कर दी गयी है। शीघ्र ही इसकी भी कलई खुल गयी। स्वयं 'कृषि लागत एवं मूल्य आयोग' जो भारत सरकार के कृषि मंत्रालय का एक विभाग है, उसकी रिपोर्ट में यह लिखा हुआ है कि ये मूल्य ए-2+एफ.एल. अर्थात् किसान द्वारा खेती के ऊपर किये नकद व्यय और उसके परिवार की मज़दूरी के ऊपर 50 प्रतिशत जोड़कर तय किये गये हैं। जबकि स्वामीनाथन आयोग की सिफारिश है कि न्यूनतम समर्थन मूल्य सी-2 लागत पर 50 प्रतिशत जोड़कर निर्धारित होने चाहियें। इसमें ज़मीन को किसान की पूंजी मानकर उसका कुछ सांकेतिक मुआवज़ा सम्मिलित किया जाता है। यद्यपि यह ज़मीन की कीमत पर मिल सकने वाले बैंक ब्याज की दर से भी काफी कम होता है। यह सर्वविदित है कि सब व्यापारियों और उद्योगपतियों के उत्पादों की लागत में भूमि और भवन की कीमत का ब्याज और ह्रास मूल्य सदा जोड़ा जाता है। यह किसानों के लिये तीसरा झटका था।

यहाँ यह सूचित किया जाना अपेक्षित है कि विख्यात कृषि वैज्ञानिक डॉ. एम. एस. स्वामीनाथन, जिनके नाम से यह आयोग अब प्रसिद्ध है, वे इसके दूसरेअध्यक्ष थे। आयोग का असली नाम है **'राष्ट्रीय किसान आयोग'**, और इसका पहला अध्यक्ष इस भूमिका का लेखक था। हमारे चार माह के कार्यकाल में ही यह सी-2+50 प्रतिशत वाला फार्मूला तय किया जाकर फाइल पर अंकित किया जा चुका था। इसकी रिकार्ड से पुष्टि की जा सकती है। अतः यह सारी जानकारी आधिकारिक है और लिखित तथ्यों के आधार पर दी जा रही है। इसमें कुछ भी बनावटी या काल्पनिक नहीं है।

किसानों की इस सतत ऐतिहासिक उपेक्षा, निराशा और सरकार के प्रति पनपते अविश्वास के वातावरण में भाजपा सरकार ने तीन तथाकथित कृषि सुधार कानूनों को संसद में बिना समुचित चर्चा के पारित करके अफरातफरी में घोषित और लागू कर दिया। उन्हें संसदीय समिति को सौंपने और उनके दीर्घकालीन प्रभावों का अध्ययन करने का सुझाव भी बेशर्मी से नकार दिया। संसद के ऊपरी सदन में तो बिना मतदान कराये सब नियमों को धता बताकर धींगामुश्ती से पास कर दिया। यह किसानों के लिये चौथा झटका था, जिसने उनके सब्र के बान्ध को तोड़ दिया। वे सड़क पर आने को मजबूर हो गये। उसके बाद क्या-क्या हुआ, वह सब विवरण इस पुस्तक में अंकित है।

इस विषय में एक महत्त्वपूर्ण सूचना देना और उसके ऊपर अपना मत व्यक्त करना मैं आवश्यक कर्त्तव्य मानता हूँ। वह यह कि इन तीनों सुधारों की सिफारिश उस उच्चाधिकार प्राप्त समिति ने की थी, जिसकी नियुक्ति श्री विश्वनाथ प्रताप सिंह के प्रधानमंत्री काल में 26 फरवरी 1990 को हुई थी। उनके मन्त्रिमंडल में देश

भर में प्रसिद्ध कई जाने-माने वरिष्ठ किसान नेता सम्मिलित थे। चौधरी देवीलाल उप-प्रधान मंत्री, चौ. अजीत सिंह उद्योग मंत्री और चौ. नाथूराम मिर्धा खाद्य मंत्री थे। सबकी सर्वसम्मति से यह समिति गठित हुई और 7 जुलाई 1990 को, यानी छह महीने से भी कम समय में उसने अपनी रिपोर्ट सरकार को दे दी। परन्तु उसके कुछ ही समय बाद वह सरकार गिर गयी और उस प्रतिवेदन के अनुच्छेद 51 में अंकित इन संस्तुतियों सहित कई अन्य महत्त्वपूर्ण सुझाव क्रियान्वित होने से रह गये। इस सन्दर्भ में यह बताना भी आवश्यक है कि उक्त समिति ने इन सुधारों को लागू करने के साथ-साथ कृषि लागत एवं मूल्य आयोग को संवैधानिक दर्ज़ा देने और साथ ही न्यूनतम समर्थन मूल्यों को कानूनी गारंटी बनाने की शर्त भी रखी थी।

चौधरी उमेद सिंह द्वारा लिखित इस ऐतिहासिक दस्तावेज़ की भूमिका समाप्त करने से पूर्व मैं कुछ भारी मन से यह भी कहना चाहूंगा कि इस अद्भुत किसान आंदोलन की कुछ कमजोरियाँ भी रहीं। एक तो इसे सब मुद्दों पर और सब संबंधित पक्षों विशेषकर देश भर के सब किसान संगठनों के नेताओं के साथ विधिवत चर्चा किये बिना चालू किया गया। यद्यपि बाद में सब इसमें सम्मिलित हो गये। दूसरे, विभिन्न संगठनों की एक-दूसरे से ऊपर दिखने की प्रवृत्ति भी सामने आयी। तीसरे, इसमें देश के उत्तरी प्रान्तों की ही अग्रणी भूमिका रही। इनमें भी सबसे बड़ी पंजाब की, दूसरे नम्बर पर हरियाणा की, तीसरे नम्बर पर पश्चिमी उत्तर प्रदेश की और चौथे पर राजस्थान की। अन्य राज्यों के किसान नेता तो आते रहे परन्तु जन-सामान्य की उतनी सक्रिय भागीदारी नहीं हो पायी। चौथी अत्यन्त महत्त्वपूर्ण चूक यह हुई कि न्यूनतम समर्थन मूल्य (एम.एस.पी.) की मांग को शुरू से ही न उठाकर मांगों की

सूची में बाद में जोड़ा गया। पाँचवें, सरकार के साथ बातचीत के दौरान सरकारी पक्ष की ओर से एम.एस.पी. को कानूनी गारंटी बनाने में आने वाली वैधानिक, प्रशासनिक, व्यावहारिक और वित्तीय कठिनाइयों का समुचित समाधानात्मक उत्तर देने वाला इस विषय का कोई जानकार व्यक्ति किसान प्रतिनिधियों के पास शायद नहीं था। छठी और अन्तिम बात यह है कि सभी किसान संगठन स्वयं को अराजनैतिक सिद्ध करने पर तुले रहे। इस नीति के तहत उन्होंने राजनैतिक व्यक्तियों को अपने मंच पर नहीं आने दिया। होना यह चाहिये था कि अपनी ओर से तो किसी को आमंत्रित न करते, परन्तु जो भी राजनेता आता उसे इस शर्त पर आने की अनुमति दी जाती कि वह अपनी पार्टी की तरफ से यह लिखित अधिकृत वायदा एक शपथ पत्र के रूप में लाये कि यदि उस व्यक्ति का दल किसी राज्य या केन्द्र में सत्ता में है या भागीदार है, अथवा भविष्य में आयेगा या भागीदार होगा, वहाँ वह और उसका दल एम.एस.पी. के सी-2+50 फीसदी फार्मूले को क्रियान्वित करेगा। साथ ही गाँव-गाँव सब किसान मतदाताओं से इस आशय के पत्र पर हस्ताक्षर कराने का अभियान चलाया जाता कि वे उसी प्रत्याशी एवं दल को अपना मत देंगे जो इस मांग का समर्थन करेगा और अपने चुनावी घोषणा पत्र में इस संकल्प को लिखित रूप में सम्मिलित करेगा। क्योंकि राजनीति और विशेषतः लोकतंत्र में किसी भी बात को मनवाने का सबसे कारगर हथियार वोट ही तो होता है। किसान आन्दोलन के सूत्रधार सभी नेताओं से क्षमा चाहते हुए मैं विनम्रतापूर्वक कहना चाहता हूँ कि मेरे ये सुझाव और टिप्पणियाँ उनकी आलोचना न होकर उनके संघर्ष की सफलता की शुभकामना मात्र से प्रेरित हैं। आशा है कि भविष्य में आन्दोलन करने से पूर्व और करते समय वे इसी

रचनात्मक भावना से इनके ऊपर सकारात्मक विचार करने की कृपा करेंगे।

अन्त में मैं इस पुस्तिका के लेखक चौधरी उमेद सिंह को हार्दिक बधाई और साधुवाद देना चाहता हूँ। उन्होंने किसान आन्दोलन के सम्पूर्ण घटना-क्रम को क्रमवार लेखनीबद्ध किया है। कोई दिन, कोई घटना, कोई मोर्चा, कोई स्थल और कोई पक्ष ऐसा नहीं है जिसका विवरण उन्होंने न लिखा हो। ऐसा वही व्यक्ति कर सकता है जो कृषक के दर्द को साक्षात् जानता हो और उसको मन की गहराई से अनुभव करता हो। जितनी सावधानी और जागरूकता से उन्होंने प्रत्येक चरण और घटना को देखा और अंकित किया वह बिल्कुल ऐसा है जैसे कि किसी खेल का अथवा युद्ध के मैदान का आँखो देखा हाल हो। इस प्रकरण में उन्होंने महाभारत के संजय की भूमिका अदा की है। मैं उन्हें नमन करने के साथ-साथ समस्त कृषक समुदाय की ओर से उनका हृदय से आभार व्यक्त करता हूँ कि उन्होंने पूर्ण पारदर्शिता, लगन, निष्ठा और तटस्थता से जो देखा वही अंकित कर दिया। मुझे पूर्ण आशा और विश्वास है कि इस ऐतिहासिक दस्तावेज़ में उनके द्वारा व्यक्त किये गये भाव और मार्मिक वर्णन विश्व भर के कृषकों सहित सभी श्रमजीवी समुदायों और उनकी भावी सन्ततियों को प्रेरणा देकर उनका पथालोक करेंगे।

10 जुलाई 2024   सोमपाल

पूर्व कृषि मंत्री (भारत सरकार)

देविंदर शर्मा

कृषि विशेषज्ञ

प्रस्तावना

आर्थिक समानता पाने का संघर्ष एक प्रतिष्ठित दर्जा प्राप्त कर ले, इतिहास में ऐसे उदाहरण कम ही मिलते हैं। सन् 2020-21 में दिल्ली की सीमाओं पर किसानों के साल भर के विरोध प्रदर्शन ने निश्चित रूप से जिन आर्थिक कारणों से इतिहास में अपनी छाप छोड़ी है, पहले उन्हें समझना होगा।

जिसे संघर्ष और प्रतिरोध क्षमता की कहानी के रूप में देखा जाता है, वास्तव में वह आर्थिक असंतुलन को ठीक करने और इस प्रक्रिया में आत्मनिर्भरता के निर्माण की दिशा में एक छलांग लगाने का स्पष्ट आह्वान था। तीन विवादास्पद कानूनों को निरस्त करने की मांग के अलावा जिन्हें अंततः सरकार ने वापस ले लिया, बड़ी चुनौती जो अभी भी संबोधित की जानी बाकी है वह यह है कि खेती को लाभदायक कैसे बनाया जाए। पिछले कुछ वर्षों में कृषि संकट गहरा होने के साथ, समाज का लगभग हर वर्ग - शिक्षाविद्, अर्थशास्त्री, वैज्ञानिक, नीति-निर्माता और मीडिया - हमारे उद्यमी किसानों के साथ खड़े होने और खेती को पिरामिड

के निचले स्तर पर जाने देने के खतरों के बारे में बात करने में विफल रहा है। इसलिए, किसानों के पास आर्थिक असंतुलन को ठीक करने की ऐतिहासिक जिम्मेदारी अपने ऊपर लेने के अलावा कोई विकल्प नहीं बचा था।

अब मैं संक्षेप में इसे स्पष्ट करता हूँ। संभवतः आपने पहले भी मुझे इसके बारे दृढ़तापूर्वक कहते सुना होगा। मेरे कुछ सहकर्मियों ने 45 वर्षों (1970 और 2015 के बीच) में विभिन्न क्षेत्रों में कर्मचारियों की आय में वृद्धि के साथ खरीद कीमतों में तुलनात्मक वृद्धि को देखा। सन् 1970 में गेहूं खरीद मूल्य 76 रुपये प्रति क्विंटल था। 2015 में गेहूं की खरीद 1,450 रुपये प्रति क्विंटल हुई, जो लगभग 19 गुना अधिक थी। इसी अवधि में, केंद्र सरकार के कर्मचारियों का औसत मूल वेतन और डीए 110 से 120 गुना बढ़ गया था; स्कूल शिक्षक का 280 से 320 गुना; कॉलेज शिक्षक का 150 से 170 गुना और मध्य से उच्च स्तर के कॉर्पोरेट कर्मचारी 350 से 1,000 गुना बढ़ा। इसी अवधि में स्कूलों की फीस 200 से 300 गुना तक बढ़ गई; चिकित्सा उपचार लागत में 200 से 300 प्रतिशत की वृद्धि हुई और शहरों में मकान का औसत किराया 350 गुना बढ़ गया।

यह सौतेला व्यवहार ही देश में जारी कृषि संकट का प्रमुख कारण है। और फिर भी, अपनी फसलों के लिए कम कीमत पाने के बावजूद - कृषि परिवारों के लिए स्थितिजन्य आकलन सर्वेक्षण 2019 में कृषि से आय बमुश्किल 10,218 रुपये प्रति माह बताई गई है - तब भी किसानों ने साल दर साल रिकॉर्ड खाद्यान्न फसल का उत्पादन जारी रखा है। ऐसा इसलिए है क्योंकि भारतीय कृषि को जानबूझकर गरीब बना दिया गया है, किसान किसी तरह हाशिये पर (तंगहाली में) जीवित रहता है।

भारतीय किसानों को जिस उपेक्षा और उदासीनता का सामना करना पड़ता है वह अब एक अंतरराष्ट्रीय चर्चा बन गई है। दुनिया के सबसे अमीर व्यापारिक ब्लॉक, आर्थिक सहयोग और विकास संगठन (ओईसीडी) के एक अध्ययन से स्पष्ट रूप से पता चलता है कि जब से संगठन ने 2,000 के बाद से प्रमुख अर्थव्यवस्थाओं में उत्पादक समर्थन का अध्ययन शुरू किया है तब से भारतीय किसान साल-दर-साल फसल घाटे की खेती कर रहे हैं। ओईसीडी के एक अन्य अध्ययन से पता चला है कि 2000 से 2016 के बीच 16 वर्षों में भारतीय किसानों को 45 लाख करोड़ रुपये का भारी नुकसान हुआ था। भारतीय किसानों पर इस बड़े झटके के गंभीर प्रभाव को आसानी से नजरअंदाज कर दिया गया था।

यह कहना कि कृषि आर्थिक रूप से अव्यवहार्य पेशा है, गलत है। वास्तव में, यह वैश्विक आर्थिक डिजाइन का हिस्सा होने के कारण भुगत रहा है, जिसका उद्देश्य आर्थिक सुधारों की व्यवहार्यता के लिए कृषि का बलिदान करना है। सकल घरेलू उत्पाद को बढ़ाने के लिए, कृषि पर आबादी के एक बड़े हिस्से की निर्भरता को कम करना आवश्यक है। पूरा प्रयास ऐसे हालात पैदा करने का है जो लोगों को खेती छोड़कर शहरों की ओर पलायन करने के लिए मजबूर कर दे। किसानों को उचित आय से वंचित रखना कृषक आबादी को बाहर जाने के लिए मजबूर करने का एक आसान तरीका है।

छिपी हुई आर्थिक चाल की सही समझ के लिए भारतीय किसानों की सराहना की जानी चाहिए। यह जानते हुए कि अंततः उन्हें खुद की कृषि भूमि से बाहर कर दिया जाएगा, जैसा कि वैश्विक प्रवृत्ति रही है, वे कृषि पर कब्ज़ा करने के लिए बनाए गए

बड़े भयावह कॉर्पोरेट डिजाइन के खिलाफ खड़े हो गए। लड़ाई अभी भी आधी-अधूरी है. हालांकि कृषि पर कॉर्पोरेट नियंत्रण को पीछे धकेलना बड़ी उपलब्धि हुई है, लेकिन समाज के अन्य वर्गों के साथ आर्थिक समानता वापस लाने का काम अभी भी पूरा किया जाना बाकी है। लेकिन मुझे लगता है कि किसान अपनी फसलों के लिए सुनिश्चित और गारंटीकृत मूल्य का अधिकार हासिल करने के काफी करीब पहुंच रहे हैं।

उम्मीद है कि हरियाणा के महम क्षेत्र के पूर्व विधायक उमेद सिंह द्वारा इतिहास पर नज़र रखने के साथ-साथ हाल के किसानों के संघर्ष की रूपरेखा को चित्रित करने के लिए किया गया श्रमसाध्य प्रयास किसानों के लिए स्वतंत्रता सुनिश्चित करने में महत्वपूर्ण योगदान देगा। किसी भी देश की आर्थिक समृद्धि की कुंजी कृषि क्षेत्र के आर्थिक उत्थान में निहित है, खासकर भारत जैसे देश के लिए, जहां 45.5 प्रतिशत कार्यबल खेती पर निर्भर है।

देविंदर शर्मा
(कृषि विशेषज्ञ)

भूमिका

अपनी मांगों के समर्थन में किसानों द्वारा 26 नवंबर, 2020 से शुरू होकर 12 दिसंबर, 2021 तक दिल्ली का घेराव मानव इतिहास में सबसे लंबे आंदोलन में से एक है। इस आंदोलन के प्रभाव सामाजिक, राजनीतिक, सांस्कृतिक और आर्थिक स्तर पर बहुत ज्यादा व्यापक रहे हैं। राजनीतिक स्तर पर, स्वतंत्र भारत के संविधान में एक कल्याणकारी राज्य की परिकल्पना थी। कृषि संकट, जो कभी-कभी किसानों को आत्महत्या करने के लिए भी मजबूर करता था, संविधान की इस परिकल्पना के साथ बार-बार टकराव में आया। भौगोलक दृष्टि से भी इस आंदोलन का प्रभाव पूरे देश में देखने को मिला। इस आंदोलन में समाज के हर वर्ग ने किसी न किसी रूप में अपना योगदान दिया। यहां तक कि विदेशों में रहने वाले भारतीयों ने भी अपनी जड़ों से जुड़ाव महसूस किया और उन्होंने नकदी और अन्य चीजों के रूप में भारी योगदान दिया।

आन्दोलन ने एक बार फिर साबित कर दिया कि शांतिपूर्ण और अहिंसक आन्दोलन से शक्तिशाली से शक्तिशाली निरंकुशता को भी घुटनों पर लाया जा सकता है। इस आंदोलन का लोकतंत्र का चौथा स्तंभ माने जाने वाले स्वतंत्र प्रेस पर भी गहरा प्रभाव पड़ा। इसने

न केवल भारतीय मुख्य धारा के मीडिया में पतन को उजागर किया, बल्कि जनोन्मुख मीडिया को भी ताकत दी। सांस्कृतिक और सामाजिक स्तर पर स्वतंत्रता के बाद सामाजिक मूल्यों में धीरे-धीरे गिरावट आई। किसान आंदोलन ने मानवतावादी मूल्यों को पुनर्जीवित किया और उन्हें भी चरम पर पहुंचाया। पंजाब का युवा, जिसे नशे की लत में धकेल दिया गया था, नशे के जाल से बाहर आया और आंदोलन में सक्रिय रूप से भाग लिया। आंदोलन के कारण ग्रामीण स्तर पर व्यक्तिगत विवाद दब गये। नदी जल विवाद के कारण पंजाब और हरियाणा के किसानों के बीच जो विभाजन पैदा हुआ था, वह आंदोलन आगे बढ़ने के साथ दूर हो गया। इसने 1947 में विभाजन के कारण भारतीय और पाकिस्तानी पंजाब के बीच खींची गई विभाजन की रेखाओं को मिटा दिया। पाकिस्तानी पंजाब के किसानों और गायकों ने तीन कृषि कानूनों के खिलाफ भारतीय पंजाब के किसानों के आंदोलन के साथ अपनी एकजुटता व्यक्त की। इस आंदोलन ने महिला सशक्तिकरण और सार्वजनिक जीवन में उनकी अभिव्यक्ति को नई ऊंचाइयों पर पहुंचाया।

आर्थिक पक्ष पर, आंदोलन ने कॉर्पोरेट बनाम कृषि की पुरानी बहस को पुनर्जीवित कर दिया। अंग्रेजों ने भारतीय कृषि का दमन किया ताकि उनके उद्योगों को सस्ता कच्चा माल उपलब्ध कराया जा सके, उद्योग में श्रमिकों को सस्ता भोजन उपलब्ध कराया जा सके और अंततः, कृषि से श्रमिकों को विस्थापित किया जा सके ताकि उद्योग को कम मजदूरी पर उपलब्ध हो सके। आंदोलन ने आम किसान को इस बहस के बारे में शिक्षित किया और यह बात साधारण किसानों तक भी पहुंची। इस सबने आंदोलन को वैचारिक धार दी। किसानों के आंदोलन ने स्वतंत्रता संग्राम के गौरव को

पुनर्जीवित कर दिया। स्वतंत्रता संग्राम के दौरान भारतीयों ने सर्वोच्च बलिदान दिया था। आंदोलन के दौरान सात सौ से अधिक किसानों ने अपना सर्वोच्च बलिदान दिया।

आंदोलन के इस विशाल स्वरूप को एक किताब में प्रस्तुत करना संभव नहीं है। इन्हीं तथ्यों के मद्देनजर यह पुस्तक किसान आंदोलन की उन घटनाओं पर केंद्रित है, जो हरियाणा से गहराई से जुड़ी हुई हैं। फिर भी मैं विनम्रतापूर्वक स्वीकार करूंगा कि हरियाणा राज्य के बारे में भी बहुत सारी जानकारी पुस्तक में दर्ज नहीं की जा सकी है। कुछ महत्वपूर्ण घटनाएँ, जो भारत के अन्य भागों में घटित हुई हैं, का भी पुस्तक में उल्लेख किया गया है। पुस्तक को दो भागों में विभाजित किया गया है। भाग एक में कालानुक्रमिक क्रम में किसान आंदोलन की घटनाओं का वर्णन किया गया है, जबकि भाग दो में समाज के विभिन्न वर्गों के योगदान और आंदोलन के दौरान प्रदान की जा रही सेवाओं को प्रस्तुत किया गया है। पुस्तक आंदोलन के कुछ विशिष्ट परिणामों पर ध्यान केंद्रित करने के साथ समाप्त होती है। भारतीय इतिहास के इस गौरवशाली काल की घटनाओं को कलमबद्ध करने को मैंने अपनी नैतिक जिम्मेदारी समझा ताकि आने वाली पीढ़ियों के मन में यह जीवित रहे और वे इससे प्रेरणा ले सकें। मुझे उम्मीद है कि मेरा प्रयास सार्थक होगा।

लेखक

भाग 1

कृषि संकट और किसान आंदोलन की पृष्ठभूमि

हमारे समाज के बुजुर्ग, जिन्होंने 1960 दशक के कृषि संकट को देखा है, वे उस समय पर देश में व्याप्त भुखमरी के बारे में स्पष्ट रूप से बता सकते हैं। तब भारत को अनाज देने के बदले अन्य देशों द्वारा ब्लैकमेल किया जाता रहा था। इसके बाद हरित क्रांति हुई, जिसे भारतीय किसानो ने अपने खून-पसीने से सफल बनाया। समय के साथ, हरित क्रांति ने देश में एक विरोधाभास पैदा कर दिया। इसने देश को खाद्यान्न उत्पादन में तो आत्मनिर्भर बना दिया, पर किसान धीरे-धीरे संकट के जाल में फंसने लगे। वर्ष 2020-21 का किसान आंदोलन इस विरोधाभास का सबसे स्पष्ट और प्रबल प्रमाण है। किसानों ने या तो जीवन की कठिनाइयों के आगे घुटने टेक कर आत्महत्या कर ली या दिल्ली की सीमाओं पर शहीद हो गए। यह अध्याय कृषि संकट के कारणों को समझने के लिए समर्पित है। यह किसानों के ऐतिहासिक संघर्ष के पनपने पर प्रकाश डालता है, जिसने अपने दृढ़ निश्चय से एक निरंकुश शासक को अपने घुटनों पर ला दिया।

भारतीय कृषि व इसके संकट को समझते समय हमें इस तथ्य को ध्यान में रखना होगा कि 89.4 प्रतिशत से अधिक किसान भूमिहीन, सीमांत व छोटे किसान हैं। भारत में अनेक किसान संघ हैं। वे किसानों के विभिन्न तबकों का प्रतिनिधित्व करते हैं। जिन यूनियनों के कार्यक्रमों के केंद्र में छोटे और सीमांत किसानों के मुद्दे हैं, उनके पास सबसे बड़ा जनाधार है। वामपंथी झुकाव वाली किसान सभा और जोगिंदर सिंह उग्राहां के नेतृत्व में भारतीय किसान यूनियन (एकता) इसका एक उदाहरण हैं। इस पुस्तक को लिखने के दौरान सरदार जोगिन्दर सिंह उग्राहां से मेरी विस्तृत चर्चा हुई थी। इस बातचीत के दौरान मैंने उनके किसान समूह के सबसे बड़े और अनुशासित होने के कारणों की पड़ताल की। उन्होंने इसके दो कारण बताए। उनमें से एक यह था कि छोटे और सीमांत किसानों के मुद्दे उनके नेतृत्व वाली भारतीय किसान यूनियन की मांगों और कार्यक्रमों के केंद्र में थे। यह तथ्य भी इस तर्क का समर्थन करता है कि कृषि के संकट को छोटे और सीमांत किसानों के नजरिए से समझा जाना चाहिए।

पैसे की कमी इन भूमिहीन, सीमांत व छोटे किसान के जीवन के संकट में सबसे शक्तिशाली तत्व के रूप में उभरती है, जो उन्हें स्थायी रूप से संकट के चंगुल में रखती है। उनके पास पट्टे पर अतिरिक्त भूमि लेकर अपनी खेती के आकार को बढ़ाने के लिए पर्याप्त धन नहीं होता है। न ही वे भूमि की कमी की भरपाई के लिए कृषि के बुनियादी ढांचे- सिंचाई, बिजली, कृषि मशीनरी आदि में निवेश कर सकते हैं।

कृषि को हमेशा विभिन्न प्रकार के जोखिमों का सामना करना पड़ता है लेकिन ये जोखिम भूमिहीन, सीमांत व छोटे किसानों

को सबसे अधिक प्रतिकूल रूप से प्रभावित करते हैं। कृषि में शामिल दो प्रमुख जोखिम उत्पादन और बाजार की विफलताएं हैं। उत्पादन में जोखिम मानसून की विफलता, कीट, रोग, मिट्टी की घटती उर्वरता और निवेश की बढ़ती लागत से उत्पन्न हो सकता है। बाजार की विफलता के रूप में जोखिम कृषि उपज की कीमतों में उतार-चढ़ाव से उत्पन्न होता है। एक अच्छी फसल भी छोटे किसान के लिए बुरी खबर हो सकती है, जिससे वह व्यापारी की दया पर निर्भर हो जाता है। फसल जितनी अच्छी होगी तो अतिरिक्त आपूर्ति के कारण इस फसल की कीमत में गिरावट की प्रवृत्ति होगी। फलों और सब्जियों जैसी जल्दी खराब होने वाली फसलों के मामले में तो बहुत अच्छी फसल होने पर कभी-कभी वास्तविक आय गिर भी जाती है। अत्यधिक विकृत और शोषणकारी उत्पाद बाजार भूमिहीन, सीमांत व छोटे किसानों की दुर्दशा को बढ़ाता है। इन किसानों के पास कुछ समय के लिए फसल को रोक कर रखने की क्षमता नहीं होती है। नतीजतन उन्हें फसल कटने के समय औने-पौने दामों पर अपनी उपज बेचनी पड़ती है। कई बार फलों और सब्जियों के दाम इतने कम हो जाते हैं कि उनसे उनके उत्पादन और विपणन की लागत तक नहीं निकल पाती। निराश किसानों को अपनी उपज सड़कों पर फेंकनी पड़ती है। एक पुरानी कहावत है कि 'एक बार कर्ज में तो हमेशा कर्ज में'। यह कहावत इन किसानों पर अक्षरशः लागू होती है। हालांकि, इसका मतलब यह नहीं है कि बड़े किसान परेशान नहीं हैं। मेरा उद्देश्य केवल भूमिहीन, सीमांत व छोटे किसानों की दुर्दशा को उजागर करना है, जो भारतीय कृषि का प्रमुख हिस्सा हैं।

इस पुस्तक को लिखते समय मुझे श्री सोमपाल शास्त्री जी से मिलने का अवसर मिला। कृषि संकट की प्रकृति और कारणों और

ऐतिहासिक परिप्रेक्ष्य से वर्तमान किसान आंदोलन को समझने पर हमने लंबी चर्चा की। ज्ञात रहे कि सोमपाल शास्त्री केंद्रीय कृषि मंत्री और भारत के योजना आयोग के सदस्य रह चुके हैं। भारत में कृषि मुद्दों पर उनकी गहरी समझ है। कृषि के मुद्दों पर हमारे बुद्धिजीवियों में एक तबका है जिसकी कलम कारपोरेट घरानों के हित में काम करती है। कृषि विद्वानों का एक और समूह है जो भारत के किसानों के लिए प्रतिबद्ध है। सोमपाल शास्त्री इस समूह का प्रतिनिधित्व करते हैं। ऐतिहासिक परिप्रेक्ष्य से इस मुद्दे पर चर्चा करते हुए उन्होंने कहा कि अंग्रेजों की कृषि नीति के तीन उद्देश्य थे। उनका पहला उद्देश्य बहुत कम कीमतों पर अपने उद्योगों के लिए कच्चे माल की उपलब्धता सुनिश्चित करना था। उनका दूसरा उद्देश्य अपने कारखानों में श्रमिकों की मजदूरी कम रखना था ताकि उनके लाभ को अधिकतम किया जा सके। यह खाद्यान्न की कीमतों को कम करके ही सुनिश्चित किया जा सकता था। उनका तीसरा और अंतिम उद्देश्य शहरी आबादी के समर्थन को जीतने के लिए खाद्यान्न की सस्ती उपलब्धता सुनिश्चित करना था। सोमपाल जी के अनुसार आजादी के बाद भी यही नीति जारी रही। ऐसी नीतियां लंबे समय में कृषि संकट का मूल कारण बन जाती हैं। उत्पादन तकनीकों में सुधार केवल कुछ वर्षों के लिए ऐसे संकटों को टाल सकता है। हरित क्रांति और अन्य तकनीकी प्रगति के बावजूद कृषि संकट का अस्तित्व इसका एक उदाहरण है।

हरित क्रांति, भारतीय कृषि और कृषि नीति में एक ऐतिहासिक क्षण था। इसकी वजह से खाद्यान्न उत्पादन में उछाल आया और इसके बाद देश में न्यूनतम समर्थन मूल्य और सार्वजनिक वितरण प्रणाली की नीतियां लागू हुईं। हालाँकि, भारतीय कृषि में

यह सुनहरा दौर 1980 के दशक में धीमा होने लगा। हरित क्रांति क्षेत्रों में उत्पादकता में ठहराव, खेती की बढ़ती लागत, कृषि जोत के घटते आकार और बिचौलियों की लंबी शृंखला ने किसानों को संकट में डालना शुरू कर दिया। व्यापक मूल्य समर्थन नीति, कृषि ऋण, बीमा कवर के संदर्भ में सरकार के अपर्याप्त समर्थन ने पहले से गहराते कृषि संकट में और इजाफा किया। यहां यह उल्लेख करना उचित होगा कि सरकार ने 2021-22 में संसद में घोषणा की थी कि भारतीय किसानों में से केवल 14 प्रतिशत को ही एम. एस. पी. का लाभ मिलता है। दुग्ध अर्थव्यवस्था अतिरिक्त आय के मामले में किसानों को सहायता प्रदान करती है। हालांकि, सोमपाल जी के अनुसार, देश ने इस पहलू पर भी अपने किसानों को निराश ही किया है।

श्री सोमपाल शास्त्री जी ने बताया कि पश्चिमी उत्तर प्रदेश से 63 लोगों का एक प्रतिनिधिमंडल 1985 में तत्कालीन वित्त मंत्री वी पी सिंह से मिला। इस बैठक में शास्त्री जी ने व्यापक न्यूनतम समर्थन मूल्य नीति पर जोर दिया। शास्त्री जी द्वारा प्रस्तुत अवधारणा नोट पर वी.पी. सिंह ने इसे 13 नवंबर 1986 को "कृषि मूल्य नीतिः एक दीर्घकालिक परिप्रेक्ष्य" शीर्षक के तहत लोकसभा में पेश किया। 1989 में वी पी सिंह ने भारत के प्रधान मंत्री का पद संभाला। सोमपाल शास्त्री ने इसे 1986 के अधूरे काम को पूरा करने के अवसर के रूप में लिया। उनके आग्रह पर तीन समितियों का गठन किया गया। कृषि नीतियों एवं कार्यक्रमों की समीक्षा हेतु पहली समिति का गठन डॉ. भानु प्रताप सिंह की अध्यक्षता में किया गया। कृषि मूल्य नीति पर दूसरी समिति शरद जोशी की अध्यक्षता में गठित की गई। भूमिहीन कृषि मजदूरों पर तीसरी समिति हनुमंत राव की अध्यक्षता में गठित की गई। इस प्रकार

भारत में कृषि समस्याओं के प्रति यह सबसे व्यापक दृष्टिकोण रहा है। 1998 में शास्त्री जी कृषि राज्य मंत्री बने। कैबिनेट स्तर पर यह मंत्रालय स्वयं प्रधानमंत्री के पास था। उनके कार्यकाल के दौरान चार ऐतिहासिक फैसले लिये गये। किसानों को क्रेडिट कार्ड जारी करना उनमें से एक था, राष्ट्रीय कृषि बीमा योजना दूसरी थी। इस योजना का महत्वपूर्ण पहलू यह था कि इसमें एकल किसान को बीमा की इकाई के रूप में लिया गया था, जिसे बाद के वर्षों में कॉर्पोरेट्स के पक्ष में कमजोर कर दिया गया। तीसरा और चौथा था, क्रमशः चीनी और दूध उद्योगों को डी-लाइसेंस करना।

साल 2004 में सोमपाल शास्त्री जी की अध्यक्षता में राष्ट्रीय किसान आयोग का गठन किया गया। हालाँकि, केंद्र सरकार के परिवर्तन के कारण उनका कार्यकाल बहुत छोटा था। उनकी जगह प्रोफेसर एम.एस. स्वामीनाथन ने ले ली। राष्ट्रीय किसान आयोग को आज हम स्वामीनाथन आयोग के नाम से जानते हैं। यह आयोग 4 प्रतिशत पर कृषि ऋण उपलब्ध कराने के अलावा $C_2 + 50\%$ के फार्मूले पर आधारित न्यूनतम समर्थन मूल्य का सुझाव लेकर आया। समय बीतता गया, लेकिन यह फार्मूला कभी अमल में नहीं आया।

ग्रामीण क्षेत्रों में बेरोजगारी तेजी से बढ़ी है। विकसित देशों में तो इन बेरोजगार युवाओं को उन शहरों में रोजगार मिला जहाँ विनिर्माण और सेवा क्षेत्र का लगातार विस्तार हो रहा था। लेकिन भारत में ऐसा नहीं हो सका। इससे ग्रामीण क्षेत्रों में संकट गहरा गया है। शिक्षा और स्वास्थ्य के निजीकरण ने इन सेवाओं को बहुत महंगा बना दिया है, जिससे किसानों की परेशानी बढ़ गई है। ये दोनों भी कृषि संकट पैदा करने वाले महत्वपूर्ण कारक रहे हैं।

मैं इस बात से इन्कार नहीं करूंगा कि केंद्र और कुछ राज्य सरकारों ने किसानों के संकट को कम करने के लिए समय समय पर कुछ कदम उठाए हैं। चौधरी देवीलाल ने 1987 में अपने मुख्य चुनावी वादों में कृषि ऋण माफी के मुद्दे को शामिल किया। और मुख्यमन्त्री बनने पर किसाने के कुछ कर्जे माफ भी किये। इसके कारण यह एक राष्ट्रीय मुद्दा बन गया। वीपी सिंह के नेतृत्व वाली सरकार ने भारत में राष्ट्रीय स्तर पर पहली बार 1990 में 10000 करोड़ रुपये के कृषि ऋण माफ किए। यूपीए सरकार ने 2008 में 71680 रुपये के कृषि ऋण को माफ कर दिया। यूपीए सरकार ने अल्पावधि फसल ऋण और किसान क्रेडिट कार्ड पर ब्याज दर भी कम कर दी। हरियाणा में, भूपेंद्र सिंह हुड्डा के नेतृत्व वाली कांग्रेस सरकार ने फसल ऋण पर ब्याज दर शून्य कर दी। किसानों को समर्थन देने के लिए हुड्डा सरकार द्वारा अन्य उपाय भी किए गए।

नरेंद्र मोदी के नेतृत्व में फरवरी 2016 में प्रधानमंत्री फसल बीमा योजना की शुरुआत की गई। हालांकि, यह योजना कॉरपोरेट घरानों के लिए अनुकूल साबित हुई। इससे किसानों को निराशा ही हाथ लगी। फरवरी 2016 ही में मोदी सरकार ने वर्ष 2022 तक किसानों की आय दोगुनी करने का लक्ष्य रखा। इसे बड़ी धूमधाम से पेश किया गया था। विकास के सात स्रोतों के माध्यम से किसानों की आय को दोगुना करने का लक्ष्य रखा गया था। विकास के इन स्रोतों में फसलों की उत्पादकता में वृद्धि, पशुधन के उत्पादन में वृद्धि, इनपुट उपयोग की दक्षता में सुधार (लागत बचत), फसलों की सघनता में वृद्धि, उच्च मूल्य वाली फसलों की ओर विविधीकरण, किसानों द्वारा बेहतर मूल्य प्राप्ति और किसानों का गैर-कृषि नौकरियों में स्थानांतरण शामिल हैं। मुझे यह लिखने

में कोई झिझक नहीं है कि भारत में कोई योजना इसकी तरह विफल नहीं हुई है। मोदी सरकार की ओर से जोर-शोर से किए जा रहे इस तरह के खोखले प्रयासों ने किसानों और सरकार के बीच केवल भरोसे को कम करने का ही काम किया है। जहाँ तक कृषि के बुनियादी ढाँचे में निवेश की बात है, तो इससे किसानों की तुलना में पूँजीपति वर्ग को अधिक लाभ हुआ है। केंद्र सरकार द्वारा विश्व बैंक और अंतर्राष्ट्रीय मुद्रा कोष के दबाव में कार्यान्वित नवउदारवादी नीतियों के तहत कृषि सब्सिडी में भी कमी की है। इसके अलावा, सरकार ने कृषि उपकरणों और आदानों (इनपुट्स) पर जी.एस.टी. लगाने में भी संकोच नहीं किया है। इन सभी ने कृषि में उत्पादन लागत को बढ़ा दिया है, जबकि फसल के दाम उसी अनुपात में नहीं बढ़े हैं।

मोदी सरकार और किसान के बीच भरोसे की इस घोर कमी की पृष्ठभूमि में तीन कृषि बिल कोरोना काल में जबरदस्ती पास करा दिए गए वो भी बिना चर्चा के। सरकार की संवेदनहीनता और किसान संघों के नेतृत्व में जागरूकता अभियान की वजह से किसानों को ये समझने में देर नहीं लगी कि ये अध्यादेश किसानों के लिए मौत की घंटी हैं। मोदी सरकार द्वारा इन अध्यादेशों के खिलाफ किसानों के लोकतांत्रिक आंदोलन का क्रूर दमन इस बात का प्रबल संकेत साबित हुआ। इस दमन ने किसानों का मनोबल तोड़ने के बजाय किसान आंदोलन को बढ़ावा ही दिया, जो अंततः उन्हें राष्ट्रीय राजधानी की सीमाओं तक ले आया। यह पुस्तक भारतीय किसानों के उस वीर और कठिन संघर्ष का एक अंश प्रस्तुत करने का एक विनम्र प्रयास मात्र है, जिसने तानाशाही शासन को घुटनों पर ला दिया।

मेरी राय में, किसान आंदोलन के औपचारिक विवरण पर जाने से पहले तीनों अध्यादेशों की सामग्री पर प्रकाश डालना उचित होगा। भारत सरकार ने 3 कृषि कानून 20 जुलाई 2020 को अध्यादेश के रूप में व 27 सितंबर 2020 को अधिनियम के तौर पर पास कर दिए। ऐसा निर्धारित किया गया कि इनको 5 जून 2020 से लागू माना जाएगा। इन कानूनों की संक्षिप्त व्याख्या नीचे दी गयी है।

1. आवश्यक वस्तु (संशोधन) अधिनियम 2020

दूसरे विश्वयुद्ध के शुरू होते ही मुनाफाखोर पूंजीपतियों की कालाबाजारी रोकने के लिए डिफेंस ऑफ इंडिया एक्ट पास किया और युद्ध खत्म होते ही 1946 में आवश्यक वस्तु अधिनियम पास किया गया जो 1955 तक चला। फिर भारत सरकार ने इसके स्थान पर 1955 में आवश्यक वस्तु अधिनियम बनाया। इस कानून का उद्देश्य आवश्यक खाद्य वस्तुओं की कालाबाजारी रोकना व सरकारी नियंत्रण द्वारा इनकी पैदावार, आपूर्ति व वितरण सुनिश्चित करना था। इसके माध्यम से सार्वजनिक वितरण व्यवस्था आम जनता को राहत देने के लिए लागू की गई।

सरकार ने नए वस्तु संशोधन (अधिनियम) द्वारा पुराने अधिनियम 1955 की धारा 3(i) के पश्चात उपधारा (क) डाली है। इस संशोधन के लागू होने के बाद, केंद्र सरकार केवल युद्ध, अकाल, असाधारण मूल्य वृद्धि और प्राकृतिक आपदा जैसी असाधारण परिस्थितियों में ही खाद्य पदार्थों (अनाज, दाल, प्याज, खाद्य तिलहन और तेल सहित) की आपूर्ति को विनियमित करेगी। इसी प्रकार, धारा 3(i) (क) के पश्चात उपधारा (ख) डाली है। इस

संशोधन के अनुसार, सरकार स्टॉक सीमा को तभी विनियमित करेगी जब बागवानी उत्पादों के खुदरा मूल्य में सौ प्रतिशत की वृद्धि होगी या खराब न होने वाले कृषि खाद्य पदार्थों के खुदरा मूल्य में पचास प्रतिशत की वृद्धि होगी। मूल्य वृद्धि को पिछले बारह महीनों में तत्काल प्रचलित मूल्य या पिछले पांच वर्षों के औसत खुदरा मूल्य, जो भी कम हो, से मापा जाएगा। इन संशोधनों से तो साफ प्रतीत होता है कि ये केवल बड़े व्यापारियों को लाभ देने के लिए बनाए गए हैं।

उपधारा (ख) में स्टॉक सीमा को लेकर कुछ छूट भी दी गई हैं। विनियमित करने का आदेश किसी कृषि उत्पाद के प्रोसेसर (Processor) या मूल्य श्रृंखला के भागीदार पर लागू नहीं होगा जिसकी स्टॉक सीमा प्रसंस्करण की स्थापित क्षमता की समग्र सीमा से अधिक नहीं है, या निर्यातक के मामले में निर्यात की मांग से अधिक नहीं है। इसी तरह, यह सार्वजनिक वितरण प्रणाली या लक्षित सार्वजनिक वितरण प्रणाली से संबंधित किसी भी आदेश पर लागू नहीं होगा, जिसे सरकार ने इस अधिनियम के तहत या किसी अन्य कानून के तहत लागू किया है।

2. कृषक (सशक्तिकरण और संरक्षण) कीमत आश्वासन और कृषि सेवा पर करार अधिनियम 2020

इस कानून के अनुसार इस की धारा 3 के अन्तर्गत किसान किसी कम्पनी से अपनी फसल बेचने का करार (एग्रीमेंट) करेगा। इस करार के तहत पूर्ति का समय, क्वांलिटी श्रेणी, मानक व कीमत का अनुबंध होगा। फसल देते समय कम्पनी किसी भी लेबोरेट्री से उत्पाद की गुणवत्ता की जांच करवायेगी। इस से पहले उसे यह

भी अधिकार होगा कि किसान ठीक विधि से फसल पाल रहा है या नहीं, इस का निरीक्षण करे।

इस तरह से कम्पनी के हाथ में सारी शक्ति होगी। वह क्वालिटी (गुणवत्ता), दर्जा (ग्रेड) व स्टैण्डर्ड (उत्तमता) अपने हिसाब से तय करेगी और किसान इसके आगे लाचार होगा और कम्पनी किसी भी बहाने उपज को अस्वीकार करने व उसकी कीमत घटाने के लिए स्वतन्त्र होगी।

दूसरा नियम आपस में मतभेद होने पर समझौता बोर्ड में जाना होगा। वहां भी किसान के हक में बोलने वाला कोई भी नहीं होगा। समझौता न होने पर राज्य सरकार के उपमंडल अधिकारी के पास मुकदमा डलेगा। वहां कम्पनी के बड़े वकीलों व पैसे की शक्ति होगी, और किसान की क्या हैसियत होगी ये समझा जा सकता है। प्रशासनिक अधिकारी व्यक्ति के मुकाबले ताकतवर की तरफ अपना फैसला देते हैं। इस फैसले की अगली अपील ऊपर के सरकारी अधिकारी के सामने होगी। अधिनियम में न्यायिक अदालतों का सर्वथा निषेध किया है, जहां कुछ न्याय मिलने की आशा की जा सकती थी। सारे एक्ट को पढ़ने से यह साफ हो जाता है कि इसमें सशक्तिकरण व सुरक्षा कम्पनी की होगी न कि किसान की।

3. कृषि उपज व्यापार और वाणिज्य (संवर्धन एवं सरलीकरण) अधिनियम 2020

इस कानून के अनुसार कोई व्यापारी जो केन्द्र सरकार से लाईसेंस लिये हो अपने व्यापार क्षेत्र में किसान का माल खरीद सकेगा। धारा 2(झ) के अनुसार व्यापार क्षेत्र की परिभाषा में फार्मगेट,

फैक्टरी अहाता, वेयर हाउस सिलोस (गोदाम), कोल्ड स्टोरेज या कोई और स्थान होगा। परन्तु इसमें किसी राज्य सरकार की मण्डी (ए.पी.एम.सी.) नहीं होगी। किसानों की सौदेबाजी की शक्ति कमजोर होती है। यह उपखंड कारपोरेट घरानों को किसानों का शोषण करने की शक्ति प्रदान करता है। धारा 6 के अनुसार व्यापारी को किसी राज्य सरकार द्वारा लगाया गया मार्केट कमेटी टैक्स नहीं दिया जायेगा। इस धारा के तहत राज्य सरकारों को बहुत बड़ा घाटा होगा और राज्यों की स्वायत्तता पर भी हमला है।

विवाद निपटारे में भी पहले उपमंडल अधिकारी द्वारा नियुक्त समझौता बोर्ड, फिर यही अधिकारी, इस के बाद अपील कलैक्टर व इसके फैसले के बाद सचिव स्तर के ऑफिसर के पास अपील होगी। सिविल कोर्ट द्वारा सुनने का कोई हक नहीं होगा। यह सारा किसान के खिलाफ व कम्पनी व व्यापारी के हक में होगा। सरलीकरण के नाम पर किसान के साथ-साथ राज्य सरकारों के गले में भी फन्दा होगा। न कोई खरीद का आंकड़ा होगा न कोई जबावदेही। कार्पोरेट के हाथ में सब कुछ होगा। व्यापारी फसल ले कर भाग गया तो किसान से तो ढूंढ़ा भी नहीं जायेगा। न्यूनतम समर्थन मूल्य (MSP) का सारे एक्ट में कहीं जिक्र नहीं है। इसके साथ ही हम उपरोक्त अध्यादेशों के खिलाफ किसान आंदोलन की औपचारिक प्रस्तुति की ओर बढ़ते हैं।

दूसरा अध्याय

आंदोलन की शुरूआत

हालांकि देश के विभिन्न हिस्सों में स्वतःस्फूर्त किसान आंदोलन हुए, लेकिन पंजाब इस किसान संघर्ष के केंद्र के रूप में उभरा। यह अध्याय हरियाणा और पंजाब में किसान संघों द्वारा कार्रवाई की समय रेखा को ट्रैक करता है, जिसने 'दिल्ली चलो' आह्वान की नींव तैयार की।

पंजाब में जनविरोधी कृषि कानूनों के खिलाफ किसानों का आंदोलन

भारत सरकार ने कृषि सुधारों के सम्बन्ध में 5 जून 2020 को अध्यादेश पारित किया। फिर 17 सितम्बर को पहले लोकसभा में तथा 20 सितम्बर राज्यसभा में बिना मतदान के अधिनियम पारित करवा दिये। किसान संगठनों के नेताओं ने इन अधिनियमों के बारे में कई सवाल उठाए। बुद्धिजीवियों और अन्य लोगों ने भी इन कानूनों की वैधता पर सवाल उठाए हैं क्योंकि भारतीय संविधान की राज्य सूची के अनुसार कृषि उत्पादन राज्य सरकारों के अधिकार क्षेत्र के अंतर्गत आता है। इसके चलते जून में पंजाब में किसानों का आंदोलन शुरू हो गया। हरित क्रांति के परिणाम

स्वरूप पंजाब के फसल पैटर्न में भारी बदलाव आया है। वर्तमान में पंजाब में धान और गेहूं के रोटेशन के साथ मोनोक्रॉपिंग है क्योंकि केवल इन फसलों को एम. एस. पी. (न्यूनतम समर्थन मूल्य) पर खरीदा जा रहा है। पिछले पांच दशकों के दौरान एम. एस. पी के लिए बाजार संरचना और सड़कों का नेटवर्क धीरे-धीरे विकसित हुआ है। वर्तमान में पंजाब व हरियाणा में एक अच्छा बाजार ढांचा है। इन तीनों कानूनों ने इस ढांचे के लिए खतरा ही नहीं पैदा किया, बल्कि इससे ऐसी स्थितियां पैदा होंगी कि एम. एस. पी. पर सुनिश्चित खरीद नहीं होगी। इसके अलावा कृषि उत्पादन में कॉरपोरेट्स के सीधे प्रवेश के कारण भूमि के स्वामित्व के लिए संभावित खतरा पैदा किया है क्योंकि पंजाब में लगभग 67 प्रतिशत किसान 10 एकड़ से कम भूमि पर खेती कर रहे हैं। वर्तमान में, किसान आंदोलन ने यह स्पष्ट कर दिया है कि ये अधिनियम किसान विरोधी, खेतिहर मजदूर विरोधी, गरीब विरोधी है। अब किसान आंदोलान के बारे में बात करेंगे।

5 जून 2020 को इन तीन अध्यादेशों के पारित होने के तुरंत बाद, किसान संगठनो के नेताओं और जन-समर्थक बुद्विजीवियों ने पंजाब के किसानों और लोगों पर इन अध्यादेशों के विनाशकारी प्रभावों के बारे में कुछ बातचीत शुरू की। धीरे-धीरे किसानों के विभिन्न संगठनों ने किसानों को इन अध्यादेशों के किसान विरोधी प्रावधानों के बारे जागरूक करने के लिए बैठकें आयोजित कीं। जुलाई 2020 के महीने में कुछ विरोध प्रदर्शन हुए। पंजाब के कई गांवों में किसानों ने 20 जूलाई को भारतीय जनता पार्टी-शिरोमणी अकाली दल का पुतला फूंका। फिर 27 जुलाई 2020 को किसान संगठनों के आह्वान पर प्रभावशाली ट्रैक्टर मार्च निकाला गया और क्षेत्र से सम्बंधित सांसदों को एक ज्ञापन सौंपा

गया। बठिंडा में ट्रैक्टरों का भारी विरोध मार्च निकाला गया और उस समय भारत सरकार में मन्त्री हरसिमरत कौर बादल को ज्ञापन सौंपा गया। इस तरह ट्रैक्टर तीन काले कृषि अध्यादेशों के खिलाफ किसानों के विरोध के प्रतीक के रूप में उभरा। इसके बाद पंजाब में बीजेपी को छोड़कर कुछ राजनीतिक दलों ने भी ट्रैक्टर मार्च निकाला। धीरे-धीरे आंदोलन की प्रगति के साथ युवाओं और महिलाओं की भागीदारी में वृद्धि हुई।

किसान संगठनों के आह्वान पर अगस्त 2020 के पहले सप्ताह में किसानों द्वारा उपायुक्तों व कलैक्टरों को ज्ञापन सौंपा गया। इन काले अध्यादेशों के खिलाफ ग्राम स्तर पर अभियान चलाया गया। अगस्त में ही अखिल भारतीय किसान संघर्ष समन्वय समिति (AIKSCC) की बैठक हुई। 19 अगस्त 2020 को किसानों के सभी 31 संगठनों ने एकजुट होकर काम करने का फैसला किया। कृषि श्रमिक संघ भी इस आंदोलन का समर्थन कर रहे हैं। फिर पंजाब के सभी 31 किसान संगठनों ने AIKSCC के साथ मिलकर काम करने का फैसला किया। कुछ संगठनों ने अगस्त के महीने में पंजाब में बीजेपी और शिरोमणि अकाली दल के नेताओं के प्रवेश पर रोक लगा दी।

सब संगठनों ने 7 से 10 सितम्बर का जेल भरो का आह्वान किया और सरकारी अधिकारियों के माध्यम से प्रधानमन्त्री को ज्ञापन सौंपने का फैसला किया। किसान इन काले अध्यादेशों के बारे में इस समय तक जागरूक हो गए और वे बड़ी संख्या में रैलियों और धरनों में आने लगे। पंजाब सरकार ने किसानों के खिलाफ आपराधिक प्रक्रिया संहिता की धारा 144 और कोविड-19 के दिशानिर्देशों का उल्लंघन करने के लिए आपराधिक मामले दर्ज

करने शुरू कर दिये। इस समय तक हरियाणा में विरोध प्रदर्शन शुरू हो गए थे। अगस्त के अंत तक ऐसी खबरें आईं कि लगभग 20 राज्यों में किसान विरोध कर रहे हैं। सितम्बर के दूसरे सप्ताह में हरियाणा राज्य के पिपली और करनाल में जोरदार विरोध प्रदर्शन हुए जहां पुलिस ने प्रदर्शनकारी किसानों पर लाठीचार्ज किया। इस लाठीचार्ज का 11 सितम्बर को पंजाब के किसानों ने विरोध किया था। किसानों के बढ़ते गुस्से और संघर्ष के दबाव में 16 सितम्बर को पंजाब के मुख्यमन्त्री ने विरोध करने वाले किसानों के खिलाफ दर्ज सभी एफ. आई. आर. को वापस लेने की घोषणा की।

पंजाब के किसान संगठनों ने 25 सितम्बर को सड़कों और रेलों को अवरूद्ध करते हुए पंजाब बंद का आह्वान किया, लेकिन मोदी सरकार ने 14 सितम्बर को भारतीय संसद में किसानों से सम्बन्धित तीन अध्यादेशों को विधेयक के रूप में प्रस्तुत किया और सितम्बर में ही सभी किसान संगठनों ने ललकार रैलियों का आह्वान किया। ये पटियाला, फगवाड़ा, बरनाला, अमृतसर और मोगा में बहुत सफल रहीं। और इन रैलियों में किसानों ने शिरोमणि अकाली दल (SAD) से अपना रूख स्पष्ट करने को कहा। फिर शिरोमणि अकाली दल केंद्रीय मन्त्री मण्डल से बाहर आ गया और इन कानूनों के खिलाफ बोलना शुरू कर दिया तथा हरसिमरत कौर बादल ने 17 सितम्बर को केंद्रीय मत्रिमंडल से इस्तीफा दे दिया। 27 सितम्बर को भारत के राष्ट्रपति ने संसद द्वारा पारित इन विधेयकों (राज्य सभा में मतदान के बिना) पर हस्ताक्षर किए और उसी दिन शिरोमणि अकाली दल बीजेपी के साथ 27 साल के गठबंधन के बाद एन. डी. ए. से बाहर हो गया।

पंजाब में सभी किसान संगठनों ने 1 अक्टूबर 2020 से रेल रोको की शुरूआत की और इसके बाद किसानों ने रिलायंस पेट्रोल पम्पों, मॉलों का बहिष्कार और टोल प्लाजा पर धरना देना शुरू कर दिया। लोगों के लिए बड़ी संख्या में टोल प्लाजा बिना किसी शुल्क के खोले गए और धीरे-धीरे पंजाब के सभी टोल प्लाजा मुक्त हो गए और किसानों ने इन टोल प्लाजा और रिलायंस पेट्रोल पंपों पर 24 घंटे धरना शुरू दिया।

इस संघर्ष के दौरान पहली बार केन्द्र सरकार द्वारा किसान संगठनों से संपर्क किया गया। दिनांक 7 अक्टूबर को कृषि सुधारों/ अधिनियमों के बारे में जानकारी प्रदान करने के लिए संगठनों को दिल्ली बुलाया गया था। किसानों के सभी संगठनों ने इस निमंत्रण को खारिज कर दिया। उसके बाद 13 अक्टूबर को किसान संगठन बातचीत के लिए दिल्ली गए लेकिन किसानों से बात करने के लिए केवल संयुक्त सचिव, कृषि मंत्रालय, भारत सरकार ही उपलब्ध थे। इसलिए किसानों ने इस बैठक का बहिष्कार किया क्योंकि सरकार के मन्त्री उपलब्ध नहीं थे। वर्तमान सरकार के मंत्रियों द्वारा किसान संगठनों से बात करने के बजाय मोदी सरकार ने इन अधिनियमों के बारे में किसानों को जानकारी प्रदान करने के लिए पंजाब में आभासी सम्मेलन आयोजित करने के लिए 8 केंद्रीय मंत्रियों के समूह का गठन किया।

इस सब के दौरान रेल रोको विरोध जारी रहा लेकिन फिर 21 अक्टूबर 2020 को केन्द्र सरकार ने खुद 23 नवम्बर तक ट्रेनों को रोक दिया और शर्त रखी कि जब तक यात्री ट्रेनों को अनुमति नहीं दी जाएगी, कोई भी ट्रेन नहीं चलेगी। 5 नवम्बर को "चक्का जाम" और 26-27 नवम्बर 2020 को "दिल्ली चलो"

का आह्वान किया। उसके बाद ए.आइ.के.एस.सी.सी. जो अब संयुक्त किसान मोर्चा बन गया है, के इस आह्वान के बाद मोदी सरकार ने किसानों के साथ बैठक की जिसमें रेल मन्त्री पीयूष गोयल और किसान कल्याण मन्त्री नरेंद्र सिंह तोमर और वाणिज्य एवं उद्योग राज्य मन्त्री सोमप्रकाश उपस्थित थे। इस समय तक यह आंदोलन पूरे भारत में फैल गया।

एक बात बिल्कुल साफ है कि इस बार किसानों का यह बिल्कुल अलग तरह का आंदोलन है। भारत के स्वतन्त्र होने के बाद यह पहला आंदोलन है, जिसमें सभी किसान संगठन (राष्ट्रीय स्तर पर 500 से अधिक और पंजाब स्तर पर 32) भाग ले रहे हैं और कॉरपोरेट्स को छोड़कर सभी वर्ग इस जन आंदोलन का हिस्सा हैं। भाजपा और एन. डी. ए. सहयोगियों को छोड़कर लगभग सभी दल समर्थन कर रहे हैं। वर्तमान में यह अंतर्राष्ट्रीय आंदोलन बन गया है। किसान इन तीन किसान विरोधी अधिनियमों को निरस्त किए बिना वापस नहीं जाएंगे इसके अलावा उन्हें दिल्ली की सीमाओं पर 6 महीने या उससे अधिक समय तक बैठा रहना होगा।

हरियाणा में जनविरोधी कृषि कानूनों के खिलाफ किसानों का आरम्भिक आंदोलन

हरियाणा में 3 कानूनों के खिलाफ 10 जून को जिला व तहसील स्तर पर अखिल भारतीय किसान सभा ने प्रदर्शन किए व कानूनों की प्रतियां जलाईं। इसके बाद कानूनों की बारीकियों पर लोगों को शिक्षित करने के लिए अभियान चलाया गया। फिर 24 जुलाई को गांव स्तर पर सभाएं हुईं। इस अभियान का प्रभाव बाद में

आंदोलन पर साफ दिखाई दिया। 9 अगस्त 2020 को भारत छोड़ो दिवस पर कृषि कानूनों के खिलाफ राष्ट्रीय सत्याग्रह आंदोलन के तहत जिला स्तर पर प्रदर्शन किए गये।

10 सितम्बर को भारतीय किसान यूनियन (चढ़ूनी) और आढ़ती एसोसिएशन द्वारा कुरूक्षेत्र जिले के पिपली में अच्छा प्रदर्शन किया गया जिस पर लाठीचार्ज हुआ और सारे प्रांत में रोष फैल गया। दुष्यंत चौटाला उपमुख्यमन्त्री हरियाणा सरकार जो पहले पिपली लाठीचार्ज के खिलाफ बोला था, बाद में मुकर गया। किसान सगठनों द्वारा 20 सितम्बर को हरियाणा बंद का आह्वान किया गया। इसका काफी असर रहा। बाजारों में मण्डियों के अलावा सैकड़ों जगहों पर लोगों ने सड़कों को रोका। इससे पहले 17 सितम्बर को उचाना मण्डी में राज्य स्तरीय किसान कन्वेंशन कर विरोध प्रदर्शन किया। इसमें हजारों किसान शामिल हुए। कामरेड फूल सिंह श्योकन्द व दूसरे नेताओं ने सम्बोधित किया।

10 सितम्बर को पिपली में लाठी चार्ज के विरोध में सिरसा के पंजुआना गांव में 12 से 3 बजे तक रास्ता रोका गया। 20 सितम्बर 2020 को जमाल में भी रास्ता रोका। सिरसा, फतेहाबाद व रतिया क्षेत्र के सभी किसान संगठनों (किसान सभा - CPM, किसान सभा CPI, मनदीप नाथवान के संगठन पगड़ी सम्भाल जट्टा व प्रहलाद सिंह भारूखेड़ा) आदि के प्रयत्नों से 6 अक्टूबर 2020 को सिरसा के दशहरा ग्राउंड में लगभग पांच हजार किसानों की रैली हुई। बिजली मन्त्री चौ0 रणजीत सिंह व उपमुख्यमन्त्री दुष्यत चौटाला के त्यागपत्र की मांगें पहली बार उठीं और उनके निवास स्थानों पर धरना लगाने का निर्णय हुआ। गुरनाम सिंह, योगेंद्र यादव, का. फूल सिंह श्योकंद, स्वर्ण

सिंह विर्क, कुलवंत सिंह सिधू इस सभा में मुख्य वक्ता थे। मनदीप नाथवान (संगठन पगड़ी सम्भाल जट्टा) का संख्या के हिसाब से धरना जमाने में विशेष योगदान रहा। मंत्रियों के घरों का घेराव करने के लिए मानसा चौक पर बैरिकेड्स तोड़ कर किसान आगे बढ़े। आंसू गैस का प्रयोग जमकर हुआ परन्तु मोर्चा जम गया। रात को 250/300 किसानों को पुलिस द्वारा जबरन उठा लिया गया। अगले दिन सदर थाना को हजारों ने घेर लिया। भगत सिंह स्टेडियम पर धरने की इजाजत मिल गई और फिर धरना चलता रहा। गायकों का सिरसा के आंदोलन में काफी योगदान रहा। पंजाब के गायकों गालव वड़ैच व जस बाजवा ने काफी समय लगाया। 10 अक्टूबर को रोहतक के सांसद अरविंद शर्मा को काले झंडे दिखाए गए। डीघल गांव में और प्रदेश के दर्जनों स्थानों पर काले झंडे बीजेपी नेताओं को दिखाए गए। 14 अक्टूबर को मण्डियों में एम. एस. पी. अधिकार दिवस मनाया गया। किसान सभा की पहल पर 20 अक्टूबर को हरियाणा के 34 किसान संगठनों की मीटिंग रोहतक में हुई। 5 नवम्बर को राष्ट्रीय किसान संघर्ष समिति के आह्वान पर 4 घंटे रास्ता रोकने का कार्यक्रम हरियाणा में कई जगह पर हुआ। 9 नवम्बर को हरियाणा के सभी किसान संगठनों के द्वारा करनाल में राज्य स्तरीय रोष प्रदर्शन किया गया।

दिल्ली कूच

पंजाब के किसानों ने पंजाब में प्रचार, प्रदर्शन व रेल पटरियों पर धरने लगातार जारी रखने के बाद अनुभव किया कि आन्दोलन पंजाब से बाहर दिल्ली ले जाने पर अधिक प्रभावशाली होगा। लगातार रेल रोको अभियान से पंजाब को आर्थिक नुकसान ज्यादा हो रहा था क्योंकि केन्द्र सरकार द्वारा पंजाब में खाद की सप्लाई भी रोक दी गई थी। यद्यपि मुख्यमंत्री कैप्टन अमरेन्द्र सिंह के अपील करने के उपरान्त किसानों ने माल गाड़ियों की आवाजाही पर अपनी रोक हटा ली थी, परंतु केन्द्र सरकार ने शर्त रख दी थी कि सारे रेल रोको कार्यक्रम को उलटा लें तभी माल गाड़ियों की आवाजाही शुरू की जायेगी। पंजाब की सभी जत्थेबंदियों ने 26 नवम्बर को दिल्ली पहुंचने का ऐलान कर दिया। हरियाणा में भी भारतीय किसान यूनियन के प्रधान गुरूनाम सिंह चढ़ूनी व अखिल भारतीय किसान सभा ने ऐसी ही घोषणा कर दी।

बैरिकेड्ज़ और ठंडे तथा गंदे पानी की बौछारें

25 नवम्बर 2020 को पंजाब से सभी किसान संगठनों के नेताओं व कार्यकर्ताओं ने हजारों की संख्या में ट्रैक्टर ट्रालियों व दूसरे

साधनों से दिल्ली की ओर कूच किया। पंजाब के किसानों को रोकने के लिये हरियाणा सरकार ने अंबाला, सिरसा, डबवाली व जींद के दाता सिंह वाला बार्डर आदि पर भारी पुलिस बल तैनात कर दिया। पुलिस ने भारी बैरिकेड़्ज़ लगा दिये। सड़कों पर भारी मिट्टी के ढेर लगाकर अभेध्य अवरोध लगा दिये। पंजाब के किसान नेताओं ने हरियाणा सीमा पर ही बैठने का फैसला कर लिया। जोगेंद्र सिंह उग्राहां ने मुझे साक्षातकार में बताया कि उनकी योजना हरियाणा पंजाब बॉर्डर पर डेरा लगाकार एक सप्ताह बैठने की थी तथा हरियाणा में प्रचार द्वारा किसानों को तैयार करने की थी। परन्तु नौजवान किसानों व हरियाणा के किसानों ने दिल्ली जाने का निश्चय कर लिया। गुरनाम सिंह चढ़ूनी के नेतृत्व वाले किसान संगठन व पंजाब के नवयुवकों ने शम्भु बॉर्डर अंबाला पर युद्ध की तरह संघर्ष किया। गंदे व ठंडे पानी की बौछारों को छाती पर झेलते हुए आगे बढ़ने का प्रयास किया। घंटों संघर्ष करके सीमेंट के भारी बैरिकेड़्ज़ को ट्रैक्टरों से जंजीर बांधकर हटाया। वहाँ सड़क पर पड़ी मिट्टी के ढेरों को हटाकर रास्ता बनाया व आगे बढ़ गए। गुरनाम सिंह चढ़ूनी के नेतृत्व में हरियाणा के हजारों किसान कुरूक्षेत्र के बैरिकेडों को तोड़ कर दिल्ली की तरफ बढ़ गए। 25 नवम्बर को करनाल तक पहुंच गए। 26 नवम्बर 2020 को शाम तक सारे किसान दिल्ली हरियाणा की सीमा पर सिंघु कुंडली व टीकरी बॉर्डर पर जा बैठे। यह किसान अपने साथ 6 महीने का राशन पानी व सब साधन साथ लाए थे। 27 नवम्बर की प्रातः काल दिल्ली पुलिस का सामना कर किसान जत्थे आगे बढ़ने पर अडै थे। दाता सिंह वाला बॉर्डर पर भी ऐसे ही भारी बैरिकेड व मिट्टी के ढेर लगाकर सड़क को रोक दिया गया था। नरवाना के किसानों ने कामरेड बलबीर सिंह सिद्दु, कामरेड सतबीर

व धर्मपाल सिंह चहल आदि के नेतृत्व में बैरिकेड़ज़ व मिट्टी के ढेरों को हटाया तथा पंजाब के किसानों की मदद की। श्री जोगेंद्र सिंह उग्राहां, जिनकी यूनियन पंजाब में सबसे बड़ी है, डा0 दर्शन पाल व कामरेड धर्मपाल शील लगभग 25000 किसानों का नेतृत्व करते हुए आगे बढ़ गए। साथ में किसान सभा के नेता किसान बलबीर सिंह सिद्धू के नेतृत्व में दिल्ली रवाना हो गए। इन जत्थों का रास्ते में जगह-जगह स्वागत किया गया। गतौली, पौली, लाखनमाजरा व कलाहवड़ में दूध चाय पानी से स्वागत किया गया। दिल्ली के टिकरी बॉर्डर पर किसान जत्थे पुलिस द्वारा रोक लिए गए। डबवाली बॉर्डर से 25 नवम्बर 2020 को जोगेंद्र सिंह उग्राहां की यूनियन के किसानों ने पार किया। हरियाणा सरकार ने पंजुआना गांव में सड़क खोदी और मिट्टी का बांध लगा दिया। कामरेड रोशन सुचान (किसान सभा) ने बताया कि वह 10 ट्रैक्टर व 5 JCB ले कर पंजुआना पहुंचे तथा मिट्टी व अवरोधक हटाये। 25 नवम्बर को 2:00 बजे ये जत्था सिरसा पहुंच गया। भावदीन टोल पर खाना खाकर रात तक टिकरी बॉर्डर पहुंच गया। हरियाणा का एक जत्था लगभग 100 ट्रैक्टरों के साथ रतिया से मनदीप ढिल्लों नाथवाण के नेतृत्व में 25 की रात को चलकर, अग्रोहा में पंजाब के जत्थे के साथ मिल गया।

अग्रोहा में भी किसान भारी बैरिकेड को तोड़कर आगे बढ़े। दिल्ली पहुंच कर किसान पुलिस के साथ अंदर घुसने के लिए संघर्ष करने लगे। अगले दिन सरकार ने हेराफेरी के तहत किसानों को बुराड़ी के निरंकारी मैदान में जाने व प्रदर्शन करने की अनुमति देने का ढोंग किया। टिकरी की तरफ से कुछ किसान वहां पहुंच भी गए। परन्तु बाद में किसान नेताओं द्वारा ग्राउंड का निरीक्षण करने पर पाया कि यहॉ तो किसानों को पब्लिक से दूर एक बाड़े

में बंद कर दिया जाएगा। नेताओं ने सिंघु तथा टिकरी बॉर्डर पर ही मोर्चा लगाने का निर्णय किया। एक अप्रत्याशित स्थिति पैदा हुई जिसकी आशा न तो पंजाब के किसानों ने की थी तथा न ही हरियाणा की जनता की कोई योजना थी। किसानों की स्वाभाविक अतिथि सेवा की प्रवृत्ति के चलते 27 नवम्बर की सुबह ही अनेकों आस-पास के गांव से दूध, लस्सी व अन्य खाद्य सामग्री, सब्जी व फल आदि पहुंचने लगे। किसान नेता जोगेंद्र सिंह ने बाद में रोहतक के सेक्टर 4 में एक स्वागत समारोह में बताया कि 26 की रात को बिना दूध की चाय पी थी। परन्तु 27 नवम्बर की सुबह दूध व लस्सी के लिए बर्तन छोटे पड़ गए। दिल्ली के गुरूद्वारों में लंगर की व्यवस्था चालू कर दी गई। अभी तक हरिणाणा में केवल कम्युनिस्ट पार्टियों से जुड़ी किसान सभाओं व चढ़ूनी ग्रुप के थोड़े से किसान ही शामिल थे। परन्तु पंजाब के किसानों के त्याग व संघर्ष से प्ररेणा लेकर गांव-गांव में व खाप पंचायतों द्वारा दिल्ली में आंदोलन में योगदान डालने की योजना बनने लगी। हर गांव से खाद्य सामग्री व अन्य आवश्यकता का सामान दिल्ली पहुंचने लगा। हर गांव, शहर व अनाज मण्डियों में चंदा एकत्रित होने लगा। सब्जी, फल, दूध, लस्सी, साबुन, तेल, आटा, दाल यहां तक कि झाड़ू, बर्तन साफ करने के जूने, टूथपेस्ट, टूथब्रश मूंगफली, रेवड़ी, नेल कट्टर, कंबल, जुराब, जूते, घी के टीन, पानी की छोटी बोतल तथा टैंकर लेकर पंहुचने लगे। कांग्रेसी सांसद दीपेंद्र हुड्डा ने भी टिकरी बॉर्डर पहुंचकर किसानों का उत्साह बढ़ाया। बहादुरगढ़ के लोगों को किसानों के लिए नहाने धोने व टॉयलेट की सुविधा के लिए दरवाजे 24 घंटे खुले रखने की अपील की। बहादुरगढ़ के लोगों ने भी अपनी पलकें किसानों के लिए बिछा दीं। सांसद दीपेंद्र हुड्डा ने बहादुरगढ़ के विधायक राजेन्द्र सिंह

जून, नगर पालिका अध्यक्ष शीला राठी, सोनीपत के विधायक सुरेन्द्र सिंह पंवार व सोनीपत के नगर पालिका अध्यक्ष निखील मदान को क्रमशः टिकरी बॉर्डर व सिंघु बॉर्डर पर पोर्टेबल टाईलेट देने के लिए निर्देश दिया। हरियाणा से गांव व खाप पंचायत स्तर पर लोग दिल्ली पहुंचने लगे। बॉर्डर व सड़कों पर खापों व गांव की तरफ से लंगर लगने लगे, जिसका वर्णन अलग से करूंगा। सांगवान खाप की तरफ से इस खाप के प्रधान सोमवीर सांगवान (विधायक) ने सरकार से समर्थन वापस ले लिया। हालांकि, विधानसभा में सोमवीर ने कानूनों का समर्थन किया था। अब वे आंदोलन में शामिल हो गए तथा बोर्ड के चेयरमैन पद से भी इस्तीफा दे दिया। महम के विधायक बलराज कुंडू भी अपने स्तर पर आंदोलन में शामिल हो गए। हरियाणा में भी पंजाब के स्तर पर गर्मी बढ़ने लगी। अखिल भारतीय किसान सभा, गुरूनाम सिंह चढ़ूनी, खाप, ब्लॉक व गांव के लोग अपना बैनर लगा कर बॉर्डर पर धरने लगाने लगे।

शाहजहांपुर बॉर्डर

दिसम्बर 10/11 के बाद राजस्थान में किसान सभा के नेता कामरेड अमराराम (पूर्व विधायक) व बलवान सिंह पुनिया (विधायक सी. पी. एम.), पवन दुग्गल (पूर्व विधायाक सी. पी. एम.) उनकी पत्नी रवि दुग्गल व जनवादी महिला समिति नेता निशा सिद्धू आदि के नेतृत्व में अनेकों किसान रिवाड़ी के शाहजहांपुर बॉर्डर पहुंच गए। डा0 यागेंद्र यादव के प्रयत्न से कुछ भागीदारी अहीरवाटी से भी शुरू हो गई। यद्यपि, इस क्षेत्र में केंद्रीय मंत्री राव इंद्रजीत सिंह का अहीर किसानों पर प्रभाव होने से ज्यादा समर्थन संभव

नहीं हो सका। शुरू में धरना जमाने के लिए किसान सभा नेता कामरेड फूल सिंह के नेतृत्व में हिसार, भिवानी व फतेहाबाद क्षेत्र के किसानों का योगदान रहा। दिल्ली जयपुर मार्ग एक तरफ से रोक दिया गया।

सबसे पहले तंबू शाहजहांपुर बॉर्डर पर तारा सिंह सिद्धू ग्रामीण किसान समिति गंगानगर ने लगाया था। किसान सभा के दूसरे नेता पेमाराम पूर्व विधायक, राजाराम किसान सभा (सीपीआई),जाट सभा के प्रधान वयोवृद्ध राजा राम मील पहुँचे। शुरू में गोविंदराम मेघवाल, कांग्रेसी विधायक (खाजूवाला बीकानेर) डेढ़ सौ गाड़ियों का काफिला लेकर शाहजहांपुर बॉर्डर पर पहुंचे। वे 7 दिन तक रहे। सोहन सिंह ढिल्ल, प्रधान पंचायत समिति नोहर भी पहुंचे। श्योपतराम मेघवाल, किसान सभा गंगानगर, शुरू से रहे। गंगानगर जिला प्रधान कालूराम थोरी शाहजहांपुर बॉर्डर पर लगातार लंगर प्रधान रहे। छगन चौधरी राज्य सचिव किसान सभा व निर्मल सिंह प्रजापति जिला सचिव किसान सभा चूरू, तारानगर से उमराव सहारण महामंत्री चूरू आदि की भी उल्लेखनीय भूमिका रही।

पेमाराम प्रदेश अध्यक्ष अखिल भारतीय किसान सभा, संजय माधव किसान सभा कार्यालय जयपुर लगातार रहे। गंगानगर के अनूपगढ़ से विधायक पवन दुग्गल व उनकी धर्मपत्नी रवि दुग्गल जनवादी महिला समिति व निशा सिद्धू सैकड़ों महिलाओं समेत रही। श्रीमती शैलजा कांग्रेस प्रधान हरियाणा भी शाहजहां बॉर्डर आई। कांग्रेस विधायक कृष्णा पूनिया व चेतन डूडी (लालनू नागौर) कई बार आए। बलबीर सिंह छिल्लर, जिला प्रमुख अलवर का काफी योगदान रहा। रघुवीर वर्मा व रामेश्वर वर्मा (नेता किसान सभा) दो-तीन महीने रहे। कोटा से राज्य उपाध्यक्ष किसान सभा

काफी आदमी लेकर आए। यहां एक तथ्य का उल्लेख करना जरूरी समझता हूं जो बलवान सिंह पूनिया (विधायक) ने मुझे अपने साक्षात्कार में बताया कि "शुरू के दो-तीन दिन आसपास के अहीर किसानों की तरफ से बड़ा विरोध झेलना पड़ा था। यदि मेवात के किसानों की सक्रिय मदद नहीं मिलती तो वहां रुकने में बड़ी कठिनाई होती। इसके बाद 11-2-2021 को मैं अपनी पत्नी सत्यवती के साथ नूंह पहुंचा। वहां से ताहिर हुसैन शिकरावा एडवोकेट की गाड़ी में, अज़ीज़ अख़्तर एडवोकेट व मुबारिक ख़ान अटेरना के साथ राजस्थान की पहाड़ी तहसील के दारुल उलम खेरला (मील) मदरसा जिला भरतपुर पहुंचा। वहां मुझे मौलाना मोहम्मद अरशद मील, मोहम्मद राशिद व सलीम अहमद मुफ़्ती मिले जो सब किसान आंदोलन में मेवात के (हरियाणा-राजस्थान) क्षेत्र से सक्रिय भूमिका में रहे। उन्होंने मदरसा के विशेष अतिथि गृह में हमारा स्वागत किया। फलाहार वह मिष्ठान से जलपान कराया। भारतीय परंपरा अनुसार जमीन पर दरी पर बैठकर जलपान किया। एक विशेष थाल जिसमें भोजन सामग्री रखी थी, में डाल कर हमें भोजन परोसा गया। हम सब ने थाल के चारों तरफ बैठकर जलपान किया। एक विशेष शैली व परंपरा पहली बार देखी। यहां एक बहुत बड़ा मदरसा (शिक्षा संस्थान) है जिसमें कई हजार बालक बालिकाएं पढ़ते हैं। दोनों के अलग-अलग स्कूल हैं। लड़कियों के मदरसे में पुरुषों का जाना वर्जित है। बच्चे छात्रावास में ही रहते हैं। मदरसों में पाक कुरान शरीफ़ के साथ-साथ सभी आधुनिक विषय पढ़ाए जाते हैं। संस्थान में भव्य भवन व साफ-सफाई देखते ही बनती थी। संस्थान के मुख्य प्रबंधक (नाज़िम) मौलाना अरशद मील हैं जो मेवात किसान आंदोलन के संचालक रहे। श्री सलीम अहमद मुफ़्ती ने बताया कि वह शुरू में

29 नवंबर 2020 को लगभग तीन टन रसद लेकर सिंघू बॉर्डर पहुंचे तथा 1 दिसंबर से टिकरी बॉर्डर पर चाय की स्टाल लगा दी। "जब हमें महसूस हुआ कि शाहजहांपुर बॉर्डर पर स्थानीय मदद की आवश्यकता है तो हम वहां रसद लेकर 13 दिसंबर को पहुंच गए और वहां 70-80 लोगों के साथ मेवाती खेमा लगा दिया। वह संख्या लगातार बढ़ती गई। इसके बाद के राजस्थान के पहाड़ी, तिजारा कामां व किशनगढ़ तथा हरियाणा के नूंह जिले के मेव किसान लगातार जाते रहे। साथ-साथ खाद्य सामग्री, दूध, फल, आटा सब्जी आदि की रसद लगातार पहुंचती रही। आखिर तक मेव किसान डटे रहे। मौलाना अरशद मील की उपस्थिति भी लगातार रही। मेवात की चाय स्टाल लगातार चलती रही जिसमें 7-8 क्विंटल दूध रोजाना लग जाता था। मेव किसानों ने रोज़े भी सड़क पर ही नवाज़े। धार्मिक सहिष्णुता का आलम यह था कि हिंदू भाई रोज़े की इफ़्तार (भोजन) तैयार करते थे और साथ मिलकर रोज़ा खोलते थे। यदि यही वातावरण सारे भारत में हो और देश के लोग हिंदू मुस्लिम त्योहारों को साथ मिलकर मनाएं तो देश में कितना अमन व सांप्रदायिक भाईचारा स्थापित होगा और एक सुदृढ़ राष्ट्र का निर्माण होगा।"

योगिंद्र यादव ने बताया कि इस बॉर्डर पर भी संख्या धीरे धीरे प्रतिदिन बढ़ने लगी। 25-26 दिसंबर 2020 को महाराष्ट्र के लगभग 2000 किसानों ने महाराष्ट्र में भिन्न-भिन्न स्थानों में रैलियां करने के बाद इसी धरना स्थल पर पहुंचकर आंदोलन में नई जान फूंक दी। मेधा पाटकर हजारों आदिवासी किसानों को लेकर पहुंचीं। किसानों के जोश के दबाव में आकर हनुमान बेनीवाल सांसद नागौर ने कई बार घोषणा करने के बाद अंत में 22 दिसंबर को एन.डी.ए. से नाता तोड़ दिया और लगभग

1000-1500 किसानों के साथ धरना स्थल पर पहुंच गये, यद्यपि घोषणा 20000 किसानों की थी। 28 दिसंबर को सीकर जिले के दाता रामगढ़ के विधायक वीरेंद्र सिंह व सीकर के विधायक राजेन्द्र पारिख काफी किसानों के साथ संघर्ष स्थल पर पहुंच गए। इस तरह से यह मोर्चा भी धीरे-धीरे सिंघु व टिकरी मोर्चे की तरह मजबूत बन गया। इस मोर्चे पर सैकड़ों किसान गुजरात से यहां पहुंच गये, जो मोदी के मुंह पर करारा तमाचा है। केरल से किसान सभा के झंडे के तले किसानों एक बड़ा दल यहां पहुंचा। योगेंद्र यादव के अनुसार यह मोर्चा अन्तर्राजीय बन गया।

चौथा मोर्चा

मध्यप्रदेश के हजारों किसानों द्वारा शिव कुमार कक्का व किसान सभा की अगुवाई में पलवल के नजदीक कुंडली मानेसर एक्सप्रेस मार्ग व दिल्ली-मथुरा मार्ग के जंक्शन पर हरियाणा पुलिस के रोकने पर वहीं धरना लगा दिया है। मैं 19 दिसंबर को पलवल के मोर्चे पर गया था। वहां भी स्थानीय लोगों में उत्साह पैदा हो गया है और संख्या बढ़ने लगी है। वहां भी आसपास के ग्रामीणों द्वारा खाद्य सामग्री, दूध लस्सी पहुंचाई जा रही है। फरीदाबाद व पलवल शहर से भी मदद पहुंच रही है। ग्वालियर के गुरुद्वारा बंदी छोड़ साहिब ने लंगर व्यवस्था की है। यहां सिखों के छटवें गुरू हर गोविंद साहिब को जहांगीर ने दो साल तीने महीने कैद रखा था। पलवल के पूर्व कांग्रेस विधायक व पूर्व मंत्री, हरियाणा सरकार करण सिंह दलाल (जो तेवतिया खाप से आते हैं) सैकड़ों ट्रैक्टरों के साथ धरने में शामिल हो गए। पलवल के कई वकील व कई गणमान्य व्यक्ति रोज धरने में शामिल होते हैं।

पांचवां मोर्चा

गाजीपूर बॉडर पर उतराखण्ड के किसानों से अलग हरपाल सिंह बिल्लारी एक हजार किसानों के साथ चले। रास्ते में सम्भल पुलिस के साथ भारी टकराव हुआ। परन्तु गाजीपूर बॉडर पर पहुंचने में सफल हो गये। इस मोर्चे पर एक किसान संगठन "भारतीय किसान यूनियन असली" की भूमिका उल्लेखनीय रही। इस संगठन के प्रधान हरपाल सिंह बिलारी जिला संभल, व प्रवक्ता श्री प्रबल प्रताप सिंह हैं, जो मुख्यमन्त्री योगी आदित्यनाथ के जिले गोरखपुर से हैं तथा राजपूत हैं। हरपाल सिंह पहले स्वर्गीय महेन्द्र सिंह टिकैत की यूनियन के उपप्रधान रहे हैं। उन्होंने बताया कि राकेश टिकैत व नरेश टिकैत का राजनीति की तरफ रूझान व मुज्जफर नगर दंगों में साम्प्रदायिक भूमिका के चलते अलग संगठन बना लिया तथा गंगा के पार के सम्भल, मुरादाबाद, अमरोहा, बिजनौर, बदायूं, सीतापूर तथा पूर्व की तरफ दूर तक प्रभाव है। इस संगठन के कार्यकर्ता लगातार गाजीपूर बार्डर पर डटे रहे तथा अपना अलग से लंगर व सेवा चलाते रहे। सरकार के साथ जो 40 सदस्य बातचीत करने जाते थे उनमें इस यूनियन के प्रधान हरपाल सिंह भी जाते थे। मैंने बाद में हरपाल सिंह व प्रबल प्रताप सिंह से साक्षात्कार में पाया कि इन की किसान वर्गीय समझ, व धर्मनिरपेक्षता की समझ काफी साफ है। प्रबल प्रताप सिंह ने मुझे बताया कि इनकी यूनियन में सभी जातियों के सीमान्त किसान जाट, अहीर, गूज्जर, मौर्य (सैणी) कुर्मी, राजपूत, ब्राह्मण, कोइरी, कश्यप, त्यागी व कुशवाहा सदस्य हैं। परन्तु मुझे आश्चर्य हुआ कि इन दोनों नेताओं की प्रबुद्धता के चलते भी महिलाओं की भूमिका नगण्य के बराबर है, जिसको दोनों ने स्वीकार किया।

एक दूसरे किसान नेता बी. एम. सिंह ऐन मौके पर पीछे हट गये परन्तु इन के कुछ लोग धरने में शामिल हो गये। राकेश टिकैत तीन दिन बाद पहुंचे। श्री राकेश टिकैत ने पहले तीन कानूनों का समर्थन किया था, परन्तु किसानों के दवाब में उन्हें भी शामिल होना पड़ा।

पंजाब व हरियाणा के बहादुर किसानों से प्रेरणा लेकर उत्तर प्रदेश के किसानों की संख्या दिन प्रतिदिन बढ़ने लगी। मेरठ, बड़ौत, गाजियाबाद, मुजफ्फरनगर, बिजनौर, सहारनपुर, गौतम बुद्धनगर और बाद में अमरोहा, मुरादाबाद, रामपुर के किसान भी पहुंचने लगे। शुरू से ही तराई के किसान उत्तराखंड के बाजपुर, उधमपुर, पीलीभीत से भारी संख्या में ट्रैक्टर ट्रॉली व राशन सामग्री लेकर गाजीपुर पहुंचने लगे। योगी पुलिस ने टांडा धड़ियाल जो रामपुर जिले में पड़ते हैं बैरिकेड लगा दिए थे। ये किसान उन्हें तोड़कर बहादुरी से आगे बढ़े। इससे पहले मुरादाबाद के टोल प्लाजा पर भारी पुलिस बल ने रामपुर, उधम सिंह नगर व बिलासपुर के किसानों को रोक लिया था तो किसानों ने दिल्ली लखनऊ मार्ग को रोककर वहीं जमकर धरना लगा दिया। कई घंटे बाद पुलिस ने इजाजत दी तो वे भी गाजीपुर सीमा पर पहुंच गए और मोर्चा लगा दिया।

उत्तराखंड के किसानों में भी सिख किसानों की संख्या ज्यादा है। इनका नेतृत्व उत्तराखंड भारतीय किसान यूनियन नेता तेजिन्द्र सिंह विर्क कर रहे हैं। किसान ट्रालिओं में ही घर बना कर सो जाते हैं। अब कई समाजसेवी संस्थाओं ने टेंट लगाने शुरू कर दिए हैं जिनमें दो या पांच व्यक्ति तक सो जाते हैं। सड़क के किनारे सौ मीटर तक लंबे टेंट भी लगा दिए गए। किसान लकड़ियों से भरी

हुई ट्रॉलियाँ भी साथ लाए थे जो खाना बनाने व जलाकर सेकने का काम देती हैं। आसपास के गांवों से भी खाद्य सामग्री आने लगी और खाने-पीने के सामान व दूसरे साधनों की कोई कमी नहीं रही।

चिल्ला बॉर्डर

एक धरना नोएडा की तरफ बुलंदशहर में अलीगढ़ के किसानों ने नोएडा दिल्ली मार्ग के चिल्ला बॉर्डर पर लगा दिया। यह धरना लगाने वाली यूनियन भानु प्रताप ग्रुप की है और सरकारपरस्त मानी जाती है। बाद में एक दिन भानु प्रताप वापस भी चला गया परंतु किसानों ने उसके साथ जाने से इंकार कर दिया। यहां तक कि उसके लड़के ने भी मना कर दिया। यह धरना भी लगातार बढ़ता गया।

ढांसा बॉर्डर

झज्जर जिले की गुलिया खाप तथा आसपास के गांवों के किसान ढांसा बॉर्डर पर धरना जमाए हैं जो छोटा है। यह धरना टिकरी बॉर्डर पर जगह न होने की वजह से लगाया गया है। टिकरी का मोर्चा दिल्ली के गांव टिकरी से आरंभ होकर मेट्रो के साथ-साथ दोनों तरफ, फिर बहादुरगढ़ रोहतक बाईपास के दोनों तरफ ट्रैक्टरों, कारों व दूसरे वाहनों के साथ लगभग 20-22 किलोमीटर तक लंबा रोहतक की तरफ वहां तक पहुंच गया जहां बहादुरगढ़ वाली सड़क बाईपास में मिलती है।

ढांसा बॉर्डर पर धरने को व्यापक रूप देने में किसान सभा नेता कामरेड रामचन्द्र यादव का विशेष योगदान रहा है। विशेष

तौर पर अहीर व गुर्जर किसानों की कुछ भागीदारी बढ़ी, चाहे यह सांकेतिक ही रही। मजदूर व आंगड़वाड़ी वर्कर भी शामिल होने लगे। 17 दिसम्बर को ढांसा बॉर्डर को बन्द किया गया। 26 जनवरी को इस बॉर्डर से 7500 ट्रैक्टरों ने दिल्ली के ट्रैक्टर मार्च में हिस्सा लिया। चाहे ढांसा बॉर्डर गुलिया खाप का था, परन्तु लोग यहाँ यादव महासभा, गुर्जर महासभा, सैनी महासभा, दलित सभा के बैनर बॉर्डर पर लगा कर बैठे हैं। इन सभी जातियों के किसान लगातार बॉर्डर पर जाते हैं। इस से सरकार के इस दुष्प्रचार का कि यह अन्दोलन जाटों का है, फेल हो गया। इस मोर्चे पर महिलाओं की भी हिस्सेदारी बढ़ी है। 8 मार्च 2020 को महिला दिवस पर समारोह का संचालन मजदूर नेता सरोज दुजाणा (जिला सीटू अध्यक्ष) व किरण महराणा (सीटू) ने किया।

इस बीच उत्तराखंड, यूपी, एम.पी., महाराष्ट्र, राजस्थान आदि से हजारों-हजार किसान ट्रैक्टर ट्रॉली और अन्य वाहनों के साथ दिल्ली आ गए हैं। उन्होंने गाजीपुर, शाहजहांपुर और पलवल में राष्ट्रीय राजमार्गों को अवरूद्व कर दिया है। इस समय तक यह पूरी तरह से भारतीय किसानों का आंदोलन बन चुका है।

चौथा अध्याय

सरकार से वार्ताओं का दौर

मोदी सरकार ने 1 दिसम्बर 2020 से इन किसान संगठनों के साथ नियमित बैठकें शुरू कर दीं। सरकार की तरफ से किसानों को वार्ता का निमंत्रण दिया गया और कहा गया कि एक छोटी कमेटी बातचीत करे। परंतु किसानों ने कहा कि आंदोलन में शामिल सभी यूनियनों के नेता भाग लेंगे तो सरकार ने बात मान ली परंतु शर्त लगा दी कि योगेंद्र यादव को वार्ता में सरकार स्वीकार नहीं करेगी। इसके बाद पंजाब की 32 यूनियनों के प्रतिनिधि तथा आठ और सदस्य जिनमें अखिल भारतीय किसान सभा के नेता कामरेड हनान मौला, कामरेड अतुल अंजान [दूसरी किसान सभा (सी पी आई) से सम्बधित], शिवकुमार कक्का, टिकैत यूनियन के युद्धवीर सिंह, गुरनाम सिंह चढ़ूनी, बेंगलुरु से कुरूगन्ती, अभिमन्यु कुहाड़ व भाकियू असली के प्रधान हरपाल सिंह शामिल रहे हैं।

सरकार के साथ एक दिसम्बर, तीन दिसम्बर, पांच दिसम्बर और आठ दिसम्बर 2020 को बैठकें हुईं। आठ दिसम्बर तक पांच बैठकें हुईं लेकिन कोई नतीजा नहीं निकला। फिर किसान संगठनों ने बैठकों के बाद अपने स्टैंड को और कड़ा करना शुरू कर दिया। 8 दिसम्बर को किसान संगठनों ने तीन किसान विरोधी अधिनियमों को हां या ना में खारिज करने की मांग रखी। आठ

दिसम्बर की बैठक के बाद केन्द्र सरकार द्वारा कोई बैठक नहीं की गई। मोदी सरकार और किसान संगठनों के बीच कुछ पत्रों का आदान-प्रदान हुआ। फिर अंततः किसान संगठनों ने संयुक्त किसान मोर्चा के बैनर तले सरकार को दिए गए एजेंडे के साथ पत्र भेजा ताकि मोदी सरकार के गलत इरादों को फिर से हराया जा सके। पत्र में किसान संगठनों ने मदों के एजेंडे के साथ विज्ञान भवन में बैठक की तिथि 29 दिसम्बर निर्धारित की है। बैठक के एजेंडा आइटम नीचे दिए गए हैं।

1. तीनों केन्द्रीय कृषि अधिनियमों को निरस्त/ अस्वीकार करने की प्रक्रिया और तौर- गैप घटाएँ तरीकों पर चर्चा करना।

2. राष्ट्रीय किसान आयोग द्वारा सुझाए गए, सभी किसानों को लाभकारी एम. एस. पी. प्रदान करने के प्रावधानों पर चर्चा करना।

3. ''राष्ट्रीय राजधानी क्षेत्र और आसपास के क्षेत्रों में वायु गुणवत्ता प्रबंधन आयोग, 2020'' से सम्बन्धित अध्यादेश में संशोधन करके किसानों को छूट देना।

4. किसानों के हितों की रक्षा के लिए ''विद्युत संशोधन विधेयक, 2020'' में आवश्यक परिवर्तन करना।

लेकिन मोदी सरकार ने इस बैठक की तारीख और समय बदल दिया। यह बैठक 30 दिसम्बर 2020 को दोपहर 2 बजे विज्ञान भवन में हुई। सरकार वायु गुणवत्ता और बिजली विधेयक से सम्बंधित मांगों को स्वीकार करने के लिए सहमत होती दिखती है, लेकिन अभी भी सरकार की ओर से लिखित में कुछ नहीं आया है, तो देखते हैं कि लिखित में क्या उपलब्ध कराया जायेगा।

लेकिन तीन अधिनियमों को निरस्त करने और एम. एस. पी. को कानूनी अधिकार के साथ-साथ सुनिश्चित खरीद के रूप में बनाने की मुख्य मांगों को सरकार ने स्वीकार नहीं किया है। किसान संगठनों और मोदी सरकार के बीच 4 जनवरी 2021 को बिना किसी नतीजे के बैठक हुई। अगली बैठक 8 जनवरी 2021 को होगी। फिर 15 जनवरी 2021 को एक और बैठक हुई लेकिन कोई नतीजा नहीं निकला। अब किसान संगठनों और सरकार के बीच अगली बैठक 20 जनवरी को होगी (जो पहले 19 जनवरी को तय की गई थी और केन्द्र सरकार ने इसे 20 जनवरी तक के लिए स्थागित कर दिया था)।

कई दौर की वार्ता, जिसमें सरकार की तरफ से नरेंद्र सिंह तोमर व रेल मंत्री पीयूष गोयल शामिल थे, केवल अपना-2 पक्ष रखते रहे और किसानों से पूछते रहे कि कानूनों में काला क्या है? किसान कानून वापस लेने पर अड़े रहे। सातवें दौर की वार्ता में एक विशेष बात रही कि किसानों ने गुरुद्वारा से भोजन मंगवाया। उसी से सरकार के मंत्रियों ने भी लंगर खाया। इससे पहली मीटिंग में भी रोष दिखाते हुए किसानों ने सरकारी खाना लेने से इन्कार कर दिया था और अपना लंगर खाया था। इससे किसानों का आत्मसम्मान बढ़ा और सत्याग्रहियों व आम पब्लिक में अच्छा संदेश गया।

इस मीटिंग में भी किसान नेताओं ने स्पष्ट कर दिया कि 3 कानूनों की वापसी के सिवा कोई समझौता नहीं करेंगे। केवल वापसी की प्रक्रिया पर बात हो सकती है। यह मीटिंग 30 दिसंबर 2020 को थी। बातचीत बेनतीजा रही और अगली आठवें दौर की वार्ता 4 जनवरी के लिए निश्चित हुई। इस मीटिंग में जो कम

महत्व के कानून थे उन पर सहमति बन गई। जिन मुद्दों पर सहमति बनी है वो नीचे दिए गए हैं:

1. पराली जलाने पर किसानों पर एक करोड़ का जुर्माना, 5 साल की सजा का प्रावधान उल्टा ले लिया जाएगा।

2. दूसरा, बिजली बिल जिसमें ट्यूबवेल की बिजली दरों को कमर्शियल करने व सब्सिडी खत्म करने की योजना थी, उसको वापस ले लिया जाएगा।

इसकी घोषणा कृषि मंत्री नरेंद्र सिंह तोमर ने की। उन्होंने बैठक के बाद घोषणा की कि वार्ता सौहार्दपूर्ण वातावरण में हुई और आशा व्यक्त की कि बाकी मसलों का हल भी बातचीत से निकल जाएगा। परंतु किसान नेताओं की तरफ से कोई विज्ञप्ति जारी नहीं की गई। बाद में योगेंद्र यादव ने बयान जारी किया कि पूंछ निकल गई अभी हाथी बाकी है। 4 जनवरी की मीटिंग में फिर कोई हल नहीं निकला। सरकार संशोधनों पर सुझाव मांगती रही और किसान तीनों कानूनों को रद्द करवाने से कम किसी बात पर राजी नहीं थे।

अगले दौर की वार्ता

अगले दौर की वार्ता 8 जनवरी 2021 को कृषि मंत्री नरेंद्र सिंह तोमर की अध्यक्षता में पीयूष गोयल रेल मंत्री व राज्यमंत्री सोम प्रकाश के साथ हुई। फिर मंत्री जी ने संशोधन मांगे तो किसानों ने साफ कर दिया कि वे कानून निरस्त कराने आए हैं संशोधन के लिए नहीं। हमें कुछ नहीं कहना। यदि कुछ कहना है तो सरकार

कहे। इसके बाद मंत्री समूह ने समय मांग कर कुछ देर अलग मीटिंग करके कोई सुझाव दिए बगैर अगली मीटिंग 15 जनवरी की रख दी।

सरकार की रणनीति शायद मामले को लटकाने व सुप्रीम कोर्ट की 11 जनवरी की सुनवाई की प्रतीक्षा करने की है। यह आम धारणा बन गई है कि सरकार सुप्रीम कोर्ट को सरकारी महकमा समझती है और मैं एक वकील होने के नाते कहने में संकोच नहीं करता कि मुख्य न्यायाधीश रंजन गोगोई के कई फैसले जिनमें राम जन्म भूमि का फ़ैसला शामिल है व फिर तुरंत उनकी रिटायरमेंट के बाद राज्यसभा सदस्य मनोनीत किया जाना इस बात को बल देता है। अर्नब गोस्वामी को छुट्टी वाले दिन अग्रिम जमानत माननीय चंद्रचूड़ न्यायमूर्ति की बैंच द्वारा देना और भीमा कोरेगांव केस में दो-तीन साल से जेल में सड़ रहे, सुधा भारद्वाज, दिल्ली विश्वविद्यालय के प्रोफेसर लगभग पूरे अपाहिज साईं बाबा, दलित विद्वान लेखक आनंद तेल तुम्बड़े व 84 वर्षीय स्टेन स्वामी जिसकी जमानत की अर्जी के दौरान बाद में मौत हो जाती है, लेखक वरवरा राव जो पारकिंसंज़ ग्रस्त है एक पाइप से कुछ पीने की सुविधा प्राप्त करने के लिए कोर्ट में महीनों लग जाते हैं, इस संवेदनहीनता का जीता जागता उदाहरण है। और हुआ भी यही। सरकार जैसा चाहती थी, माननीय उच्चतम न्यायालय ने विशेषज्ञों की एक कमेटी बनाने का सुझाव दिया जिसको किसानों के वकीलों प्रशांत भूषण, एच एस फुल्का, गोल सेल्वन, पूर्व सुप्रीम कोर्ट बार एसोसियसन प्रधान दुष्यंत दवे ने साफ मना कर वादियों। अगले दिन फैसले के लिए केस रख दिया तो जैसी परंपरा है किसानों के वकील कोर्ट नहीं गए। परंतु सरकारी वकील हरीश साल्वे व वेणुगोपाल ने सारे दिन

बहस की और कोर्ट ने दूसरे पक्ष को बुलाया तक नहीं और चार लोगों की कमेटी बनाने का फैसला सुना दिया। इन चारों व्यक्तियों के नाम नीचे दिये गये हैं।

1. प्रोफेसर भूपेंद्र सिंह मान (अध्यक्ष)

2. डॉ. अशोक गुलाटी (अर्थशास्त्री व प्रधानमंत्री द्वारा गठित कृषि टास्क फोर्स सदस्य)

3. अनिल घनवट

4. प्रमोद कुमार जोशी (शेतकरी यूनियन)

ये चारों अपने लेखों व बयानों द्वारा खुले रूप से सरकारी कानूनों का समर्थन कर चुके हैं, एक महाशय तो 3 कानूनों का ड्राफ्ट तैयार करने वालों में से हैं। यह चारों नाम सरकार की तरफ से दिए गए और माननीय न्यायालय ने इस पर अपनी मुहर लगा दी। इससे आम लोगों के मन में शंका पैदा होना स्वाभाविक है। किसानों ने इस कमेटी को सिरे से खारिज कर दिया और कमेटी के सामने पेश न होने का ऐलान कर दिया। साफ कर दिया कि हम सरकार से मांगने आए हैं, माननीय न्यायालय से नहीं। भूपेंद्र सिंह मान ने किसानों के सामाजिक दबाव में इस कमेटी से अपने आपको अलग कर लिया। यह सरकार को और कोर्ट को भी एक झटका है।

कैमला में मुख्यमंत्री का विरोध (10 जनवरी 2021)

हरियाणा में भी तेज गति से आन्दोलन की गर्मी बढ़ने लगी। किसानों व आम जनता में सरकार के प्रति गुस्सा बढ़ने लगा।

इसको देखते हुए हरियाणा संयुक्त किसान मोर्चा ने भाजपा व जेजेपी नेताओं के विरोध का ऐलान कर दिया। मुख्यमंत्री ने पंचायत के नाम से कैमला गांव में एक समारोह के आयोजन की घोषणा की। सरकार ने किसानों के साथ दो-दो हाथ करके उनके मनोबल को ताड़ने की योजना बनाई। कैमला गांव रोड़ किसानों का है और घरौंडा से विधायक कुटेल गांव से हरविन्द्र कल्याण भी रोड़ बिरादरी से हैं। कैमला में सरपंच विधायक का समर्थक है। शायद इसलिए रोड़ बाहुल्य गांव को चुना गया। बसताड़ा टोल के किसानों ने इस आयोजन के बायकाट की घोषणा कर दी। 9 जनवरी को आन्दोलनकारी किसानों का एक प्रतिनिधिमंडल कैमला गांव में पंचायत के तौर पर बात करने गया। परंतु सरपंच समर्थकों ने उनको गांव के बाहर ही रोक कर उनके साथ दुर्व्यवहार किया। इससे गांव के साधारण लोगों में बहुत तीखी प्रतिक्रिया हुई। ये महसूस किया कि इस तरह से किसान बिरादरी में गांव की इज्जत घटेगी और अलगाव बढ़ेगा। गांव के बहुमत ने आन्दोलनकारी किसानों को समर्थन देने की घोषणा की।

10 जनवरी को सुबह ही बसताड़ा टोल पर किसान जुटने लगे थे। उधर कई जिलों की पुलिस बसताड़ा टोल से कैमला तक तैनात कर दी गई व बैरिकेड लगा दिए गए। हजारों किसान कैमला की तरफ बढ़ने लगे। किसान गेहूं की फसलों के बीच से ही दौड़े जा रहे थे। कैमला के पास पहुंच गये। पुलिस ने खेतों में ही लाठीचार्ज किया व आंसू गैस के गोले दागे। किसान सब अवरोधों को तोड़कर सभा स्थल पर पहुंच गए व सारे पंडाल व स्टेज को उखाड़ दिया। कुर्सियों को उलट दिया और स्टेज पर कब्जा कर लिया। मुख्यमंत्री का हेलीकॉप्टर ऊपर से एक बार उड़ता हुआ दिखाई भी दिया परंतु उतरना असंभव मान कर वापिस चला गया और कार्यक्रम स्थगित

कर दिया गया। एन.डी.टी.वी. व अन्य यूट्यूब चैनलों ने खूब लाइव कवरेज दी। यह किसानों की सरकार के खिलाफ हरियाणा में पहली जीत थी। सैंकड़ों किसानों पर मुकदमे दर्ज हुये।

केंद्र सरकार के साथ आगे के दौर की बातचीत

15 जनवरी को फिर कृषि मंत्री के साथ किसान नेताओं की मीटिंग हुई परंतु कोई नतीजा न निकलने से अगली मीटिंग 19 जनवरी की तय हुई। परंतु यह मीटिंग 19 की बजाय 20 जनवरी को होती है। सरकार डेढ़ साल के लिए कानूनों को स्थगित कर देती हैं और एक कमेटी बनाने का प्रस्ताव रखकर मीटिंग स्थगित कर देती है। फिर 22 जनवरी को मीटिंग किसानों द्वारा विचार करके जवाब देने के लिए रख देती है। किसान सर्वसम्मति से अस्वीकार कर देते हैं। इसका कारण है कि स्थगित करना कोई हल नहीं है। सरकार ने कमेटी बारे स्पष्ट नहीं किया कि इसका स्वरूप व अधिकार क्या होगा? सरकार इसके सुझाव को मानेगी या नहीं? उनके विचार में यह आंदोलन तोड़ने की एक चाल है ताकि दोबारा आंदोलन खड़ा ना हो सके। 22 जनवरी की मीटिंग में नरेंद्र सिंह तोमर ने किसान नेताओं से नाराजगी जाहिर की कि उन्होंने मीटिंग से पहले ही यह निर्णय प्रेस में उजागर कर दिया। उन्होंने कहा कि सरकार इससे अच्छा प्रस्ताव नहीं दे सकती। उन्होंने फिर किसानों से इस पर विचार करके बता देने को कहा और आगे बातचीत के दरवाजे बंद कर दिए। किसान नेताओं ने भी अब अपना सारा ध्यान 26 जनवरी के ट्रैक्टर मार्च, जो पहले से निर्धारित था, पर केंद्रित कर दिया। यहां एक बात का उल्लेख विशेष रूप से करना चाहता हूं कि मीटिंग में सरकार के साथ जो आई. ए. एस. ऑफिसर

आते थे वह इस बात से बहुत ही प्रभावित थे कि किसान नेताओं की समझ कानूनों, इनके दूरगामी प्रभाव, किसानों, मजदूरों व मध्यम वर्ग पर पड़ने वाले दुष्प्रभाव बारे कितनी स्पष्ट थी। यह कानून केवल कॉरपोरेट घरानों खासकर अडानी व अंबानी को लाभ पहुंचाएंगे। यहां यह भी उल्लेखनीय है कि मीटिंग में किसी बात का उत्तर मंत्री समूह के पास न होता था तो वह मीटिंग से उठकर टेलीफोन द्वारा ऊपर से पूछ कर जवाब देते थे। इससे पता चलता है कि मोदी सरकार की कार्य पद्वति कितनी अधिनायकवाद की है और गृह मंत्री व प्रधानमंत्री के सिवाय सब मंत्री व अफसर क्लर्क वाली हैसियत रखते हैं।

पांचवां अध्याय

जनवरी महीने की गतिविधियाँ

जब सरकार के साथ बातचीत का कोई नतीजा नहीं निकल रहा था तो 4 जनवरी की मीटिंग के बाद किसानों ने 7 जनवरी का ट्रैक्टर मार्च निकालने का ऐलान किया। सांसद दीपेंद्र हुड्डा ने किसानों के ट्रैक्टर मार्च को अपना पूर्ण समर्थन दिया। दीपेंद्र हुड्डा ने कहा कि सरकार पूर्वाग्रह से हटकर सकारात्मक सोच के साथ बातचीत करे। जनता की मांगों को स्वीकार करना हार नहीं होती। उन्होंने आशा व्यक्त की कि सरकार आठवें दौर की बातचीत में यदि सकारात्मक रवैया अपनाती है तो आगे और किसानों को बलिदान नहीं देना पड़ेगा। यह सब मार्च कुण्डली-मानेसर-पलवल मार्ग पर होने तय हुए हैं। मार्च का कार्यक्रम इस प्रकार हैं:

1. पहला सिंघु कुण्डली बॉर्डर से टिकरी बॉर्डर तक

2. दूसरा टिकरी से कुण्डली की तरफ

3. तीसरा गाजीपुर से पलवल

4. चौथा पलवल से गाजीपुर

5. पांचवां मेवात से पलवल की तरफ

सुबह 9:00 बजे से मार्च आरंभ हुआ। हजारों ट्रैक्टर निर्धारित मार्गों पर दौड़ पड़े। नजारा देखते ही बनता था। जवान, छोटे बच्चे, बूढ़े व महिलाएं, ट्रैक्टर, ट्रॉली में नारे लगाते हुए के. एम. पी. पर चढ़ गए। बराबर की साइड लाइनों से नजदीक गांव में दूर-दूर हरियाणा के गांव से हजारों ट्रैक्टर आकर सड़क पर चढ़ गए। एक ट्रैक्टर वाले ने जो दलाल खाप मान्डोठी गांव का था, बताया कि उसके गांव के सारे (लगभग 501) ट्रैक्टर रैली परेड में शामिल हुए हैं। इसी तरह राठी व अहलावत खाप के ट्रैक्टर भी शामिल हुए। एक ट्रैक्टर वाले प्रत्यक्षदर्शी ने बताया कि उसे साइडलेन से मुख्य मार्ग पर चढ़ने में एक घंटा लगा क्योंकि ट्रैक्टरों की संख्या बहुत ज्यादा थी। एक संवाददाता ने बताया कि उसने एक स्थान पर खड़ा होकर ट्रैक्टर गिनना शुरू किया और वह एक स्थान पर एक घंटा खड़ा रहा है और देखा कि बेअंत का काफिला था और कोई अंत नहीं दिख रहा है। थक कर वह चल ही पड़ा।

बहुत सी महिलाएं भी ट्रैक्टर चला रही थीं। पटियाला की एक महिला कुलवंत कौर जिसका पति 2019 में और लड़का 2020 में कोरोना से मर गया था और 2 एकड़ जमीन की मालिक है, इस विकट परिस्थिति में भी वह आंदोलन में आई है। रास्ते में पास के गांव में कई स्थानों पर चाय-दूध नाश्ते का प्रबंध किया गया। किसानों के भाईचारे, आपसी सहयोग का उदाहरण अवर्णनीय था। उत्साह और फौलादी इरादा देखते ही बनता था। किसानों ने संवाददाताओं को बताया कि या तो जीतेंगे या मर जाएंगे, परंतु वापिस नहीं जाएंगे। हरियाणा पुलिस ने मेवात के गांव रेवासन् से निकलने वाले मार्च को बड़ी बेरहमी से रोका, सब सक्रिय किसानों को रात को ही या तो उठा लिया या घरों में ही बंद कर दिया। टी. वी. चैनलों की लगभग 200 गाड़ियां मार्च को कवर करने के

लिए गांव गांव जाने को विवश हो गईं। मार्च बेहद ही सफल व शांतिपूर्ण रहा और मीडिया में भी पूरी कवरेज मिली।

इस बीच लोगों ने 13 जनवरी 2021 को पंजाब के सभी गांवों में लोहड़ी की आग में कानून की प्रतियां जलाईं। सांसद दीपेंद्र हुड्डा 15 जनवरी को फिर टिकरी बार्डर धरने पर पहुंचे और वहां पानी, शौचालय व्यवस्था, साफ-सफाई, लंगर व चिकित्सा व्यवस्था का मुआयना किया और ज़रूरी इंतजाम बढ़ाने के निर्देश दिये। उन्होंने धरनारत किसानों से मिलकर उनका हाल-चाल भी पूछा। इस दौरान उनके साथ बहादुरगढ़ के स्थानीय विधायक राजेन्द्र जून व नगरपालिका चेयरमैन शीला राठी मौजूद रहे। दीपेंद्र हुड्डा ने हर बार की तरह आज भी स्वयं इंतजामों का मुआयना करने के बाद पानी के टैंकरों की संख्या बढ़ाने और शौचालयों में और ज्यादा सफाई कराने व इनकी संख्या भी बढ़ाने के निर्देश दिये। इस काम में उन्होंने स्थानीय विधायक व नगर पालिका चेयरमैन को भी इंतजामों के देखरेख की जिम्मेदारी सौंप रखी है।

रादौर से विधायक बी. एल. सैनी द्वारा गांव धौलरा में आयोजित किसान संवाद सम्मेलन और गाँव भागू माजरा में 17 जनवरी को आयोजित किसान-मजदूर सम्मलेन में सांसद दीपेन्द्र हुड्डा ने शिरकत की। इससे पहले आज उन्होंने गांव गढ़ी गुजरान, करनाल में किसान आंदोलन में जान कुर्बान करने वाले स्व. राजेश चहल के घर पहुँच उन्हें श्रद्धांजलि अर्पित की और परिजनों को ढांढस बंधाया। इस अवसर पर पूर्व स्पीकर कुलदीप शर्मा, विधायक बी.एल. सैनी, विधायक मेवा सिंह, पूर्व मंत्री अशोक अरोड़ा, पूर्व मंत्री सुभाष चौधरी, पूर्व विधायक राकेश कंबोज, पूर्व विधायक

नरेंद्र सांगवान, भीमसेन मेहता, त्रिलोचन सिंह, सुरेंद्र नरवाल आदि मौजूद रहे।

18 जनवरी 2021 एस. के. एम. के आहवान पर महिला किसान दिवस के रूप में मनाया जाता है। इस भीषण ठंड में लाखों किसान, मजूदर, महिलाएं, बच्चे, बूढे आदि सड़कों पर हैं। इस संघर्ष में अब तक 103 लोगों ने प्राणों की आहुति दी है। हर दिन किसानों द्वारा बलिदान दिया जा रहा है, लेकिन मोदी सरकार किसानों की मांगों के प्रति संवेदनशील नहीं है।

सांसद दीपेन्द्र हुड्डा 20 जनवरी को NH 19 स्थित पलवल के गाँव अटोहां में चल रहे किसान धरने पर पहुंचे और किसानों की मांगों का समर्थन किया। इस दौरान पूर्व मंत्री करण सिंह दलाल, विधायक नीरज शर्मा, विधायक मामन खान, विधायक मोहम्मद इलियास, पूर्व विधायक उदयभान, पूर्व विधायक रघुबीर तेवतिया, पूर्व विधायक ललित नागर, चौ. इसराइल सिंह, विजय प्रताप, लखन सिंगला, जगन डागर, सुभाष लाम्बा, संतोष बाला, कुन्ज बिहारी, अरुण जैलदार सहित बड़ी संख्या में लोग मौजूद रहे।

जनवरी 26, 2021 का ट्रैक्टर मार्च

किसानों ने पहले ही 26 जनवरी 2021 तक धरना प्रदर्शन की रूपरेखा तैयार कर ली है। इसके बाद किसान बातचीत भी करते रहे और 26 जनवरी के ट्रैक्टर रैली के कार्यक्रम को अंतिम रूप भी दे दिया। उन्होंने साफ कर दिया कि वे सरकारी समारोह में कोई अवरोध नहीं करेंगे। अपने तौर पर ट्रैक्टरों पर राष्ट्रीय झंडा व अपनी यूनियन का झंडा लगाकर मार्च निकालेंगे। यह शांतिप्रिय

व दूसरे रूट पर यानी बाहरी रिंग रोड पर होगा। यह भी आह्वान किया गया कि दूर के राज्य जो दिल्ली नहीं आ सकते, वे राज्य की राजधानी में गणतंत्र समारोह मनाएंगे और विशाल मार्च निकालेंगे।

इस कार्यक्रम की सफलता के लिए हरियाणा, पंजाब, राजस्थान व उत्तर प्रदेश के विभिन्न शहरों, टोल प्लाजाओं पर ट्रैक्टर मार्च का रिहर्सल किया गया। हजारों ट्रैक्टरों ने भाग लिया। महिलाओं की विशेष भागीदारी रही और महिलाओं ने ट्रैक्टर चलाकर अभ्यास किया। एक युद्ध लड़ने की तैयारी जैसा था। नीचे घटनाक्रम का नाटकीय विवरण देने का प्रयास है।

26 जनवरी को दिल्ली में ट्रैक्टर परेड के लिए सभी संगठनों द्वारा बड़े पैमाने पर लोगों की लामबंदी की जा रही है। कुछ गांवों में सर्वसम्मति से यह निर्णय लिया गया है कि इस परेड में प्रत्येक परिवार से कम से कम एक व्यक्ति भाग लेगा और जो भाग नहीं ले पाएंगे वे आर्थिक रूप से योगदान देंगे। इस आंदोलन के दौरान दिल्ली मोर्चा में बड़ी संख्या में विश्वविद्यालय, कॉलेज और स्कूली छात्रों ने भाग लिया। छात्रों और युवाओं द्वारा बड़ी संख्या में सांस्कृतिक मंडलों का गठन हुआ है। 26 जनवरी की परेड की लामबंदी के लिए ये मंडली सक्रिय रूप से संगठनों की मदद कर रही है। आम पंजाबियों की जागरूकता बढ़ी है और वे पंजाब और भारत की कॉरपोरेट लूट के खतरे के बारे में जाग रहे हैं। नए नेरेटिव सामने आ रहे हैं जो किसानों के लिए स्थिति को समझने के लिए बहुत ही महत्वपूर्ण हैं। 26 जनवरी की काररवाई को सफल बनाने के लिए तीन सहयोगी संगठनों अखिल भारतीय किसान सभा (AIKS), अखिल भारतीय आंगनवाड़ी कर्मचारी संघ

(AIAWA) और सीटू (CITU) ने 18 जनवरी 2021 को लुधियाना में संयुक्त बैठक की। पंजाब के सभी जिलों के ट्रैक्टरों से भारी संख्या में लोगों को जुटाने का निर्णय लिया गया है। कुछ जिलों में इसके लिए पहले ही बैठक हो चुकी है। कई 20-23 जनवरी तक बैठक करने जा रहे हैं। यह तय है कि लोग 25 जनवरी की रात तक दिल्ली पहुँच जाएं। इन तीनों संगठनों के समन्वय से पंजाब के लोगों की भागीदारी बहुत प्रभावशाली होगी। सभी किसान संगठन हर सम्भव प्रयास कर रहे हैं और इस वजह से पंजाब के लाखों किसान, मजदूर, महिलाएं और बच्चे एस. के. एम. द्वारा आयोजित की जा रही 26 जनवरी 2021 की परेड का हिस्सा होंगे।

इस बीच सरकार ने सुप्रीम कोर्ट में याचिका डाल दी और मार्च को बंद करवाने की प्रार्थना की। न्यायालय ने अपने निर्णय में साफ कर दिया कि यह काम उनका नहीं। प्रबंध का काम केवल और केवल पुलिस का है और यह पुलिस के विवेक पर है कि वह परेड की अनुमति दे या न दे। इसके बाद पुलिस रोज किसान नेताओं के परेड की अनुमति के लिए चक्कर कटवाती रही और कुण्डली-मानेसर-पलवल (KMP) पर परेड निकालने के लिए किसानों को कहती रही। किसान अपने निर्णय पर अड़े रहे। आखिरी दिन अर्थात 25 जनवरी को किसानों को दो तीन छोटे रूट दे दिए गए। सिंघु से मुकरबा चौक-बवाना-नरेला से कुण्डली एक्सप्रेस वे पर चढ़कर वापिस तथा टिकरी से नांगलोई, नजफगढ़, बादली, से के.एम. पी पर चढ़कर वापिस, व गाजीपुर बॉर्डर वालों को अक्षरधाम से पहले ही वापस मुड़कर तथा कुण्डली मानेसर पलवल हाईवे पर चढ़कर वापस आने का रास्ता स्वीकृत किया। भारत की राजधानी

में किसानों को शांतिपूर्ण प्रदर्शन मात्र की भी हिस्सेदारी नहीं मिली।

रात को किसानों के कुछ संगठनों (विशेषकर सतनाम सिंह पन्नू के संगठन) ने इसे अस्वीकार कर दिया और घोषणा की कि वह बाहरी रिंग रोड पर ही जाएंगे। सरकार के पास अपनी इंटेलिजेंस के द्वारा सूचना हो जानी चाहिए थी। इसके अतिरिक्त दीप सिद्धू (जो गायक है) ने तो लाल किले पर झंडा फहराने की घोषणा ही कर दी। सरकार की आंखें नहीं खुलीं या सरकार जानबूझकर आंदोलन को पटरी से उतारना चाहती थी। कोई विशेष प्रबंध नहीं किए। दीप सिद्धू को किसान संगठनों ने अपनी स्टेज पर चढ़ने से प्रतिबंधित कर रखा था, क्योंकि यह उग्रवादी विचार रखता था।

26 जनवरी के कार्यक्रम में भाग लेने के लिए गांव-गांव में पंचायतें होने लगीं। पूरे स्तर पर चंदा इकट्ठा होने लगा तथा ट्रैक्टरों की सूची बनने लगी। लोगों की तो लिस्ट बनाने की जरूरत नहीं थी, एक स्वतः स्फूर्त उभार था। 40 से लेकर 200 तक ट्रैक्टरों की संख्या छोटे से बड़े गांव से तैयार हो गई। मेरे गांव सामाण से 72 ट्रैक्टर, निंदाना गांव से 152, कथूरा से 135, भिवानी के कूंगड़ गांव से 250 ट्रैक्टर निकले। इस अनुमान से मुझे लगता है कि एक चुनाव क्षेत्र से 2000 से 3000 तक ट्रैक्टर दिल्ली पहुंचे। हर गांव से अपना राशन पानी, गैस सिलेंडर व लकड़ी साथ ले गए।

मैं अपना आंखों देखा वर्णन करना चाहता हूं। 24 जनवरी को मैं, मेरा लड़का प्रतीक, नरेश सिवाच, मनजीत सिंधु वकील व कर्नल जेपी फोगाट टिकरी बॉर्डर पर गए। हम सांपला के रोहद

टोल पर रुके। रोहतक से ही ट्रैक्टरों का लारा चालू है। हम ट्रैक्टरों का नजारा देख रहे हैं। ज्यादातर ट्रैक्टर पंजाब व सिरसा जिले से हैं। फिर हम टिकरी बॉर्डर पर पहुंच गए। के.एम.पी से आगे बहादुरगढ़ बाईपास के जोड़ से आगे रोहतक की तरफ ट्रैक्टरों का जमावड़ा होने लगा है। लगभग 22-23 किलोमीटर तक यह मोर्चा लग गया है। शाम को 5:00 बजे जब हम रोहतक लौट रहे हैं तो ट्रैक्टरों की लाइन टूट नहीं रही है। नजारा देखने लायक है। बहादुरगढ़ शहर की तरफ सांखोल गांव तक ट्रैक्टर लगने शुरू हो गए हैं। इधर के.एम.पी. तक लग रहे हैं। ऐसा लग रहा है कि यह सांपला तक सड़कों को भर देंगे। अभी तक हांसी से परे के ट्रैक्टर हैं। हांसी, जींद, भिवानी तक के ट्रैक्टर 25 जनवरी को चलेंगे।

पंजाब के ट्रैक्टर 22-23 जनवरी को ही आने शुरू हो गए थे। जीटी रोड, जींद रोड व हिसार रोड से सिलसिला चल पड़ा है। थोड़ी थोड़ी दूर पर गांव गांव में चाय नाश्ता व लंगर चल रहे हैं, लोगों का उत्साह दर्शनीय है। जीटी रोड पर व सिंघु कुण्डली से भालगढ़ से आगे तक ट्रैक्टर लग गए हैं। पश्चिमी उत्तर प्रदेश व उत्तराखंड से भी यही हाल है। लाखों की संख्या में लोग ट्रैक्टर लेकर जोश के साथ आ रहे हैं। 25 जनवरी को सुबह नजदीक के जिलों से हजारों की संख्या में जुलूस की शक्ल में दिल्ली की तरफ बढ़ रहे हैं और यह क्रम शाम तक चलता रहा। महिलाओं की भागीदारी बड़ी भारी है। मेरे गांव से महिलाओं की दो ट्रॉली भरी हुई गईं। सारे हरियाणा, पंजाब व उत्तर प्रदेश में जश्न का माहौल है। हमें कलाहवड़ के लंगर पर अमृतसर से एक सिख संभ्रांत परिवार तीन बच्चों के साथ मिला जो मार्च को देखने के लिए ही आए हैं। किसी के मन में रात के ठहरने बारे में, सर्दी के कष्ट बारे में कोई चिंता भी नहीं है, केवल जोश, उत्साह, आगे

बढ़ने की ललक व त्याग की भावना है। ऐसा जन सैलाब व उत्साह न जीवन में देखा था न इतिहास में पढ़ा है। ऐसा अनुमान है कि 5-6 लाख ट्रैक्टर दिल्ली के बॉर्डर पर पहुंच गए हैं। सभी बॉर्डरों पर ऐसे समाचार मिल रहे हैं। सब नेता व सक्रिय कार्यकर्ता शांति की अपील कर रहे हैं और सब इस बात से चिंतित हैं कि उनका नंबर सुबह जलूस में शामिल होने का कब आएगा और ऐसा भी अंदेशा है कि कहीं जुलूस में मिलने का नंबर ही न पड़े।

26 जनवरी निर्णय की घड़ी

सिंघु बॉर्डर पर सुबह-सुबह एक अजीबो गरीब घटना चक्र शुरू हुआ जिसका शायद किसान नेताओं को भी अंदाजा नहीं था। सतनाम सिंह पन्नू व स्वर्ण सिंह पन्धेर के संगठन, जिसको प्रशासन ने सबसे आगे जगह दे रखी थी लगभग 8:30 बजे सुबह बैरिकेड्ज़ हटाकर दिल्ली की तरफ 25-30 ट्रैक्टर ले कर निकल गए। उसके साथ-साथ दूसरे लोग भी निकलने लगे और यह मुकरबा चौक तक जा पहुंचे। फिर इस चौक से निकल कर लालकिले तक पहुंच गए। पुलिस ने 12-13 किलोमीटर तक कहीं भी नहीं रोका। बाद में दूसरे लोग नेताओं के आदेश पर निर्धारित रास्ते पर प्रदर्शन करने चले। इसी तरह टिकरी बॉर्डर से कुछ लोग नांगलोई जाकर बैरिकेड तोड़कर बाहरी रिंग रोड पर चले गए। परंतु बाकी ज्यादातर नेताओं के समझाने पर रास्ते पर ही नांगलोई से नजफगढ़, ढांसा होते हुए के. एम. पी. पर चढ़कर वापस आ गए। इसी तरह शाहजहांपुर से कामरेड अमराराम (पूर्व विधायक, राजस्थान) व योगेंद्र यादव के नेतृत्व में ट्रैक्टरों ने शांति पूर्वक निर्धारित मार्ग से ही पूरा चक्कर किया। उधर पलवल बॉर्डर से बल्लभगढ़ के लिए चले परंतु

पुलिस ने गदपुरी गांव के पास ही रोक लिया और भारी लाठीचार्ज किया। पुलिस ने 2200 लोगों के खिलाफ संगीन धाराओं, जैसे 307, 148, 149, 506 आई. पी. सी., में केस दर्ज किया। मेवात के ट्रैक्टरों ने नूंह जिले में ही प्रदर्शन किया। हजारों ट्रैक्टर सुनहेड़ा से पुन्हाना, पिनगवा, सिकरावा, गुलालता होते हुए (जो उन्हें रूट मिला था) वापिस आ गये। मार्च पूरी तरह पुरअमन अथवा शांतिपूर्ण रहा। गाजीपुर बॉर्डर से ट्रैक्टर शांतिपूर्ण ढंग से चले परंतु अक्षरधाम फ्लाईओवर पर रास्ता चिहिनत न होने से नीचे की बजाय ऊपर चले गए और रास्ता भटक कर आई. टी. ओ पहुंच गए। वहां पुलिस से टकराव होने पर लाठी चार्ज भी हुआ। बाजपुर से आए एक नवयुवक नवप्रीत की ट्रैक्टर पलटने से मृत्यु हो गई। पुलिस का पक्ष है कि इस युवक को रबड़ बुलेट लगने से बैलेंस बिगड़ने से ट्रैक्टर पलट गया। बड़ा ही दुखदाई हादसा है। अभी-अभी ऑस्ट्रेलिया से लौटा था तथा नवविवाहित था। उसकी नवविवाहिता ऑस्ट्रेलिया में पढ़ाई कर रही है। उसके परिवार का वीडियो आया है जिसमें उसके दादा ने बड़ी हिम्मत से कहा है कि संघर्ष जारी रखेंगे।

दीप सिद्धू का दुखद प्रकरण

अब मैं बहुत ही दुखद व विवादित घटना का जिक्र करता हूं। लाल किले पर जो लोग पहुंचे वह संगठन के किसान न होकर बिल्कुल अनियंत्रित व उग्रवादी किस्म के कुछ लोग हैं। सबसे विवादित दीप सिद्धू नाम का व्यक्ति है। इसने एक और व्यक्ति से मिलकर लाल किले की बाहर की तरफ एक पोल पर चढ़कर किसानों का झंडा व निशान साहब चढ़ा दिया। दूसरे जहां तिरंगा झंडा

मुख्य बुर्ज पर सदैव फहराता है उसके नजदीक अन्य स्थान पर दोनों झंडे फहरा दिए। वहां कुछ निहंग सिख अपने घोड़ों सहित हथियारों से सुसज्जित हुए लाल किले पर पहुंच गए। यह लोग किसी के अनुशासन में नहीं रहते और भयंकर उग्र होते हैं। यहां हिंसा भी हुई तथा पुलिस व प्रदर्शनकारियों को चोटें आईं। यहां गाजीपुर वाले भटके हुए किसान भी पहुंच गए जो आई.टी.ओ से पुलिस के कहने पर यहाँ पहुंचे हैं, परंतु जल्दी ही जब भूल का पता चला वे वापस गाजीपुर बॉर्डर चले गए।

एक बात यहां पर विशेष उल्लेखनीय है कि पंजाब के एक कुख्यात अपराधिक व्यक्ति लक्खा सिधाना की उपस्थिति थी जो अनेक अपराधों में लिप्त है। वो कबड्डी का खिलाड़ी था और फिर धीरे-धीरे अपराध की दुनिया में लिप्त होता चला गया। अकाली दल की सरकार के मंत्रियों के साथ उसके गहरे संबंध हैं। कहते हैं वह एक मंत्री सिकंदर सिंह मलूका की तो सारी काली कमाई का हिसाब रखता था। उसकी लाल किले पर उपस्थिति अनायास नहीं थी। लगता है कि पुलिस की हाजिरी वहां काफी संख्या में होने का वीडियो भी वायरल हुआ है जो आराम से कुर्सियों पर बैठे हैं। यह भी शक पैदा करने वाली बात है। दूसरा, दीप सिद्धू के बाद में बीजेपी के नेताओं के साथ गहरे रिश्ते का खुलासा हुआ। यह शख्स बीजेपी सांसद सनी देओल का चुनाव एजेंट रहा है। इसके सनी देओल व प्रधानमंत्री मोदी के साथ फोटो हैं। अमित शाह के घर में एक और व्यक्ति व दीप सिद्धू के गृह मंत्री के साथ फोटो हैं। इसने किसी फिल्म में भी काम किया है जिसमें धर्मेंद्र व हेमा मालिनी ने इसकी मदद की थी जिस वजह से इसके उनके परिवार के साथ गहरे रिश्ते हैं। धर्मेंद्र (पूर्व सांसद) हेमा मालिनी (हाल बीजेपी सांसद) इस के नजंदीकी हैं, सबके बावजूद प्रधानमंत्री व

गृहमंत्री की चुप्पी उनके अपराध बोध को साबित करती है। धर्मेंद्र के पुत्र सनी देओल ने सिद्दू से रिश्ते से इंकार कर झूठ बोला है परंतु उसकी चुनाव में सक्रिय भूमिका बारे एक शब्द नहीं बोला है।

एक और तथ्य सामने आया है कि यह सिद्दू लाल किले पर सबसे पहले पहुंचा हुआ था और झंडा लहराने के बाद आराम से अपनी मोटरसाइकिल पर चढ़कर घटनास्थल से चला जाता है और पुलिस कुछ नहीं करती। यह क्या सिद्ध करता है? निम्नलिखित कुछ गंभीर प्रश्न हैं जिनका जवाब सरकार से चाहिए-

1. सिद्दू का 25 जनवरी की रात को स्टेज पर भड़काऊ भाषण और लाल किले पर जाने का ऐलान।

2. लक्खा सिधाना की उपस्थिति

3. पन्नू व पंधेर के संगठन (किसान मजदूर कमेटी) को पुलिस द्वारा सबसे आगे जगह देना और सुबह-2 बैरिकेड्ज़ के आगे 8:30-9:00 बजे ही निकलने देना जबकि समय 10:00 बजे का था। फिर मुकरबा चौक से भी आगे निकलने देना और लाल किले तक 12-13 किलोमीटर तक बेरोकटोक जाने देना।

4. फिर पंधेर व पन्नू का रास्ते में मजनूं के टीले से गायब होना।

5. पुलिस की लगातार अनदेखी तथा लाल किले पर पूरी निष्क्रियता, जब तक झंडा चढ़ा कर सिद्दू घटनास्थल से बिना रोक-टोक निकल न जाये।

6. लाल किले में लोगों को बिना रोक घुसने देना जबकि दरवाजे बंद किए जा सकते थे।

यह सब दर्शाता है कि यह सारा काम सरकार द्वारा पूर्व निर्धारित योजना के तहत प्रायोजित था। इसके तुरंत बाद सारे, गोदी मीडिया अर्थात सरकारी भ्रष्ट मीडिया द्वारा बहुत ही सक्रिय ढंग से घृणा फैलाई गई, जैसे किः

1. राष्ट्रीय झंडे का अपमान, जबकि तिरंगे को किसी ने हाथ नहीं लगाया।

2. खालिस्तानी झंडे का फहराना, जबकि यह झंडा सिखों का धार्मिक 'निशान साहब' था न कि खालिस्तानी झंडा।

3. इस घटना के सिवाय लाखों लोगों द्वारा सभी निर्धारित रूटों पर शांतिपूर्ण प्रदर्शन की कोई खबर न देना।

4. विरोध प्रदर्शन पर जगह-जगह फूलों की बरसात दिल्लीवासियों द्वारा करने का जिक्र तक न करना।

5. सारे प्रदर्शन में कहीं भी प्राइवेट संपत्ति को नुकसान न पहुंचाने की खबर न देना।

6. निर्धारित मार्ग पर कहीं भी सड़क को लांघ कर बाहर न निकलने का समाचार न देना।

यह सब दिखाता है कि कैसे सरकार इवेंट मैनेजमेंट में व झूठा प्रचार करने में माहिर है तथा प्रधानमंत्री श्री नरेंद्र मोदी जो झूठ को प्रभावशाली ढंग से बोलने में विशेषज्ञ हैं, 31 जनवरी की मन की बात में भाषण देते हैं कि देश तिरंगे के अपमान से बहुत दुखी है। प्रधानमंत्री द्वारा गुरद्वारा रकाबगंज में अपने सिर को निशान साहब से ढकने व निशान साहब का 26 जनवरी की सरकारी झांकी में लहराए जाने के वायरल होने के बाद भी चुप्पी साधना

आश्चर्यजनक है। बीजेपी सरकार ने खुद लाल किले की मर्यादा घटाई है। इसको डालमिया को किराए पर दे दिया है, सरकार ने इस की हैसियत एक किराए के मकान की बना दी है और बेशर्मी से प्रचार कर रही है कि लालकिला एक राष्ट्रीय सिंबल है।

26 जनवरी की घटना का प्रभाव

सरकार ने स्वयं व अपने गोदी मीडिया द्वारा इतना मिथ्या प्रचार कर दिया और एक ऐसा वातावरण बना दिया कि किसान नेताओं में भी काफी मायूसी छा गई। चिल्ला बॉर्डर के भानु प्रताप ने, जो सरकारी आदमी है और शुरू से ही किसान संघर्ष का हिस्सा नहीं रहा, अपना धरना समाप्त कर दिया। शिवकुमार कक्का ने भी पलवल बॉर्डर पर अपना धरना समाप्त कर दिया क्योंकि वह संख्या कम थी और पुलिस ने 2200 लोगों के विरुद्ध संगीन धाराओं में गदपुरी थाने में एफ. आई. आर. दर्ज करके आतंक पैदा कर दिया।

दूसरी तरफ गाजीपुर बॉर्डर पर भी संख्या कम होने लगी परंतु टिकरी व सिंघु बॉर्डर पर उत्साह व जोश बना रहा और संख्या भी। श्री जोगिन्द्र सिंह उग्राहां ने बताया कि उन्होंने 26 की रात को ही कार्यकर्ता मिटिंग करके उनके हौसले बढ़ा दिये थे कि यह छोटा सा पहला सरकारी हमला है, आगे भी ऐसे हमले होंगे। युद्ध में उतार चढ़ाव आते रहते हैं। बलबीर सिंह राजेवाल के इस ब्यान से कि अनुशासनहीनता हरियाणा के युवकों ने की है, हरियाणा के किसानों मे निराशा व गुस्सा पैदा हो गया परन्तु राजेवाल के क्षमायाचना व इस आत्मीयता भरे ब्यान से कि हरियाणा के युवक भी मेरे बच्चे हैं, सब मन मुटाव दूर हो गये। टिकरी बॉर्डर व सिंघु बॉर्डर उत्साह से भर गये। सरकार ने लगभग सभी किसान

नेताओं के खिलाफ संगीन धाराओं में केस दर्ज किए। यू.ए.पी.ए. एक्ट जिसमें जमानत का प्रावधान भी नहीं है, लगा दिया गया। 27 जनवरी को बागपत के धरने को योगी सरकार ने लाठीचार्ज कर उठा दिया। गाजीपुर बॉर्डर पर पुलिस व अर्ध सैनिक बलों की तैनाती बढ़ाकर राकेश टिकैत की गिरफ्तारी की तैयारी शुरू कर दी। टिकैत को निरुत्साहित करने के लिए लगातार दबाव बढ़ा दिया। गिरफ्तारी का नोटिस भी उसे थमा दिया। एक बीजेपी विधायक नंदकिशोर गुर्जर सैकड़ों गुंडे लेकर गाजीपुर आ धमकता है और कुछ सिख किसानों के साथ मारपीट भी करता है। टिकैत ने उत्साह तोड़ दिया और गिरफ्तारी देने का मन बना लिया। मुझे कामरेड फूल सिंह श्योकंद (प्रधान किसान सभा, हरियाणा) व कामरेड इन्द्रजीत से जानकारी मिली कि श्री हन्नान मौला सचिव अखिल भारतीय किसान सभा व डी. पी. सिंह अखिल भारतीय किसान सभा नेता ने भी टिकैत को स्वेच्छा से गिरफ्तारी न देने की सलाह दी और कहा कि वे शीघ्र पहुंच रहे हैं। मेरे इन्टरव्यू में बाद में कामरेड हन्नान मौला ने इस बात को ठीक माना। उन्होंने बताया कि वह कामरेड डी. पी. सिंह व केरल राज्यसभा सदस्य के. के. रागेश के साथ रात 12:00 बजे से पहले ही गाजीपुर बॉर्डर पर टिकैत के पास पहुँच गये थे और उन को मजबूती से लड़ने के लिए तैयार कर दिया था। एक सूत्र के अनुसार चौधरी अजीत सिंह ने भी टिकैत का धीरज बंधाया और कहा कि जयंत को भेज रहा हूं। उन्होंने मुख्य सचिव उत्तर प्रदेश को भी टेलीफोन करके गिरफ्तारी के विरुद्ध चेतावनी दी।

राकेश टिकैत जो बुरी तरह भयभीत हो गया था, को इन नेताओं से हौंसला मिला। उन्होंने गिरफ्तारी देने से मना कर दिया और फूट-फूट कर रोते हुए कहा कि वह फांसी लगा लेगा परन्तु वह

जिंदा रहते हुऐ अपने साथियों को बीजेपी के गुंडों द्वारा पीटे जाने के लिए अकेला नहीं छोड़ सकता। श्री जोगिन्दर सिंह उग्राहां का अनुमान था कि शायद टिकैत को इस बात का भी अपराध बोध था कि जिन बीजेपी वालों की मदद की थी वही उस पर हमला कर रहे हैं। मुझे भी अनुमान ठीक लग रहा है। उस समय लगभग 150-200 किसान ही बचे थे। पर उत्तराखंड के सिख किसानों की संख्या कुछ ज्यादा थी। कामरेड हन्नान मौला व जोगेंद्र सिंह उग्राहां ने बताया कि उतराखण्ड के सिख किसान मजबूती से डटे रहे। सारे दृश्य को यूट्यूब व सभी चैनलों ने प्रसारित करना शुरू कर दिया। गोदी मीडिया इस प्रसारण द्वारा आंदोलनकारियों व आम जनता का मनोबल तोड़ना चाहता था। और इसका असर भी दिखने लगा। मेरे पास भी रात के 11:00 बजे कई फोन मायूसी भरे आए। मैंने उनका साहस बढ़ाया कि यह आंदोलन एक विचार है और विचार कभी मरता नहीं। श्रीमती इंदिरा गांधी को भी यह गलतफहमी थी कि वह आपातकाल लगाकर व सारे विपक्षी नेताओं को जेल में डाल कर श्री जयप्रकाश नारायण के आंदोलन को तोड़ देगी। परंतु 19 महीने के बाद इमरजेंसी हटाने पर विचार जिंदा मिला और 1977 के चुनाव में कांग्रेस पार्टी का अमृतसर से कोलकाता तक सफाया हो गया। केवल एक नाथूराम मिर्धा नागौर से सांसद बन पाए। स्वयं इंदिरा गांधी व संजय गांधी भी लाखों वोटों से हार गए।

लगभग रात 10:00 बजे लोगों ने जब टिकैत को टेलीविजन पर रोते हुए सुना तो सरकार के अंदाजे के विपरीत लोगों पर बिजली की गति से प्रभाव पड़ा। लोगों का गुस्सा आसमान पर पहुंच गया। लड़ाई को तेज करने का प्रचार फैलने लगा। मेरे को मेरठ कॉलेज के प्रोफेसर श्री वीरेंद्र डागर ने बताया कि उनका गांव

गाजीपुर के नजदीक है और आसपास की कॉलोनियों से तथा गांव से लोग पैदल ही भाग कर आधे घंटे में मोर्चे पर पहुंचने शुरू हो गए। पुलिस भी कुछ घबराई और समय का इंतजार करने लगी। रात 12:00 बजे तक 2000 तक संख्या पहुंच गई और तेजी से बढ़ने लगी। चारों तरफ से लोगों के मार्च की सूचना आने लगी। सोशल मीडिया पर खबरें तैरने लगीं।

मैं थोड़ी देर सो कर रात को 2:00 बजे उठा तो यूट्यूब खोलकर संदेश देखने लगा। पहला संदेश भिवानी के कूंगड़ गांव का, फिर हिसार के खाण्डा गांव से तथा जींद के लोगों का चलने का देखा। टिकैत के गांव सिसौली में शाम को पंचायत हुई थी। बदली हुई परिस्थिति में रात को ही ट्रैक्टर व गाड़ियां चल पड़े। रात को ही हरियाणा के दादरी में फोगाट खाप के प्रधान बलवन्त नम्बदार ने पंचायत बुलाकर 200 आदमी रवाना कर दिये। मुझे डॉक्टर मनोज सिवाच, प्रोफेसर, चौधरी देवी लाल विश्वविद्यालय, ने बताया कि सिरसा में मोटा पन्नीवाला में 40 युवक कोई मीटिंग कर रहे थे, मीटिंग छोड़ रात के 10:00 बजे ही 32 युवक गाजीपुर के लिये निकल पड़े। हरियाणा की दलाल व अहलावत खापों व जींद की कंडेला खाप से लोग रात को ही पहुंचने लगे और दिन भर पहुंचते रहे। टिकरी व सिंघु बॉर्डर पर भी संख्या बढ़ने लगी। कंडेला व कई अन्य जगहों पर जाम भी लगा दिया गया।

रात को ही नरेश टिकैत ने 29 जनवरी की मुजफ्फरनगर की पंचायत बुलाई। इस पंचायत में एक लाख के करीब लोग पहुंचे जिसमें 30 हजार मुसलमान थे। इससे आंदोलन में जोश व तेजी आ गई। रात को ही जयंत चौधरी गाजीपुर पहुंच गए थे। सांसद दीपेन्द्र हुड्डा 29 जनवरी को किसानों के समर्थन में गाजीपुर बॉर्डर

पर पहुंचे और शान्ति व अहिंसा की अपील की। दीपेन्द्र हुड्डा ने भारतीय किसान यूनियन नेता राकेश टिकैत का कुशलक्षेम जाना। उन्होंने लाल किले की घटना की उच्चस्तरीय निष्पक्ष जांच कराने की मांग की ताकि सच्चाई देश की जनता के सामने आ सके। इस दौरान उनके साथ राज्य सभा सांसद प्रताप सिंह बाजवा और पूर्व केन्द्रीय मंत्री जय प्रकाश मौजूद रहे। कामरेड़ हन्नान मौला, जो 8 बार लोकसभा सदस्य रह चुके हैं, ने एक साक्षात्कार में मुझे बताया कि सुबह तक संख्या 50 हजार तक पहुंच गई थी।

छठा अध्याय

फरवरी महीने की गतिविधियां

राकेश टिकैत के रोने व भावुक भाषण से आंदोलन में एक नई स्फूर्ति पैदा हो गई। किसानों ने इसे सारी किसान बिरादरी पर हमला माना और गुस्साए हुए सांप की तरह फुंकार मारने लगे। गाँव-गाँव में पंचायत होकर दोबारा से चंदा एकत्रित होने लगा। कहीं जमीन पर प्रति एकड़, कर्मचारियो व हर घर से चंदा एकत्रित होने लगा। सभी बिरादरियों की संयुक्त किसान कमेटियां बनने लगीं व धरनों पर भागीदारी बढ़ने लगी। राजस्थान में करौली बालाजी (मेंहदीपुर), दौसा व सवाई माधोपुर में बड़ी भारी किसान पंचायतें हुईं। कांग्रेसी युवा नेता सचिन पायलट भी सक्रिय हो गए। गुज्जर व मीणा किसानों की भागीदारी बढ़ने लगी, औरों की पहले से ही थी।

श्री राकेश टिकैत का कद रातो रात बहुत बढ़ गया, विशेषकर उत्तर प्रदेश व हरियाणा में। पूर्व कृषि मंत्री सोमपाल शास्त्री ने सत्य हिंदी चैनल पर अपनी वार्ता में बताया कि टिकैत की छवि ढुलमुल, सरकार परस्त व बीजेपी समर्थक मानी जाती थी। इसके बाद उनकी स्वीकार्यता बढ़ने लगी। 2013 में मुजफ्फरनगर के जाट मुसलमान दंगों में, जिनमें जाट व बड़ी संख्या में मुसलमान मारे गए थे और बहुत से मुसलमान गांव छोड़कर महीनों राहत

कैम्पों में रहने को मजबूर हो गए थे, टिकैत की भागीदारी मानी जाती थी। टिकैत भाइयों नरेश व राकेश ने मुसलमानों से पिछली बातें भूल कर दोबारा से भाईचारा बनाने की प्रार्थना की। गुलाम मोहम्मद जौला जो महेंद्र सिंह टिकैत के साथ ही कर्मठ किसान नेता थे और हिन्दू व मुसलमान राजपूतों की साझा कश्यप बड़ी खाप के प्रधान हैं, सिसौली आए और मन्नत मनौवल हुई। नरेश टिकैत ने अपनी गलती मानी और जयन्त चौधरी ने जौला के पैर छुए। इस पर उन्होंने सारी पिछली बात भूल कर अपना समर्थन देने की घोषणा की। मुसलमान किसानों की भागीदारी आंदोलन में बढ़ने लगी। सोमपाल शास्त्री ने बताया कि उनकी जानकारी के अनुसार मुसलमान, त्यागी व गुज्जर किसानों की भागीदारी विशेष तौर पर बढ़ने लगी है। मैंने भी मेरठ व बागपत में अपने मित्रों से बात की तो पता चला कि लोगों ने टिकैत पर हमले की बजाए इसे अपने ऊपर हमला मान लिया और उनके आत्मसम्मान व अस्तित्व पर प्रश्नचिह्न लगने का खतरा हो गया। अब उत्तर प्रदेश विशेषकर पश्चिमी हिस्से में आंदोलन पंजाब व हरियाणा के स्तर पर पहुंचने लगा। टिकैत का सरकार समर्थक होने का प्रमाण यह भी है कि योगी ने खुद टिकैत से बात की जो वायरल हो गई, परंतु टिकैत ने बात मानने से इनकार कर दिया और कहा कि पानी सिर से उतर गया है।

यह आम विचार व मान्यता लोगों में थी कि टिकैत आंदोलन की सबसे कमजोर कड़ी थी, परंतु अब उल्टा हटने का रास्ता नहीं बचा था। यह बात सोमपाल शास्त्री ने अपनी वार्ता में कही थी। बाद में श्री जोगिन्दर सिंह उग्राहां ने मेरे से एक साक्षात्कार में कहा कि राकेश टिकैत ने इस घटना के बाद बहुत ही मजबूती से लड़ाई लड़ी तथा उनकी नेतृत्व क्षमता व व्यक्तित्व में विकास

हुआ है। किसान आन्दोलन की समझदारी में भी सुधार हुआ है और श्री रोकश टिकैत का इसमें बहुत बड़ा योगदान है। सरकार का प्रचार है कि सारा आंदोलन कांग्रेस की शह पर चल रहा है या दूसरे विरोधी दलों के समर्थन पर। पर मुझे लग रहा है कि यह आंदोलन आगे चलकर सब विरोधी दलों के लिए भी सिरदर्द बन सकता है क्योंकि जनता में दूसरे दलों के प्रति भी शंकालु भाव (Cynicism) पैदा हुआ है। यह आंदोलन कॉरपोरेट विरोधी होते हुए भी लम्बे समय तक कॉरपोरेट विरोधी राजनैतिक मानसिकता स्थापित कर देगा ऐसा नही लगता। फिर भी मैं आशावादी हूं कि कुछ सकारात्मक परिणाम ही निकलेंगे।

सरकार का नए रूप में हमला

सरकार अपने दम्भ में किसानों से नए सिरे से बातचीत की बजाय किसानों को आतंकित कर उनके मनोबल को तोड़ना चाहती है। एक तरफ तो प्रधानमंत्री मन की बात में कहते हैं उनकी किसानों से दूरी केवल एक टेलीफोन कॉल की है परंतु बातचीत का न कोई संदेश है, न संभावना। सरकार द्वारा सब बॉर्डरों पर 10-12 लेयर की रुकावट खड़ी कर दी गई है और फिर सड़क खोदकर उसमें कंक्रीट की दीवारें खड़ी कर दी हैं। इस कंक्रीट में लंबी-लंबी नुकीली कीलें गाड़ दी हैं। उत्तर प्रदेश की तरफ दीवार होने पर भी 6 फुट गहरी खाई खोद दी है। ऐसा लगता है कि किसानों को खुली जेल में बंद कर दिया गया है। सिंघु बॉर्डर पर 5000 पुलिस व दूसरे सुरक्षा बल होने के बावजूद बीजेपी के गुंडे हमला करने आते हैं। एक पत्रकार मनदीप पूनिया, जब इस हमले का वीडियो बना लेता है तो उसे गिरफ्तार कर लिया जाता है और

उस पर देशद्रोह की धारा 124A व 353 आई0 पी0 सी0 लगा दी जाती है। जुडिशियल मजिस्ट्रेट उसे तिहाड़ जेल भेज देता है। एक दो दिन बाद जमानत होती है। सैकड़ों पत्रकार गिरफ्तारी के विरोध में जुलूस निकालते हैं। बहुत से प्रमुख पत्रकारों, जैसे मृणाल पाण्डे, राज दीप सरदेसाई, सिद्धार्थ वरदराजन आदि पर केस दर्ज होते हैं। मनदीप पूनिया जेल में बंद किसानों के नाम तथा चोटों व व्यथा के नोट अपने लाठी लगे पैरों व शरीर पर लिख लाता है। बाहर आकर कुछ गुंडों की तस्वीर दिखाकर उजागर करता है, जिसमें एक हमलावर बवाना गांव का अमन डबास है जो अपने को बीजेपी का मंडल अध्यक्ष बताता है और उसकी पत्नी बीजेपी से पार्षद है। दूसरा बीजेपी कार्यकर्ता नरेला से है। यह अपने आप को प्रदीप खत्री ठोलेदार कहता है। यह भी बीजेपी का सक्रिय कार्यकर्ता है। एक तस्वीर एक सिख को नंगा कर पुलिस द्वारा पीटने व घसीटने की है। गुंडों की पत्थरबाज़ी हो। की वीडियो भी पूनिया ने बना ली थी। बॉर्डरों पर इंटरनेट व पानी भी बंद कर दिया गया है। यह सब प्रेस व एन0 डी0 टी0 वी0 पर रवीश कुमार ने अपने प्राइम टाइम में दिखाया है।

सरकार ने 9-10 फरवरी को न्यूज क्लिक चैनल के मुख्यसंपादक प्रबीर पुरकायस्थ व संपादक प्रांजल पांडे के निवासों पर छापा डाला है। पुरकायस्थ के निवास पर 114 घंटे छानबीन जारी रही। इनका कसूर यह है कि इन्होंने किसान आन्दोलन की आवाज उठाई है। केन्द्रीय सरकार ने ट्वीटर के 709 अकाउंट, जो किसान के समर्थन में थे, हटाने का दवाब डाला है। और ये धमकी दी है कि ऐसा न करने पर उनके भारतीय कार्यकताओं को गिरफ्तार कर लिया जायेगा। दिल्ली पुलिस ने 22 वर्षीय दिशा रवि (बंगलुरू निवासी) के खिलाफ देशद्रोह और आपराधिक साजिश का केस दर्ज

कर दो फरवरी को गिरफ्तार किया है। उसने ग्रेटा थनबर्ग के टूल किट को दोबारा ट्वीट किया है। महाराष्ट्र की वकील निकिता जेकब व उसके सहायक शान्तनु मुलुक के खिलाफ वारन्ट जारी किया है और कहा है कि गूगल का दस्तावेज उन्होंने तैयार किया था। 23 फरवरी को दिल्ली पटियाला हाउस कोर्ट के अतिरिक्त जिला न्यायाधीश श्री धर्मेन्द्र राणा ने दिशा रवि को जमानत दे दी। कोर्ट में दिशा रवि ने कहा कि यदि किसानों का समर्थन करना देशद्रोह है तो वह जेल में ही रहना पसंद करेगी। माननीय न्यायाधीश ने लिखा कि विचार भेद तथा असहमति स्वस्थ प्रजातन्त्र के आधार हैं। सरकार के अभिमान को यदि ठेस पहुँचती है तो यह देशद्रोह का मामला नहीं बनता। भारत की पांच हजार साल की सभ्यता विचार भिन्नता व असहमति को स्वीकार करती आई है जो संविधान की धारा 19 में समाहित है।...बहादुर जज को सलाम!

24 साल की नवदीप कौर (दलित महिला) 26 जनवरी को जमानत पर छोड़ दी गई जिसको हरियाणा पुलिस ने एक महीना पहले कुंडली बॉर्डर से गिरफ्तार किया था। इस के साथ ही नवदीप कौर के साथी शिव कुमार (दलित युवक) जिसको 16 जनवरी को जेल में डाला था, 4 मार्च को जमानत मिल गई। 25 फरवरी को इंडियन एक्सप्रैस ने शिव कुमार पर पुलिस के अत्याचार की कहानी छापी है। उसके पैरों के नाखुन उखाड़ दिये गये। उसे हाथ पैर बान्ध कर पीटा गया। उस पर ठन्डा पानी डाला गया। यह हरियाणा तथा दिल्ली पुलिस के अत्याचार की कहानी है।

दुनिया भर में समर्थन

इसके बाद पूरी दुनिया भर में किसानों के हक में आवाज उठने लगी। पॉप गायक रिहाना जिसके फेसबुक पर दस करोड़ फॉलोवर हैं, अरबों कमाती है तथा खुलकर दान देती है, उसने किसानों के हक में पोस्ट किया है। जानी-मानी पर्यावरणवादी ग्रेटा थेनवर्ग ने भी ट्वीट किया है। इसके बाद बहुत से सेलिब्रिटीज ने ट्वीट किया है। मोदी सरकार तिलमिला उठी। अक्षय कुमार, अजय देवगन, कंगना रणौत, लता मंगेशकर से खंडन करवाया गया और ऊपर लिखित सभी ट्वीट्स को भारत के आंतरिक मामलों में हस्तक्षेप बताया। अमेरिकी उपराष्ट्रपति कमला हेरिस की भांजी मीना हेरिस ने भी किसानों के हक में आवाज उठाई। इंगलैंड की पार्लियामेंट व कनाडा में किसानों के हक में आवाज उठी। अमेरिका में सरदार दर्शन सिंह धालीवाल व हेप्पी सिंह हेयर ने एक हजार भारतीयों को इकट्ठा करके भारतीय कन्सुलेट शिकागो को ज्ञापन दिया। सभी के भोजन पर लाखों डॉलर खर्च किये। मुझे बलजीत सिंह सिहाग कांग्रेसी नेता ने बताया कि धालीवाल ने करोड़ों रूपये लंगर के लिए व दूसरी सुविधाओं के लिए किसान आन्दोलन को दान में दिये। धालीवाल जब भारत में आये तो सरकार ने उन्हें हवाई अड्डे से वापिस भेज दिया।

6 फरवरी को आंदोलन के 100 दिन पूरे हो गए। परंतु ऐसा लगता है कि सरकार ने फैसला कर लिया है कि आंदोलन को थका कर तथा दम तोड़ कर मारना है। किसानों ने भी लंबा संघर्ष करने की मानसिकता बना ली है। रोज स्टेज पर गाने गाए जाते हैं या जीतकर जाएंगे या तिरंगे में लिपटी लाशें जाएंगी। सैकड़ों किसान शहादत भी दे चुके हैं फिर भी किसानों के इरादे फौलादी हैं, कोई थकावट, या कोई मायूसी कहीं भी नहीं हैं। किसान

पंचायतें हो रही हैं। जयंत चौधरी ने अब तक 30 पंचायतें कर ली हैं और वह राजस्थान तक जा रहे हैं। उत्तर प्रदेश में राष्ट्रीय लोक दल को नई स्फूर्ति व नवजीवन मिला है। बागपत की पंचायत में चौधरी अजीत सिंह के साथ उनके घोर विरोधी अभय सिंह चौटाला आए और उनका साथ देने की घोषणा की। जयंत चौधरी ने पूर्वी उत्तर प्रदेश के बस्ती और पीलीभीत में पंचायत की तथा आगे की कई पंचायतें करने का कार्यक्रम बना रखा है। अखिलेश यादव ने भी अलीगढ़ के एक गांव में जयंत के साथ पंचायत की है। किसान पंचायत आयोजित करने को लेकर हरियाणा में कांग्रेस ज्यादा सक्रिय नहीं है। कलायत में पूर्व केंद्रीय मंत्री जयप्रकाश व दीपेंद्र हुड्डा (सांसद) ने एक पंचायत की है। मेरे विचार से भूपेंद्र सिंह हुड्डा को भी सक्रिय हो जाना चाहिए। जब सेना युद्ध में हो तो नेता व सेनापति की भी उपस्थिति की अपेक्षा की जाती है। राजस्थान की नोहर में भारी पंचायत हुई जिसे सी.पी.एम. विधायक बलवान सिंह पूनिया तथा राकेश टिकैत ने संबोधित किया। नागौर में सांसद हनुमान बेनीवाल ने पंचायत का आयोजन किया और राकेश टिकैत पहुंचे। जयपुर के निकट सचिन पायलट ने पंचायत की है। गुर्जर व मीणा किसानों का आंदोलन से जुड़ना राजस्थान में काफी महत्वपूर्ण है।

किसान बीच-बीच में भिन्न-भिन्न कार्यक्रम मनाते रहते हैं। बसंत पंचमी को चौधरी छोटू राम का जन्मदिन सभी बॉर्डरों पर मनाया गया। 'पगड़ी संभाल जट्टा' को मनाकर इस आंदोलन के नेता सरदार भगत सिंह के चाचा महान क्रांतिकारी सरदार अजीत सिंह को याद किया गया। दूसरे सांस्कृतिक कार्यक्रम भी होते रहते हैं। किसान संगठनों ने समाज बदलने का प्रयास भी जारी रखा है। धरना स्थल पर जिम, फिजियोथैरेपी व हेल्थ कैंप चलते रहते हैं।

कुछ कार्यकर्ताओं ने आसपास के मजदूरों के बच्चों को लॉकडाउन में पढ़ाना शुरू कर दिया है।

राज्यसभा में दीपेंद्र सिंह हुड्डा की प्रभावी प्रस्तुति

जैसा कि मैंने पुस्तक की प्रस्तावना में बताया है कि यह पुस्तक मुख्यतः हरियाणा पर केन्द्रित है। श्री दीपेंद्र सिंह हुड्डा हरियाणा से संसद के एकमात्र सदस्य रहे हैं, जो न केवल किसानों के बीच सक्रिय हैं, बल्कि वह किसानों के पक्ष में संसद में एकमात्र मजबूत और प्रभावी आवाज साबित हुए हैं। इस पृष्ठभूमि में मैं राज्यसभा में उनके भाषणों के अंश प्रस्तुत करना महत्वपूर्ण समझता हूं, जो नीचे दिए गए हैं।

सांसद दीपेंद्र हुड्डा ने 2 फरवरी को किसान आंदोलन पर चर्चा के लिये राज्य सभा में काम रोको प्रस्ताव का नोटिस दिया और संयुक्त विपक्ष के सभी सांसदों के साथ एकजुट होकर पुरजोर तरीके से किसानों की मांग पर चर्चा की मांग उठायी। गौरतलब है कि किसान आंदोलन पर चर्चा कराने की उनकी मांग को राष्ट्रपति अभिभाषण पर धन्यवाद प्रस्ताव में शामिल किया गया है। सांसद दीपेंद्र हुड्डा इस विषय पर कल सदन में भाषण देंगे। 4 फरवरी को सांसद दीपेंद्र हुड्डा राज्यसभा में किसानों की पुरजोर वकालत करते हुए सरकार पर जमकर बरसे।

सरकार के रवैये पर सवाल उठाते हुए दीपेन्द्र हुड्डा ने सदन में कहा कि आखिरी दौर की बातचीत में किसान को अपमानित करके सरकार बीच में ही चली गई, किसान 5 घंटे तक इंतजार करते रहे। इससे पहले, जब 25 नवंबर को किसान दिल्ली आ रहे थे तब हरियाणा की सीमा पर पहुँचते ही हरियाणा सरकार

हमलावर हो गई। किसानों पर आंसू गैस के गोले बरसाये, ठंडे पानी की बौछारें मारी, लाठीचार्ज किया, जिन रास्तों से किसान चलकर दिल्ली आ रहे थे उन सड़कों को खोदवा दिया। इन्टरनेट बैन, कंक्रीट की दीवारें, लोहे की कीलें, सरकार के पहरे सच को नहीं रोक सकते, इन सब के बाद भी सच बाहर आयेगा।

उन्होंने कहा कि 72 दिन से सिंघु बॉर्डर पर 17 किलोमीटर, टिकरी बॉर्डर पर 21 किलोमीटर कई लाख किसान शांतिपूर्ण आंदोलन कर रहे हैं। किसानों को नक्सली, आतंकवादी, चीन-पाकिस्तान से फंडेड, गद्दार, देशद्रोही कहा गया। अगर किसान देश द्रोही है तो उसका बेटा जो सीमा पर देश की रक्षा कर रहा है उसे क्या कहेगी सरकार?

दीपेन्द्र हुड्डा ने सदन में बताया कि सिंघु बॉर्डर और टिकरी बॉर्डर का इलाका उनके गृह क्षेत्र में आता है और पिछले हफ्ते ही तीन शहीद तिरंगों में लिपट कर सीमा से और करीब आधा दर्जन किसानों के शव देश की राजधानी की सीमाओं से आये। वे खुद शहीद जवानों और आन्दोलन में जान कुर्बान करने वाले किसानों के घर परिवार से मिलने गये, जिनमें गांव गुंदयाना, यमुनानगर के स्व. रणदीप सिंह, गढ़ी गुजरान, करनाल के स्व. राजेश चहल, पाई के अजय ढुल, ईंटल कलां, जींद के जगबीर सिंह, गाँव बरोदा, सोनीपत के किसान अजय मोर जिनकी 3 छोटी बेटियाँ अभी स्कूल में पढ़ाई कर रही हैं, उनकी शादी कैसे होगी। सदन में उन्होंने सरकार से पूछा कि बेटी बचाओ, बेटी पढ़ाओ का नारा लगाने वाली सरकार बताए उनकी बेटियों को कौन पढ़ायेगा, कौन बचाएगा। उनकी इस बात का मेजें थपथपाकर सदन में समर्थन किया गया।

26 जनवरी की घटना पर उन्होंने कहा कि उच्चस्तरीय निष्पक्ष जांच हो, न्याय का तकाजा है कि दोषी बचे नहीं और निर्दोष फंसे नहीं। दीपेन्द्र हुड्डा ने जय जवान, जय किसान, जय हिंदुस्तान का जोरदार नारा लगाकर अपनी बात को समाप्त किया।

राज्यसभा में 5 फरवरी को किसानों के मसले पर सांसद दीपेन्द्र हुड्डा व कृषि मंत्री नरेंद्र सिंह तोमर के बीच तीखी नोक-झोंक हुई। दीपेन्द्र हुड्डा ने कहा कि दुर्भाग्य की बात है कि आज कृषि मंत्री ने देश को और सदन को गुमराह करने का काम किया है। उन्होंने किसान आन्दोलन को कृषि मंत्री द्वारा राजनीतिक रंग देने पर भी आपत्ति जताई और कहा कि आंदोलन से जुड़े किसानों का इससे बड़ा तिरस्कार नहीं हो सकता। यह गैर राजनीतिक आंदोलन है और इसका नेतृत्व किसान संगठन कर रहे हैं। किसान ही इसका कप्तान है और किसान ही इसका नायक है। किसान आंदोलन को एक राज्य तक सीमित बताने के कृषि मंत्री के वक्तव्य पर सांसद दीपेंद्र हुड्डा ने कड़ी आपत्ति जताते हुए कहा कि सारे देश में किसान आंदोलन फैल गया है लेकिन लगता है कृषि मंत्री को इसकी खबर नहीं है। उन्होंने कहा कि सदन में कृषि मंत्री का जवाब निराशाजनक रहा। सरकार ने किसानों की मांगों को सिरे से नकार दिया। सरकार द्वारा इस आंदोलन को जो अलग-अलग परिभाषाएं दी जा रही हैं, उससे बड़ा अपमान देश के किसान का नहीं हो सकता। अगर किसान की आवाज उठाने पर मंत्री नाराज होते हैं तो 100 बार हों, वो अपने फर्ज से पीछे नहीं हटेंगे। किसान की आवाज को बुलंद करते रहेंगे।

सांसद दीपेंद्र पर निशाना साधते हुए कृषि मंत्री ने कहा कि किसान संगठन हों या विपक्ष, कोई भी इन कानूनों की कमियां

नहीं बता पाया। इस पर दीपेंद्र हुड्डा ने कहा कि हम इन कृषि कानूनों को किसानों के नजरिये से पढ़ रहे हैं और आप बड़े धनाढ्यों के नजरिये से पढ़ रहे हैं, इसीलिये आपको इनमें कमी नहीं दिख रही है।

जब कृषि मंत्री ने कॉन्ट्रैक्ट फार्मिंग एक्ट पर कहा कि पिछले दशकों में 22 प्रदेशों ने इस एक्ट में संशोधन किया है तो दीपेन्द्र हुड्डा ने उनको बीच में ही टोकते हुए कहा कि हरियाणा में 2007 में भूपेंद्र सिंह हुड्डा सरकार ने इस एक्ट के नियम 6 में ये प्रावधान किया कि कॉन्ट्रैक्ट फार्मिंग MSP से ऊपर ही की जा सकती है और अगर कोई प्राईवेट कंपनी इस से नीचे खरीद करती है तो उस पर आपराधिक कानूनी कार्रवाई और सजा होगी। उन्होंने कृषि मंत्री को राज्य सभा में चुनौती देते हुए कहा कि सरकार भी अपने कानून में एमएसपी से नीचे खरीद पर कानूनी कार्रवाई और सजा का प्रावधान करे। दीपेंद्र हुड्डा ने तीखा विरोध करते हुए कहा कि हम यहां सरकार का झूठ नहीं सुनेंगे। कृषि मंत्री को कोई जवाब नहीं सूझा और वो विषय से पल्ला झाड़ते नजर आये।

राज्य सभा में भारी हंगामे और शोर-शराबे के बीच दीपेंद्र हुड्डा ने सदन को बताया हरियाणा में भूपेंद्र सिंह हुड्डा के नेतृत्व वाली सरकार ने MSP से नीचे खरीद करने पर कानूनी कार्रवाई और सजा का प्रावधान किया। इसके अलावा हुड्डा कमेटी ने सिफारिश की थी कि देश में मंडियों का विस्तार हो और मौजूदा 23 से बढ़ाकर और भी फसलों व सब्जियों पर एमएसपी सुनिश्चित की जाए। 2010 में भूपेन्द्र सिंह हुड्डा की अध्यक्षता में कृषि उत्पादन पर कार्य समूह में पंजाब, बिहार व पश्चिम बंगाल के मुख्यमंत्रियों को बतौर सदस्य शामिल किया गया था। उन्होंने यह भी जोड़ा कि

हरियाणा में भूपेंद्र सिंह हुड्डा के नेतृत्व वाली कांग्रेस सरकार ने किसानों के हित में बहुत सारे फैसले लिये और किसान विरोधी 2 काले कानून भी खत्म किये। हरियाणा में कर्जा वसूली के लिये न कोई किसान गिरफ्तार होगा न किसान की जमीन नीलाम होगी। इस बात को हरियाणा का एक-एक किसान जानता है।

दीपेंद्र हुड्डा ने कहा कि भाजपा आंदोलनकारी किसानों को गद्दार, देशद्रोही कहती है। मैं पूछना चाहता हूं कि क्या भाजपा सरकार 12 दौर की वार्ता गद्दारों से करती रही? उन्होंने सरकार से कहा कि वो अपनी जिद व अहंकार छोड़े और किसानों की मांगें माने।

भारत बंद (8 फरवरी 2021)

8 फरवरी को किसान मोर्चा की भारत बंद की काल थी। लगभग सारे भारत में बंद का असर रहा। हरियाणा व पंजाब, राजस्थान में बंद का पूरा असर रहा। तमिलनाडु, केरल, महाराष्ट्र, कर्नाटक, तेलंगाना, तथा आंध्र में भी बंद का असर रहा। झारखंड व नागालैंड में जुलूस निकाले गए। बंद पूरी तरह शांतिपूर्ण रहा। इस सफलता से किसान नेताओं के हौसले बुलंद हो गए। 12 से 3 बजे तक चक्का जाम रहा। परंतु जैसा शक था टिकैत ने दिल्ली, उत्तराखंड व उत्तर प्रदेश को बंद से बाहर रखने की घोषणा कर दी थी। टेलीविजन से खबर आई कि उन्होंने यह घोषणा बलबीर सिंह राजेवाल से एक घंटा वार्तालाप करके की। राजेवाल उन्हें मनाने आए थे परंतु सफल नहीं हो सके। बहाना यह था कि उत्तर प्रदेश व उत्तराखंड की तराई में गन्ने की पिराई चल रही है। यह कमजोर बहाना लगता है। दूसरा कारण यह दिया गया कि योगी सरकार

हिंदू मुस्लिम दंगे करवा सकती है। यह कुछ तर्कसंगत लगती है। परंतु यह नहीं कह सकते कि इस तरह की कोई सूचना थी या अंदेशा ही था।

भारतीय युवा कांग्रेस का प्रदर्शन

तीन कृषि कानूनों के खिलाफ 9 फरवरी को भारतीय युवा कांग्रेस द्वारा आयोजित 'संसद घेराव' में हजारों की तादाद में नौजवान उमड़े। भारतीय युवा कांग्रेस के अध्यक्ष श्रीनिवास बी.वी. और हरियाणा यूथ कांग्रेस अध्यक्ष सचिन कुंडू ने इसका नेतृत्व किया।

प्रधानमंत्री का आंदोलन पर हमला

प्रधानमंत्री श्री नरेंद्र मोदी ने राज्यसभा में 10 फरवरी को राष्ट्रपति के अभिभाषण पर बहस का जवाब देते हुए आंदोलन पर जोर से हमला बोला। उन्होंने किसानों को आंदोलनजीवी व परजीवी (Parasite) कहा। यह बहुत ओछी व नीचे स्तर की बात है। तुरंत आंदोलन के नेताओं ने इसका जवाब दिया। इस तरह तो सरदार भगत सिंह, महात्मा गांधी, जवाहर लाल व सरदार पटेल भी आंदोलनजीवी थे। आंदोलन प्रजातंत्र की आत्मा होती है। यहां तक कहा गया कि जनसंघ (बीजेपी की मात्तृपार्टी) के संस्थापक श्यामा प्रसाद मुखर्जी व बलराज मघोक व दीनदयाल उपाध्याय भी आंदोलनजीवी व परजीवी थे। साधारण सभ्य लोगों पर भी इस भाषा का बुरा प्रभाव पड़ा। आंदोलनकारियों में नया जोश भर गया। प्रधानमंत्री की काफी निंदा हुई तो लोकसभा में आते-आते कुछ स्वर बदले और प्रधानमंत्री ने आंदोलन को तो पवित्र बताया पर कहा कि कुछ लोग किसानों को बहका कर अपनी नेतागिरी

चमका रहे हैं। यह फिर कहा कि सरकार आंदोलनकारियों से एक टेलीफोन की दूरी पर है पर यह टेलीफोन कभी नहीं आया। 22 जनवरी की पिछली बैठक के बाद बातचीत का कोई न्यौंता सरकार की तरफ से नहीं दिया गया। एक कॉल की दूरी कभी पूरी नहीं हुई। वहीं दूसरी तरफ किसान संगठन आंदोलन में गर्मी रखने के लिए भिन्न-भिन्न कार्यक्रम करते रहते हैं। उन सब का वर्णन आगे दिया गया है। प्रधानमंत्री को जवाब देते हुए दीपेंद्र सिंह हुड्डा ने राज्यसभा में कहा कि प्रधानमन्त्री जी कह रहे हैं कि उनके और किसानों के बीच सिर्फ एक फोन कॉल की दूरी है! दूसरी तरफ, सड़कों पर बड़ी-बड़ी नुकीली कीलें जड़ दी गयीं, सीमेंट की मोटी-मोटी दीवारें बना दी गयीं, 15-15 लेयर की बैरेकेडिंग की गयी। इंटरनेट, मेट्रो, सड़कें, बिजली, पानी, यहाँ तक कि स्वच्छ भारत का नारा लगाने वाली सरकार ने शौचालय सुविधा तक बंद करा दी। उन्होंने सरकार से सवाल किया कि आखिर ये कौन है जो प्रधानमंत्री और किसानों के बीच दूरी बढ़ा रहा है?

हरियाणा की पंचायतें

3 फरवरी को कंडेला (जींद) में पंचायत हुई जिसमें गुरनाम सिंह चढ़ूनी व बलबीर सिंह राजेवाल पहुंचे। हाजरी 50 हजार से 1 लाख तक की आँकी गई। 7 एकड़ में टेंट लगे थे। केवल 15 किलोमीटर दूर खटकड़ टोल पर भी सभा हुई जिसमें लगभग 50000 आदमी थे। राकेश टिकैत ने इस सभा को संबोधित किया। यह आंदोलन में एक नया उभार था। 2 फरवरी को महाराष्ट्र के किसान नेता और अखिल भारतीय किसान सभा के प्रधान डा0 अशोक धवले व हरियाणा किसान सभा के अध्यक्ष कामरेड फूल सिंह श्योकंद ने

माइयड़ टोल, हिसार के लांघड़ी टोल व बद्दोवाला टोल पर सभाओं को संबोधित किया। टोलों पर फिर से हाजिरी बढ़ गई थी। सरकार जो टोल खुलवाने का मन बना रही थी उल्टी ही हतोत्साहित हो गई। बसताड़ा टोल जिस पर पुलिस ने लंगर बंद करवा दिया था फिर से भारी जन समर्थन से चालू कर दिया गया और टोल को दोबारा फ्री करवा दिया गया। सभी टोलों पर संख्या बढ़ने लगी।

कलायत अनाज मंडी में 15 फरवरी को आयोजित किसान महापंचायत को सांसद दीपेंद्र हुड्डा ने संबोधित किया। इससे पहले उन्होंने उचाना हलके के गांव मोहनगढ़ छापड़ा के शहीद किसान स्व. रणधीर सिंह और गाँव चुहड़पुर के स्व. रोशन के घर पहुंचकर श्रद्धांजलि अर्पित की और परिवारजनों से मिलकर शोक प्रकट किया व सांत्वना दी। उन्होंने बताया कि उन्होंने 200 शहीद किसानों के नाम राज्यसभा की कार्यवाही में दर्ज कराए हैं। लेकिन, दुर्भाग्य है कि सत्ताधारी दल ने किसानों के प्रति संवेदना के दो शब्द भी नहीं बोले। इसके विपरीत किसानों को आतंकवादी और देशद्रोही कहा है। इस दौरान प्रमुख रूप से पूर्व केंद्रीय मंत्री जयप्रकाश, पूर्व विधायक परमिन्दर सिंह ढुल, पूर्व सीपीएस दिल्लू राम, पूर्व विधायक सुल्तान सिंह जडोला, विकास सहारण, कंवरपाल करोड़ा, इन्दर सिंह मोर, पवन कुमार, अनिल सूरेवाला, सुधीर मेहता, वीरेंदर घोघड़िया, सुनीता बतान, सुरेश गोयत, सरदार बलदेव सिंह, सुभाष बडसीकरी, रामपाल प्रधान, नत्थाराम, साधुराम, मोहन राणा, नरेंदर राणा, श्याम सिंह सरपंच, राम सिंह, समेत अनेकों नेता मौजूद रहे।

सांसद दीपेन्द्र हुड्डा ने 21 फरवरी को गन्नौर हलके के गांव पुरखास में आयोजित किसान महापंचायत को संबोधित किया।

दीपेंद्र हुड्डा ने खरखौदा हलके के गांव बैंयापुर में शहीद किसान स्व. राजेन्द्र सरोहा के घर पहुंचकर श्रद्धांजलि दी व शहीद किसान के परिवार को 2 लाख रुपये की आर्थिक मदद सौंपी। इस दौरान किसान महापंचायत के आयोजक पूर्व स्पीकर कुलदीप शर्मा, पूर्व सांसद धर्मपाल मलिक, विधायक जगबीर मलिक, विधायक जयवीर बाल्मिकी, विधायक सुरेंद्र पवार, विधायक बलबीर बाल्मिकी, विधायक इंदुराज नरवाल, मेयर निखिल मदान, पूर्व विधायक सुखबीर फरमाणा, पंडित चाणक्य शर्मा, अशोक सरोहा, बिजेंद्र आंतिल, मनोज रिढाऊ, प्रेम अत्री, सुरेंद्र छिकारा, राकेश कैलाना, संजय खत्री, देवेन्द्र शर्मा, मुकेश तायल, कुलदीप वत्स, संजय बड़वासनी, परमेंद्र जोली, सतीश चेयरमैन, हरेंद्र सैनी, पुनीत राणा, प्रेमवती भनवाला समेत बड़ी संख्या में स्थानीय लोग मौजूद रहे। अप्रैल 4, 2021 को करनाल के जाट भवन में आयोजित किसान-मजदूर व्यापारी सम्मेलन को संबोधित करते हुए राज्य सभा सांसद दीपेंद्र हुड्डा ने सरकार के खिलाफ अविश्वास प्रस्ताव पेश किया जिसे सर्वसम्मति से पारित किया गया। कार्यक्रम का आयोजन करनाल कांग्रेस के जिला संयोजक सरदार त्रिलोचन सिंह ने किया। इस अवसर पर पूर्व स्पीकर कुलदीप शर्मा, पूर्व मंत्री अशोक अरोड़ा, पूर्व विधायक सुमिता सिंह, विधायक बलबीर बाल्मिकी, पूर्व मंत्री भीमसेन मेहता, पूर्व विधायक नरेंदर सांगवान, अनिल राणा, रघुबीर संधु, नरेश, सचिन, राजकुमार सैनी, राजेश वैद्य, सुरेंद्र, कमल मान, निप्पी, नृपेंद्र मान, ललित बुटाना, गुरप्रीत, रामपाल संधु, रामेश्वर बाल्मिकी, सरोज सांगवान, अमरजीत, रामफल, परमजीत बाल्मिकी, अनिल शर्मा, जसबीर, धरमपाल कौशिक, हरिराम, अशोक खुराना समेत बड़ी संख्या में किसान, खेतिहर मजदूर और व्यापारी मौजूद रहे।

नूंह के गांव सन्हेड़ा में पंचायत हुई जिसमें भारी संख्या में मेव किसानों ने भाग लिया। इसमें महिलाओं की भागीदारी भी खासी थी। पंचायत को गौरव टिकैत, कामरेड अमरा राम (पूर्व विद्यायक माकपा), पवन दुग्गल (पूर्व विधायक राज्यस्थान), चन्द्रशेखर रावण (भीम आर्मी), डा0 दर्शनपाल, कामरेड इन्द्रजीत सिंह, कामरेड फूल सिंह श्योकन्द, चौ0 इलियास, मामन ख़ान, आफ़ताब अहमद, सभी कांग्रेसी विधायक, महिला नेत्री कुसुम व योगेन्द्र यादव आदि ने सम्बोधित किया। मंच का संचालन सलीम अहमद मुफ़्ती ने किया।

इसी जगह पर 15 मार्च 2021 को शहीद हसन ख़ान मेवाती का ख़िराजे अक़ीदत (शहीदी दिवस) मनाया। यहां मैं विशेष उल्लेख करना चाहता हूँ कि हसन ख़ान मेवाती 12000 मेव योद्धाओं के साथ राणा सांगा की तरफ से कनवाहा के मैदान में बाबर के खिलाफ लड़ा था। राणा सांगा तो बाबर का पलड़ा भारी होने पर मैदान छोड़ कर भाग गया था, परन्तु हसन ख़ान ने मैदान छोड़ने से इनकार कर दिया और लड़ता हुआ मारा गया। एक और विशेषता यह थी कि जब बाबर ने दीन के नाम पर हसन खान से मदद मांगी तो उसने यह कहकर इनकार कर दिया कि दीन से वतन बड़ा होता है। इस पंचायत को गुरनाम सिंह चढ़ूनी व स्थानीय नेताओं व नूंह के कांग्रेसी विधायकों ने संबोधित किया। 28 जून को किसान मजदूर एकता नाम से भारी पंचायत हुई। हाजरी हजारों में थी। इस मोर्चे पर मौलाना शहज़ाद आंदोलन के गीत बनाकर गाते थे। नूंह के एडवोकेट ताहिर हुसैन शिकरावा, एडवोकेट अज़ीज़ अख़्तर, एडवोकेट रशीद (प्रवक्ता मेवाती किसान मोर्चा), एडवोकेट समय सिंह, मुफ़्ती सलीम अहमद कासमी व रमज़ान चौधरी मोर्चे पर विशेष सक्रिय थे।

भिवानी के कितलाना टोल पर 7 फरवरी को हजारों की भीड़ जुटी, जिसे सोमवीर सांगवान विधायक, राकेश टिकैत, बलबीर सिंह राजेवाल व डॉ. दर्शन पाल ने संबोधित किया। हरियाणा के पेहवा के गुमथला गांव में पंचायत हुई जिसमें राकेश टिकैत बुलाए गए परंतु चढूनी नहीं बुलाये गये जिससे उनमें नाराजगी हुई क्योंकि कुरुक्षेत्र में उनको न बुलाना गलत बात है और उन्हें साइड लाइन करने जैसा है। इसी बीच जयंत चौधरी ने अलीगढ़, बुलंदशहर में भारी पंचायत कर साफ कर दिया कि वह राजनैतिक रूप से लड़ाई लड़ रहे हैं और वोट की चोट देना चाहते हैं, जिससे बीजेपी ज्यादा डरती है।

राजस्थान की पंचायतें

राजस्थान में भी कई स्थानों पर किसान पंचायतें हुईं। इनमें से कुछ का उल्लेख नीचे किया गया है।

1. रायसिंह नगर की पंचायत 18 फरवरी 2021, इसमें मुख्य वक्ता कामरेड अमरा राम, डा0 दर्शन पाल, कामरेड़ हेत राम बेनीवाल व विधायक बलवान पुनिया थे।

2. फरवरी 26, 2021 को पदमपुर की पंचायत, जिसमें राकेश टिकैत, जोगिन्द्र सिंह उग्राहां व गुरनाम सिंह चढूनी मुख्य वक्ता थे।

3. फरवरी 26, को घडसाणा की पंचायत जिसमें राकेश टिकैत, कामरेड़ अमरा राम व योगेन्द्र यादव मुख्य वक्ता थे।

4. मार्च 17, गंगानगर की पंचायत, जिसमें राकेश टिकैत, योगेन्द्र यादव, कामरेड़ अमरा राम मुख्य वक्ता थे।

5. अगस्त 26, बींझबायला की पंचायत। इसमें सोनिया मान, कामरेड हेत राम बेनीवाल व गिरधारी महीया, विधायक सी.पी.एम. मुख्य वक्ता थे।

इन पंचायतों के संचालक किसान सभा नेता कामरेड स्योपत राम थे।

इस बीच राजस्थान के अलवर में जब टिकैत पंचायत कर लौट रहे थे तो ABVP के गुंडों ने उनकी कार पर लाठियां मारीं व शीशे तोड़ दिए। उनके बॉडीगार्ड का रिवाल्वर छीनने की कोशिश की। केस दर्ज हो गया और ABVP नेता राव कुलदीप सिंह यादव गिरफ्तार कर लिया गया। यह मत्स्य विश्वविद्यालय अलवर का छात्र संघ का अध्यक्ष है और राजस्थान बीजेपी प्रेसिडेंट सतीश पूनिया का नजदीकी है।

उत्तर प्रदेश की पंचायतें

किसान पंचायतों का दौर जारी है। जयंत चौधरी ने शामली व अमरोहा में अपने दम पर पंचायत की, जिसमें भारी भीड़ रही। भैंसवाल गांव (शामली) की पंचायत में मुसलमानों की हाजिरी विशेष रही। अमरोहा में जयंत चौधरी ने पंचायत में घोषणा की कि जब बीजेपी किसानों पर राजनीतिक मुद्दा बनाकर हमला कर रही है तो वे भी इसे राजनैतिक तौर पर लड़ेंगे। इस तरह की पंचायतें मध्यप्रदेश में भी हुईं। राजस्थान में सचिन पायलट विशेष तौर पर सक्रिय हो गए। गुर्जर तथा मीणा किसान की भागीदारी बढ़ी है। भरतपुर में कांग्रेसी विधायक महाराजा विश्वेंद्र सिंह व उनके लड़के ने भारी पंचायत की है।

प्रियंका गांधी वाड्रा ने भी आंदोलन में अपनी ताकत झोंकनी शुरू कर दी। सहारनपुर की भारी पंचायत कर साफ कर दिया कि वह राजनैतिक तौर पर लड़ रही हैं और वोट की चोट देना चाहती हैं। इस पंचायत में इमरान मसूद पूर्व विधायक जो पूर्व केंद्रीय मंत्री स्वर्गीय रशीद मसूद के भतीजे हैं, की सक्रिय भागीदारी रही। वे इसके संयोजक रहे। मुसलमान किसानों की विशेष भागीदारी रही। मुजफ्फरनगर के बघरा में 20 फरवरी को आयोजित किसान महापंचायत में कांग्रेस महासचिव प्रियंका गांधी के साथ पहुंचे सांसद दीपेंद्र हुड्डा ने तीन कृषि कानूनों के खिलाफ स्वामी कल्याणदेव डिग्री कॉलेज में आयोजित किसान महापंचायत में हजारों की तादाद में उमड़े किसानों को संबोधित किया। इस दौरान प्रमुख रूप से विधायक जयवीर बाल्मिकी, विधायक इंदुराज नरवाल, सोनीपत मेयर निखिल मदान मौजूद रहे। 23 फरवरी को भगवान् श्रीकृष्ण की नगरी मथुरा के पालीखेड़ा मैदान में 3 कृषि कानूनों के विरोध में कांग्रेस की राष्ट्रीय महासचिव श्रीमती प्रियंका गांधी के साथ किसान महापंचायत में शामिल होने पहुंचे सांसद दीपेंद्र हुड्डा ने सरकार पर जमकर हमला किया।

भारतीय किसान यूनियन असली (हरपाल सिंह) की तरफ से सम्भल में पंचायत हुई जिस में बलवीर सिंह राजेवाल व अतुल अंजान आये। एक भारी पंचायत बिलारी में हुई जिसमें मेधा पाटकर मुख्य वक्ता थी। रजतपुर की पंचायत में जोगिन्दर सिंह उग्राहां व गुरनाम सिंह चढ़ूनी आये थे। इसी संगठन ने बुलन्दशहर, बदायूं, अमरोहा, मुरादाबाद, बिजनौर, सीतापुर आदि में पंचायतें कीं। इसी संगठन से हजारों युवक मोटर साईकलों से गाजीपुर बॉर्डर पहुँचे। इनमें राजपाल सिंह यादव सम्भल से, कपिल सिरोही बुलन्दशहर से, देवेन्द्र बाना हापुड़ से, प्रहलाद सिंह पूनिया अध्यक्ष

मेरठ मण्डल, धर्मेन्द्र सिंह एडवोकेट अध्यक्ष लीगल सेल, बुलन्द शहर से युवा अध्यक्ष ऋषभ चौधरी मुख्य थे। इसी यूनियन के राष्ट्रीय प्रवक्ता परबल प्रताप साही हैं। बड़े प्रगतिशील व उदारवादी लोकतान्त्रिक सुलझे हुए विचारों के नेता हैं। ये राजपूत बिरादरी से हैं। यह उल्लेख मैं इसलिए कर रहा हूँ क्योंकि राजपूत बिरादरी में भारतीय जनता पार्टी का भारी असर है।

30 जनवरी को जयंत चौधरी ने मथुरा में पंचायत बुलाई। हजारों की हाजिरी हुई। फिर बिजनौर में पंचायत हुई। बागपत में धरने को जबरदस्ती उठा दिया था। चौ. अजीत सिंह ने बागपत में पंचायत की और एस. पी. तथा डी. सी. को पंचायत में आकर माफी मांगनी पड़ी। धरना फिर से शुरू हो गया।

देश के अन्य भागों में आयोजित की गईं पंचायतें

देश के अन्य भागों में (कश्मीर से कन्या कुमारी तक तथा गुजरात से गुवाहाटी तक) हजारों किसानों ने भागीदारी की। एक भारी पंचायत, जिसमें बीस हजार किसानों व मजदूरों ने भाग लिया, अप्रैल के महीने आन्ध्रप्रदेश के विशाखापट्टनम में हुई जिस में कामरेड अशोक धवले, राकेश टिकैत, युद्धवीर सिंह, खेत मजदूर नेता वी. वेंकट और पंजाब से किसान नेता धर्मपाल सिंह सील व बलकरण सिंह बराड़ व आन्ध्रप्रदेश के किसान व मजदूर नेताओं ने सम्बोधित किया। यहां विजाग स्टील कम्पनी (जिसमें 35000 मजदूर काम करते हैं), है जिसे सरकार प्राईवेट हाथों बेचना चाहती है। इसकी कीमत तीन लाख करोड़ रूपये है, जबकि सरकार केवल 13 हजार करोड़ रूपये में इसे बेचना चाहती है। किसानों ने इस का जोरदार विरोध किया है।

सारे भारत में किसान पंचायतें आयोजित की गई हैं, जिनमें कलकता, मुम्बई, अगरतला, पटना, दरभंगा, समस्तीपुर, बंगलूरू, बेलगाबी, हैदराबाद, विशाखापटनम, विजयवाड़ा, ओगोले, चेनई, थन्जावुर, कन्याकुमारी, थिरूअनंतपुरम, भुवनेश्वर, रांची, केरल के सभी जिलों व मध्यप्रदेश के कई स्थानों पर किसान पंचायतें हुईं, जो सभी संयुक्त किसान मोर्चा व ए.आई.के.एस.सी.सी. के बैनर के नीचे हुईं।

मार्च 2021 में एक और विशाल महापंचायत, जिसमें 15 हजार किसान, मजदूर व मछुवारे शामिल थे, कन्या कुमारी के समुन्दर के किनारे हुई। इसका आयोजन एम. जी. देवसहायम, थॉमस फरेको आदि नेताओं ने किया। कामरेड अशोक धवले ने इसे सम्बोधित किया। इसके तुरन्त बाद कन्याकुमारी का लोक सभा सीट का उप चुनाव था जिसमें बी. जे.पी. लाखों वाटों से हार गई और सी. पी. एम. का उम्मीदवार जीत गया।

आखरी पंचायत मुम्बई के आजाद मैदान में 28 नवम्बर 2021 को हुई। ये महात्मा फूले का निर्वाण दिवस था। हजारों किसान, खेत मजूदर महिलाएँ व युवक इसमें शामिल हुए। यह संयुक्त शेतकारी कामगार मोर्चा, जिसमें सैकड़ों संस्थाएं शामिल हैं, के तत्वावधान में था। इसमें महाराष्ट्र के पालघर, थाणे, नासिक, रायगढ़, अहमदनगर, दुले, नंदूरबार, जलगाँव, व मुम्बई के लोगों की भागीदारी थी। किसान सभा नेता पूर्व विधायक जे. पी. गावीत, व मिलीन्द राणाडे ने प्रधानता की। इस में आशीष मितल, अतुल कुमार अन्जान, बी. वेंकट, डा. दर्शनपाल, हन्नानमौला (पूर्व सांसद), मेधा पाटकर, प्रतिभा शिंदे, जसवीर कौर, राकेश टिकैत, विजेन्द्र सिंह विर्क, योगेन्द्र यादव, युद्धवीर सिंह सहारावत, अशोक

धवले ने सम्बोधित किया। महाराष्ट्र के किसान नेता डा. अजीत नवले, देवानन्द पवार, फ़िरोज़ मिट्टीबोरवाला, जयन्त पाटील (एम. एल सी.), किशोर धामले, मधु धोदी, नामदेव गावडे, नरसय्या पूर्व विधायक, राजेन्द्र भावके, राजू कोरडे, श्याम काले, उलका महाजन, पूर्व एम एल सी विद्या चव्वान व विशाल हीवाले शामिल थे। नई मुम्बई के सभी गुरूद्वारों ने किसानों को मुफ्त भोजन व नाश्ता कराया तथा चाय पिलाई। यह सारा ब्योरा डा. अशोक धवले की पुस्तक 'When the Farmers Stood Up' व लेखक द्वारा उनके साक्षात्कार पर आधारित है।

मार्च से मई महीने तक की गतिविधियां

8 मार्च को सारे टोलों पर महिलाओं के कार्यक्रम आयोजित किए गए। बद्धोवाला व माइयड़ टोलों पर खासी उपस्थिति रही। सारे कार्यक्रमों का संचालन महिलाओं ने किया। गांव की औरतें बढ़िया-बढ़िया गीत गाती हैं तथा भाषण देती हैं। सुनकर मन खुश हो जाता है। महिलाओं में भी सक्रियता व सृजनता का आश्चर्यजनक विकास हुआ है और अपार संभावनाएं हिलोरें मार रही हैं। 8 मार्च को सनेहड़ा बॉर्डर पर महिला दिवस मनाया गया। सारा कार्यक्रम महिलाओं ने चलाया। सामाजिक कार्यकर्ता मुहमदी वसीका एडवोकेट सारे कार्यक्रम की आयोजक थी।

8 मार्च 2021 को महिला दिवस पर पंजाब से हजारों महिलाएं बॉर्डर पर पहुंचीं। बसंती (पीली) रंग की चुन्नी ओढ़े पंडाल में बैठी महिलाओं का दृश्य देखते ही बनता था। लहराते सरसों के खेतों का नजारा बनता था। यह जोगेंद्र सिंह उग्राहां के संगठन से जुड़ी महिलाएँ थीं। उन्होंने इस संगठन को बड़ी समझदारी से व मेहनत से खड़ा किया है। उग्राहां ने मुझे एक साक्षत्कार में बताया कि उन्होंने इस कारण का पता किया कि महिलाएं डेरों व धार्मिक

समागम में क्यों जाती हैं तो पता चला कि वहां शराब के खिलाफ प्रचार होता है। इसलिए महिलाओं को संगठन के साथ जोड़ने के लिए उन्होंने सबसे पहले आप शराब पीना छोड़ा। वे पहले बहुत शराब पीते थे। फिर राज्य स्तर, जिला स्तर व ब्लॉक स्तर के पदाधिकारियों का शराब पीना छुड़ाया। इसके बाद पूरे केडर में शराबबंदी का अभियान चलाया। अब उनके संगठन में महिला सदस्यों की संख्या लाखों में है। हरविंदर (बिंदु) इस संगठन की नेता है, जिसके पिता को उग्रवादियों ने मार दिया था। ये उग्राहां के पूरे संगठन की महासचिव भी है। भगत सिंह की तर्ज पर रंग दे बसंती चुनरिया का मनमोहक गीत गाती है। यहां मैं यह स्पष्ट करना चाहता हूं कि अकेले उग्राहां जी के संगठन की संख्या पंजाब के सब संगठनों के आधे से ज्यादा है। फिर भी जोगेंद्र सिंह उग्राहां लो प्रोफाइल में रहते हैं।

हरियाणा में भी महिलाओं की भागीदारी बहुत बढ़ी है। सब टोलों पर महिलाएं लगातार धरने पर आती हैं। खटकड़ टोल पर विशेष हाजिरी रहती है। इसमें जनवादी महिला समिति, आंगनवाड़ी वर्कर्स यूनियन, आशा वर्करों का विशेष योगदान है। हरियाणा में भी गांव की महिलाओं ने किसान आंदोलन पर गीत बनाकर गाने शुरू कर दिये हैं। मैंने एक दिन मदीना के टोल पर महिलाओं के कई गीत सुने जो मेरे गांव सामाण की थीं। सुनकर मन खुश हो गया। एक गाने का विडियो श्रीमती वीना मलिक ने भेजा जो जनवादी महिला समिति से जुड़ी रही है और रोहद टोल पर सक्रिय रही हैं। इस विडियो में महिलाएं मोदी और तीन काले कानूनों के विरुद्ध गीत गा रही हैं। नरवाना के बद्धोवाल टोल पर एक महिला का गाना बहुत वायरल हुआ जो घूँघट में ही गाती है। बड़ा ही मनमोहक तथा शिक्षाप्रद भी है। इन के नाम बाद में

टोलों के प्रकरण में लिखूंगा। यह सृजनता की केवल बानगी है। गांव-गांव महिलाएं गीत गाती हैं। कानूनों में क्या काला है, यह कृषि मंत्री नरेंद्र तोमर के समझ में चाहे न आए और अंध भक्त जो तोते की तरह मोदी-मोदी रटते हैं के समझ में न आए पर किसानों तथा औरतों तक को यह समझ में आ गया है क्योंकि इनकी आत्मा काली नहीं है।

नरेंद्र मोदी व आर. एस. एस. की एक बहुत बड़ी सफलता है कि उन्होंने एक फौज तैयार कर दी है जिनकी सोचने की शक्ति बिल्कुल खत्म कर दी है और उनके दिमाग में एक विशेष घृणा भर दी है। वे तोते की तरह घृणा का मंत्र ही रटते रहते हैं। परंतु मोदी जी, इस बार आपका पल्ला किसानी कौम से पड़ा है जिसने महमूद गजनवी व तैमूरलंग तक को जान पर खेलकर लूटा तथा भारत से खदेड़ा था। ये या तो जीतेंगे या तिरंगे में लिपट कर इनकी लाशें जाएंगी।

भारत बंध (26 मार्च 2021)

सुबह 6 बजे से शाम तक का बंद रहा। हरियाणा, पंजाब, उत्तर प्रदेश, राजस्थान में बंद का पूरा असर था। बिहार में भी बन्द का खास असर रहा। इसका एक कारण बिहार विधान सभा में सत्ताधारी दल द्वारा विपक्षी सदस्यों से मारपीट का भी था। विपक्षी दलों ने भी बंद का समर्थन किया था परंतु चुनाव वाले राज्यों को बंद की छूट थी। बंद का असर भुवनेश्वर में खास था। यहां कारखाना मजदूरों ने भी भाग लिया। आंध्र प्रदेश में विजयवाडा, विशाखापट्टनम, कर्नाटक में गुलबर्गा व महाराष्ट्र के मुंबई समेत कई शहरों में बड़े-बड़े प्रदर्शन हुए। मध्यप्रदेश में कई जगह प्रदर्शन

हुए। गुजरात के अहमदाबाद में किसान नेता युद्धवीर सिंह प्रेस कॉन्फ्रेंस करके राकेश टिकैत के प्रोग्राम की घोषणा कर रहे थे तो उन्हें प्रेस कॉन्फ्रेंस से बिना किसी लिखित आदेश के पुलिस ने उठा लिया। इसकी राष्ट्रीय प्रेस में काफी निंदा हुई।

किसानों का बंगाल अभियान

संयुक्त किसान मोर्चा ने बंगाल चुनाव में बीजेपी हराओ अभियान चलाने का निर्णय लिया है। 12 मार्च को कोलकाता में योगेंद्र यादव व बलबीर सिंह राजेवाल ने प्रेस कॉन्फ्रेंस व एक जनसभा की। उसमें किसी पार्टी के हक में अपील नहीं की गई परंतु बीजेपी को हराने का आह्वान किया गया। राकेश टिकैत व दूसरे नेताओं ने भी कई सभाएँ कीं। इस सब ने जो अनिर्णित मतदाता होते हैं उनके मत को जरूर प्रभावित किया। आम किसानों पर भी प्रभाव पड़ा व किसान आंदोलन के उद्देश्यों का भी प्रचार हुआ। कुल 12 सभा की गईं। बंगाल में सिख समुदाय ने इसमे विशेष रुचि ली।

चार मई को बंगाल के चुनाव परिणाम आने पर किसानों में खुशी की लहर छा गई। बंगाल में 200 पार वाली बीजेपी मात्र 76 सीटों पर जाकर अटक गई और ममता बनर्जी भारी बहुमत से जीत गई। सभी बार्डरों और टोलों पर खुशियां मनाई गईं। नाच गाने हुए व पटाखे फोड़े गये। किसानों ने इसको अपने आन्दोलन को जीत की तरफ बढ़ता एक कदम माना।

उत्तर प्रदेश स्थानीय निकाय चुनाव

इसी तरह यू.पी. के जिला परिषद् के चुनावों में समाजवादी पार्टी व राष्ट्रीय लोकदल की जीत व भाजपा की हार पर खुशी मनाई। भाजपा को 3050 स्थानों में केवल 660 सीटें मिलीं जबकि सपा व रालोद को 800 से ऊपर सीटें मिलीं। सपा ने अयोध्या, वाराणसी व योगी के गृह जिले गोरखपुर में पूर्ण बहुमत प्राप्त कर लिया। इसी तरह दोनों ने मिल कर मथुरा में पूर्ण बहुमत प्राप्त किया। बागपत में भी रालोद जीती। पश्चिमी उत्तर प्रदेश में भाजपा की हार को किसान आन्दोलन से जोड़कर देखा जा रहा है, परन्तु मेरे विचार में किसान आन्दोलन का असर सारे प्रान्त में रहा है। चाहे धरनों, प्रदर्शनों में भागीदारी पश्चिमी उत्तरप्रदेश की मुख्य है परन्तु एक अंडर करंट सारे प्रान्त में है। सबकी भागीदारी एक्टिव या पेसिव रूप में है। सारे किसानों में एक सन्देश गया है कि भाजपा सरकार किसान विरोधी है। सारे प्रान्त में किसान पंचायतें हुई है, जिनको अखिलेश व जयन्त चौधरी ने सम्बोधित किया है। मुसलमान किसानों की भागीदारी बढ़ी है और पिछले मतभेद भुलाकर रालोद के प्रत्याशियों को वोट दिया है।

हरियाणा में किसान सभा का पैदल मार्च

हरियाणा पंजाब में आन्दोलन की गर्मी बनी हुई है। अखिल भारतीय किसान सभा द्वारा तीन पैदल मार्च हरियाणा में निकाले गए। यह 18 मार्च से शुरू होकर 23 मार्च को सिंघु व टिकरी बॉर्डर पर पहुंचे। पहला मार्च हांसी के माइयड़ टोल से आरंभ हुआ। इसमें हरियाणा किसान सभा के उप प्रधान कामरेड इंद्रजीत, शमशेर लंबरदार (प्रधान हिसार किसान सभा) सूबे सिंह बूरा, सुमित

दलाल शामिल हुए। फतेहाबाद से बलबीर सिंह गोरखपुर, कामरेड रामस्वरूप, जगतार, विष्णु दत्त, राम कुमार के साथ 60-70 किसान भी शामिल हुए। महम टोल से प्रेम सिंह सिवाच, जो बाद में शहीद हो गए, नफे सिंह सामाण, कामरेड बलवान सिंह सीधे रास्ते न चल कर हांसी दिल्ली मार्ग के आसपास गांव में जलसे करते हुए चले। एक गांव से लोग इनके साथ चल कर दूसरे गांव तक जाते थे। 300 से 1000 तक जत्थे हो जाते थे।

दूसरा जत्था जींद के खटकड़ टोल से हरियाणा किसान सभा अध्यक्ष फूल सिंह श्योकंद के नेतृत्व में रवाना हुआ। इसमें रोहतास जिला प्रधान, भरत सिंह (पूर्व सरपंच खटकड़), नरेश (नौजवान सभा), राजेंद्र बरसोला, छत्रपाल, आजाद सिंह, लीलू बड़नपुर गायक के अलावा 500 के करीब किसान साथ चले। ये दोनों जत्थे रोहतक में मिल गए। रोहतक के मॉडल टाउन के डबल पार्क में एक सभा का आयोजन किया गया। 23 मार्च को ये दोनों जत्थे टिकरी बॉर्डर पहुंचे।

तीसरा जत्था पानीपत से चला। इसमें यमुनानगर, कुरुक्षेत्र से जरनैल सिंह सांगवान, प्रीतम सिंह, राजविन्द्र सिंह चंदी, रामेश्वर एडवोकेट, पानीपत से सुनील दत्त, राजेंद्र छोकर, सोनीपत से श्रद्धानंद सोलंकी, ब्रह्म सिंह दहिया, ईश्वर राठी, विजेंद्र, ईश्वर भठगांव, रविंद्र मुरथल, भगत सिंह, दलबीर खत्री, रामनिवास राणा, हवा सिंह, छत्र सिंह आदि मुख्य नेता थे। यह जत्था भी 23 मार्च को सिंघु बॉर्डर पर पहुंचा। इस दिन सरदार भगत सिंह, राजगुरु व सुखदेव का शहीदी दिवस मनाया जा रहा था। ये भी सम्मिलित हुए और दोनों बार्डरों पर इनका जोरदार स्वागत हुआ।

एक और जत्था दादरी से 19 मार्च को चला। इस को फोगाट खाप के प्रधान बलवन्त नम्बरदार व सचिव सुरेश फोगाट ने हरी झंडी दिखा कर रवाना किया। इस जत्थे में शमशेर सिंह, रविन्द्र सरपंच, सुनील खातीवास, ईश्वर, राज कपूर, सुनील, तेज पाल व संजीव सभी रावलधी से, हरि प्रकाश, विद्यानन्द व अंकित कमोद से, भूपेन्द्र, धर्मवीर नम्बदार व योगेश शर्मा समसपुर से, मुनी राम व कृष्ण लोहारवाड़ा से, महीपाल, छोटू राम सरपंच, नरेन्द्र फोगाट व अभीषेक फोगाट दादरी से, रविन्द्र फोगाट व अजय फोगाट गांव फोगाट से, राजेश व जगदीश गोठड़ा से, सोनू टिकानकलां, बलजीत पूर्व सरपंच बलकरा शिव कुमार मोड़ी, बबलू मेहराणा, धर्मवीर मंदोली ये सब दादरी से पैदल चलकर 23 मार्च को टिकरी बॉर्डर पर पहुंचे, जहाँ इनका जोरदार स्वागत हुआ।

9 अप्रैल के सरकार के इस फैसले के विरुद्ध जिससे पैसा सीधा किसानों के खातों में जाएगा, आढ़ती यूनियन ने हड़ताल रखी। किसानों ने इसका सीधा समर्थन किया। बलबीर सिंह राजेवाल ने बाघा पुराना में बड़ी जनसभा को संबोधित किया। भूपेंद्र सिंह हुड्डा पूर्व मुख्यमन्त्री, हरियाणा ने भी लाडवा, रादौर व करनाल मंडियों का दौरा किया। उन्होंने गेहूं की खरीद में नमी को 14 प्रतिशत से 12 प्रतिशत करने का विरोध किया। आढ़तियों को सरकार द्वारा बिचौलिया बनाने को गलत बताया और कहा कि यह सर्विस देने वाले या कमीशन एजेंट हैं, न कि बिचौलिये। खाते में सीधे पैसे भेजने का उद्देश्य किसानों व आढ़तियों में फूट डालना है।

कुन्डली मानेसर पलवल हाइवे बंध

10-11 अप्रैल 2021 को 24 घंटे का कुंडली मानेसर पलवल हाईवे बंद रखा गया। बंध शांतिपूर्ण रहा। बंध में जो ट्रक व दूसरे वाहन रुके रहे उनको पड़ोस के गांव वालों ने नाश्ता व खाना खिलाया और किसी को कोई असुविधा नहीं होने दी। किसानों ने ट्रैक्टर, ट्राली, चारपाई तथा बैठक लगा कर पूरा जाम लगा दिया। आवश्यक सेवाएं जैसे एंबुलेंस आदि को नहीं रोका। लगभग 2 से 3 लाख गाड़ियां जाम हो गईं। मेवात के रेवासन गांव के नाके पर कुछ किसानों को गिरफ्तार किया गया। बंद पूरी तरह शांतिपूर्ण रहा।

अप्रैल की घटनायें व अम्बेड़कर जयंती के आयोजन

हरियाणा में फिर से जेजेपी व बीजेपी कुछ प्रोग्राम करने की योजना बना रही है। 31 मार्च को पानीपत में उप मुख्यमन्त्री दुष्यंत चौटाला ऑफिसरों की मीटिंग ले गए। किसान बाद में पहुंचे तथा नारेबाज़ी की। अगले दिन पहली अप्रैल को दुष्यंत चौटाला हिसार पहुंचे, परंतु किसानों ने हवाईअड्डे को घेर लिया और दो घंटे तक अंदर घेर कर रखा। कोई प्रोग्राम नहीं होने दिया। तीन अप्रैल को मुख्यमंत्री खट्टर साहब ने अरविंद शर्मा (सांसद) के पिता की सत्रहवीं में आना था। उन की दिल्ली में मौत होने के बावजूद रोहतक I.T.I. ग्राउंड में जान बूझकर सत्रहवीं का आयोजन किया। बाबा मस्तनाथ यूनिवर्सिटी के प्रांगण में मुख्यमंत्री के हेलीकॉप्टर को किसानों के भारी विरोध स्वरूप नहीं उतरने दिया। पुलिस ने लाठीचार्ज किया। एक किसान का सिर फोड़ दिया। बाद में पुलिस लाइन में चुपके से हेलीकॉप्टर उतारा गया।

अप्रैल 4, 2021 को खट्टर साहब को आंवली गांव में चौधरी किताब सिंह मलिक (पूर्व विधायक) की मृत्यु पर शोक व्यक्त करने आना था, परंतु किसानों ने हेलीपैड पर कब्जा कर लिया है। हेलीकॉप्टर को उतरने नहीं देंगे। C.M. को दौरा रद्द करना पड़ा। पहले दिन अस्थल बोहर रोहतक में किसानों पर लाठीचार्ज के विरोध में आज सारा दिन किसानों ने रोष प्रकट किया। रोहतक पानीपत टोल पर 12:00 से 3:00 बजे तक जाम रहा। कितलाना टोल पर भिवानी, नारनौल व खटकड़ टोल पर जींद-नरवाना रोड जाम रहा। वहीं कंडेला में जींद-चंडीगढ़ राजमार्ग बंद रहा। माइयड़ टोल पर दिल्ली हिसार रोड बंद रहा। श्री अरविन्द केजरीवाल (सी. एम. दिल्ली) ने जींद में किसान महापंचायत की, जिसमें ज्यादा आदमी नहीं थे।

अब हरियाणा सरकार ने कुछ अलगाववादी तरीके अपनाने शुरू कर दिए हैं। सरकार डॉक्टर अंबेडकर के नाम पर कुछ सरकारी दलित छुटभैये नेता से बात कर व उन्हें प्रलोभन देकर अंबेडकर जयंती मनाने के बहाने प्रोग्राम करने की योजना बना रही है। इस तरह सरकार किसानों व हरिजनों व मेहनतकश वर्ग में लड़ाई कराना चाहती है। रोहतक के महर्षि दयानंद विश्वविद्यालय में 11 अप्रैल का प्रोग्राम रखा गया। कांता आल्हड़िया नाम की महिला है जो प्रोग्राम कराना चाहती है। यह पहले चौधरी रणबीर सिंह की स्मृति में बनाए संविधान स्थल पर हंगामा खड़ा कर ब्लैकमेल करती रही है। पीछे अस्थल बोहर में हंगामा खड़ा करके कहा कि फलां स्थान पर दलित साधु की समाधि थी, और मठ के महंत को ब्लैकमेल किया। किसानों ने खट्टर साहब को चैलेंज किया। राहत की बात है कि मुख्यमंत्री ने स्थिति को भांप कर कार्यक्रम को रद्द कर दिया। सरकार ने 2 महिलाओं का प्रयोग

करना शुरू किया है। पहले पहलवान बबीता फोगाट व बाद में सोनाली फोगाट ने घटिया बयान दिए। सोनाली फोगाट, जो आदमपुर से बीजेपी के टिकट पर बुरी तरह चुनाव हारी थी ने बड़ी अभद्र भाषा में कहा कि हिसार में दुष्यंत चौटाला का क्या उखाड़ लिया! इसकी भी काफी प्रतिक्रिया हुई और सोनाली फोगाट जो पहले भी एक संदिग्ध व्यक्तित्व वाली मानी जाती है, उसको औरतों तक ने बुरी से बुरी गालियां व लांछन लगाए हैं। परंतु ऐसी अपरिपक्व व सत्तालोभी लड़कियों को न तो राजनीति की समझ है और न अपने मान सम्मान की। इनका काम तो एक क्लाइंट बनने का प्रयास है। इनमें इतनी हिम्मत है तो हरियाणा के किसी गांव में जाकर दिखा दें तो इन्हें अपनी औकात का पता चल जाएगा। बबीता फोगाट ने जो कुश्ती में भारत के लिए मेडल जीतकर ख्याति प्राप्त की थी, वह समाप्त कर ली है। वह चुनाव में दादरी विधान सभा से तीसरे स्थान पर रही थी। अब लड़े तो जमानत भी नहीं बचा पाएगी। किसी गांव में जलसा भी नहीं कर पाएगी। फौगाट खाप ने भी दोनों की निंदा कर अपना पल्ला झाड़ लिया है। बाद में फौगाट खाप के प्रधान बलवन्त नम्बरदार ने मुझे बताया की हमारी खाप ने इन दोनों लड़कियों व सांसद धर्मवीर का सामाजिक बहिष्कार कर दिया था। हाउसिंग बॉर्ड के चैयरमेन राजदीप फौगाट (पूर्व विधायक) का भी बहिष्कार कर दिया था।

किसान संगठनों ने पहले से ही डॉक्टर अंबेडकर जयंती 14 अप्रैल 2021 को मनाने का फैसला कर रखा है। परंतु मुख्यमन्त्री मनोहर लाल खट्टर के 14 अप्रैल को सोनीपत के बड़ोली गांव में जयंती मनाने के कार्यक्रम का विरोध किया जाएगा। यह निर्णय खाप पंचायतों का है। छिल्लर-छिक्कारा खाप ने भी विरोध

करने का ऐलान किया है। किसान संगठनों ने घोषणा की है कि मुख्यमन्त्री व उप मुख्यमन्त्री का ही विरोध किया जाएगा और किसी का नहीं। क्योंकि सरकार अंबेडकर का सम्मान नहीं करती बल्कि केवल फूट डालकर दंगा करवाना चाहती हैं।

दूसरी तरफ दुष्यंत चौटाला ने भी कैथल के कॉलेज में अंबेडकर जयंती मनाने की योजना बनाई है। किसान संगठनों ने इसके भी विरोध करने की घोषणा की है। घोषणा के अनुसार, काफी किसान सुबह से ही बडोली (सोनीपत राई) में इकट्ठे होने शुरू हो गए और हेलीपैड पर कब्जा कर लिया। इसके अलावा सारे रास्तों पर जाम लगाकर गांव को भी घेर लिया। परिणामस्वरूप खट्टर साहब ने प्रोग्राम कैंसिल कर दिया। कैथल में काफी किसान व महिलाएं इकट्ठी हो गईं तथा कॉलेज जाने वाली सड़क घेर ली। पुलिस के साथ भी जद्दोजहद हुई। बैरिकेड तोड़ दिए। दुष्यंत चौटाला ने भी कार्यक्रम रद्द कर दिया। किसानों ने कॉलेज के सामने अंबेडकर जयंती मनाई।

सारे टोलों पर व सभी बॉर्डरो पर अंबेडकर जयंती मनाने के कार्यक्रम आयोजित किए गए। इससे आम जनों में संविधान के प्रति आस्था व जागरूकता बढ़ी है। यह किसान व दलित भाईचारे के बढ़ने की तरफ एक कदम है। यह भी विडंबना है कि बीजेपी के कुछ नेताओं ने दिल्ली के जंतर मंतर पर संविधान की प्रतियां जलाई थीं। वह आज अंबेडकर की जयंती हरियाणा में मना रही है। यह एक ढोंग है।

18 अप्रैल को जेपी दलाल (कृषि मंत्री) व रणबीर गंगवा ने हिसार के पटेल नगर में कोई कार्यक्रम करने का प्रोग्राम बनाया। परंतु किसानों ने जमकर विरोध किया। पुलिस के बैरिकेड तोड़

दिए। महिलाओं पर भी लाठी चार्ज किया गया। परंतु लोगों ने संघर्ष जारी रखा और कार्यक्रम सफल नहीं हो सका। कुरुक्षेत्र में सैनी धर्मशाला में संदीप सिंह खेल मंत्री व नायब सैनी एक कार्यक्रम करने की योजना बना रहे थे। काफी किसान पहुंच गए। पुलिस के बैरीकेड तोड़ दिए। लाठीचार्ज हुआ। लगभग 100 किसान हिरासत में लिए गए जिन्हें बाद में छोड़ दिया गया। 19 अप्रैल 2021 के अंग्रेजी इंडियन एक्सप्रेस ने हिसार व कुरुक्षेत्र की घटनाओं का चित्रों सहित विस्तार से रिपोर्ट किया है जिसमें, महिलाओं को हिसार में पुरुष पुलिस वाले पीट रहे हैं। 25 अप्रैल को हरियाणा बीजेपी प्रधान, ओपी धनखड, ने जींद में बाल्मीकि कॉलोनी में डॉक्टर अंबेडकर के उपलक्ष्य में प्रोग्राम रखा था जिसे किसानों के भारी विरोध के कारण रद्द करना पड़ा।

देश की प्रतिष्ठित हस्तियों का समर्थन

19 अप्रैल 2021 के इंडियन एक्सप्रेस में एक महत्वपूर्ण अपील छपी है, जिसमें देश के जाने-माने प्रशासनिक अधिकारी, विश्वविद्यालयों के प्रोफेसर व कृषि वैज्ञानिक शामिल हैं। इसमें सरकार से प्रार्थना की गई है कि किसानों से बात करें और बात खुले दिल से करें। साथ में किसानी पर गहरे संकट का उल्लेख किया है। उनके लंबे व कष्टपूर्ण संघर्ष को इस संकट की अभिव्यक्ति बताया है। तीन कानून लागू होने से यह संकट और गहरायेगा। किसानों, महिलाओं और बच्चों पर चिंता व्यक्त की है। इस संघर्ष में 300 से ऊपर किसानों की मौत पर भी चिंता व्यक्त की है। बॉर्डरों पर बैठे आन्दोलनकारियों द्वारा टेंटों, ट्रालियों व भूमि पर घोर सर्दी, बरसात व गर्मी में रहने को अति कष्टदायक बताया है।

हस्ताक्षरकर्ताओं में वी. के. नायर पूर्व मुख्यसचिव पंजाब, महेन्द्र सिंह मलिक पूर्व डीजीपी हरियाणा, सोमपाल शास्त्री पूर्व केंद्रीय मन्त्री, बलदेव सिंह ढिल्लों वाइस चांसलर पंजाब कृषि विश्वविद्यालय, आर. एस. चीमा सीनियर एडवोकेट सुप्रीम कोर्ट, डॉ सूच्चा सिंह गिल, पूर्व डायरेक्टर जनरल सेन्टर फार रिसर्च इन रूरल एवं इंडस्ट्रियल डिवेलपर्मेंट (CRRID), डॉ आर. एस. घुमन प्रोफेसर आफ एमीनेंस गुरुनानक देव यूनिवर्सिटी अमृतसर, देवेन्द्र शर्मा वरिष्ठ पत्रकार व खाद्य पालिसी विशेषज्ञ आदि शामिल हैं।

किसान आन्दोलन में नया जोश

कटाई का समय आने पर किसान अपने गांव वापस लौट गए थे और बॉर्डरों पर कुछ संख्या कम हो गई थी। अब सरकार की तरफ से यह योजना थी कि किसानों को जबरदस्ती उठा दिया जाए। यह अफवाह भी फैलाई जा रही थी कि कोरोना के बहाने ऑपरेशन क्लीन चला कर सरकार बार्डरों को खाली कराएगी। इस पर राकेश टिकैत व गुरनाम सिंह चढ़ूनी ने सख्त भाषा में चेतावनी दे दी कि सरकार कोई ऐसा दुस्साहस न करे, अन्यथा बहुत बड़ा नुकसान हो जाएगा।

इसी का फायदा उठा कर सरकार ने के.एम.पी. आसौदा मांडोठी टोल को चालू कर दिया। कप्तान शमशेर मलिक व उनकी पत्नी वीना की भूमिका नजदीक के रोहद टोल पर काफी बड़ी रही है। उन्होंने मुझे बताया कि किसान नेतृत्व ने फैसला किया कि 22 अप्रैल को टोल फिर बंद करेंगे। 22 अप्रैल को 3 बजे दलाल खाप के नेतृत्व में किसानों ने, जिनमें टीकरी बॉर्डर व पंजाब के किसान शामिल हैं, टोल को घेर लिया। पुलिस भी दलबल के साथ मौके

पर उपस्थित थी। एस.डी.एम. बहादुरगढ़ व उपपुलिस अधीक्षक, रैपिड एक्शन फोर्स के साथ मौजूद थे। आखिर टोल को फ्री करवा ही दिया। विश्वस्त सूत्रों से पता चला कि टोल खुलवाने में एक बड़े गांव के कुछ लम्पट व बाहुबली, जो टोल चालकों से पैसा लेते हैं, की भूमिका थी।

किसान कम होने का भ्रम तोड़ने के लिये जोगेन्द्र सिंह उग्राहां 20000 किसान लेकर टीकरी बॉर्डर 21 अप्रैल 2021 को पहुंच गये। जोगेन्द्र सिंह ने खटकड़ टोल पर स्वागत के लिये आये हजारों लोगों को सम्बोधित किया। उन्होंने स्वागत समारोह में आई महिलाओं की संख्या की विशेष प्रशंसा की और हरियाणा में एक बड़ा महिला सम्मेलन बुलाने की इच्छा व्यक्त की, जिसका महिलाओं ने जोरदार नारों व तालियों से स्वागत किया।

19 अप्रैल को दुष्यन्त चौटाला ने अपनी झेंप मिटाने के लिए प्रधानमंत्री को एक पत्र लिखा कि तीन मन्त्रियों की कमेटी बनाकर किसानों से बात की जाये। इससे पहले गृहमन्त्री अनिल विज हरियाणा ने भी एक पत्र लिखा था। मुख्यमंत्री खट्टर ने भी किसानों से कोरोना का हवाला देकर धरना समाप्त करने की अपील की। किसानों ने इसे खारिज कर दिया। उल्लेखनीय है कि प्रधानमन्त्री ने दुष्यन्त के पत्र का जवाब तक देने की औपचारिकता नहीं निभाई। 25 अप्रैल को ही के. एम. पी. के खरखौदा टोल पर किसान एकत्रित हुए और कई घंटे के संघर्ष के बाद टोल फ्री करवा दिया, जो कुछ समय पहले चालू हो गया था।

चौधरी अजीत सिंह की दुःखद मृत्यु

इस बीच 4 मई 2021 को किसान नेता व पूर्व केन्द्रीय मन्त्री चौधरी अजीत सिंह की कोरोना से गुड़गांव के मेदान्ता हस्पताल में दुःखद मृत्यु हो गई। इस तथ्य का यहां जिक्र करना इसलिए जरूरी है कि 28 जनवरी गाजीपुर बार्डर पर जब जबरदस्ती गिरफ्तारी हो रही थी तथा भाजपा विधायक नन्दकिशोर अपने गुण्डे ले कर मार पीट कर रहा था तो उसी समय रात को अजीत सिंह ने टिकैत की हिम्मत सबसे पहले बंधाई थी और कहा था डटे रहो, मैं जयन्त को तुरन्त भेज रहा हूं और जयन्त तुरन्त पहुँच भी गया। चौधरी अजीत सिंह ने यूपी के गृहसचिव को फोन करके चेतावनी भी दे दी थी। दूसरी बात जब इसके बाद बागपत के धरने को योगी सरकार ने जबरदस्ती लाठीचार्ज करके हटवा दिया तो अगले ही दिन चौधरी अजीत सिंह ने तुरन्त बागपत में भारी पंचायत कर एसपी व डीसी को बागपत पंचायत में आकर माफी मांगने के लिए मजबूर कर दिया और फिर से धरना जमा दिया था। चाहे इस तथ्य का थोड़ा जिक्र पहले भी हुआ है परन्तु दोबारा जिक्र करना मैं दिवंगत आत्मा व उसके वीरतापूर्ण कार्य के प्रति श्रद्धांजलि देना आवश्यक समझता हूं।

हिसार में खट्टर का विरोध

इस संकट की घड़ी में भी सरकार किसानों के प्रति संवेदनहीन है। कोई बातचीत नहीं। हरियाणा में पूरे लॉकडाउन में विवाह व दाहसंस्कार में 20 लोगों को अनुमति है। पर खट्टर साहब 16 मई को, लॉकडाउन में, एक प्राइवेट अस्पताल का उद्घाटन करने हिसार पहुंच जाते हैं। इस दौरान हजारों पुलिसकर्मी, सैंकड़ों

डॉक्टर व सरकारी कर्मचारी इकट्ठे होते हैं। यह अस्थाई हस्पताल कोविड-19 के लिये जिंदल समूह द्वारा बनाया जा रहा है व इसका नामकरण चौधरी देवी लाल के नाम पर किया जा रहा है। यह केवल किसानों के धैर्य व संयम को तोड़ने तथा कोरोना काल की आपदा में उनके नाक में सुई चुभाने जैसा है। परंतु बहादुर किसान हजारों महिलाओं समेत विरोधस्वरूप बेरीकेड तोड़ते हुए घटनास्थल पर पहुंच जाते हैं। खट्टर साहब प्रोग्राम बीच में छोड़ कर भाग जाते हैं। भयंकर लाठीचार्ज, पुलिसकर्मी ईंट फेंकते कैमरे में कैद, सैकड़ों लोग घायल। रबड़ की गोलियां व गैस के गोले। एक अधेड़ महिला निर्मला, जो ढंढेरी गांव की थी, के सिर में लाठी या आंसू गैस का गोला लगा। सिर फूटा, कपड़े लहूलुहान, परंतु मैदान में डटी रही। उसके साहस को सलाम। 70 के करीब किसान व बहुत वाहन पुलिस हिरासत में ले लिये गये। राज्यसभा सांसद दीपेंद्र सिंह हुड्डा ने आज 16 मई को हिसार में किसानों पर हुए लाठीचार्ज की कड़े शब्दों में निंदा की है। उन्होंने कहा कि सरकार और मुख्यमंत्री इन घटनाओं से सबक लें और किसान व कोरोना मरीजों की जिंदगी के साथ खिलवाड़ करना बंद करें।

इसके बाद चढ़ूनी माइयड़ टोल को दौड़े और सब रास्तों को जाम करने का आह्वान किया। एक घंटे के भीतर पानीपत में राष्ट्रीय राजमार्ग नंबर एक, रोहतक-पानीपत, दिल्ली-हिसार व K.M.P. भी बंद कर दिया। माइयड़ टोल से चढ़ूनी व राकेश टिकैत ने हिसार कूच करके आई. जी. कार्यालय को घेर लिया। रात के करीब 9:00 बजे सब किसानों व वाहनों को छोड़ने का फैसला हुआ। पहले 17 मई को सारे हरियाणा के थानों को घेरने की काल वापस ली गई व राजमार्ग भी खोल दिए गए। इस घटना से सारे हरियाणा में रोष पैदा हुआ व किसान आंदोलन में गर्मी आ गई।

दो दिन बाद पता चला कि सरकार समझौते से मुकर गई और लगभग 300 किसानों के खिलाफ विभिन्न धाराओं में (जिसमें 307 IPC भी एक है) केस दर्ज कर दिए। इसके खिलाफ माइयड़ टोल पर पंचायत हुई और फैसला हुआ कि 24 मई को हिसार के कमिशनर के कार्यालय का घेराव किया जाएगा। इसके बाद इंडियन एक्सप्रेस चंडीगढ में सुखबीर सिवाच के दो लेख छपे जिनमें काफी विस्तार से लिखा गया और कई लोगों के साक्षात्कार छपे। पुलिस का बयान भी छपा जिसमें माना कि समझौता तो हुआ परंतु केस वापसी की बात नहीं हुई। जब पूछा गया कि किसानों की केस वापस लेने की घोषणा का खंडन क्यों नहीं किया तो पुलिस ने कहा कि हम उसी दिन खंडन करते तो बवाल हो जाता। कई लड़कियों पर भी 307 आईपीसी लगा दी। अखबार में लिखा कि अब हरियाणा में आंदोलन का केंद्र हिसार हो गया है।

फैसले के अनुसार कल 24 मई को किसान बहुत ही जोश में थे। महिलाओं समेत हिसार में लगभग 25000 किसान पार्क में इकट्ठा हुए (कामरेड फूल सिंह ने संख्या 12000 बताई)। परंतु मेरे गांव के हितेंद्र एडवोकेट ने बताया कि पार्क का क्षेत्रफल लगभग 4 एकड़ का था। और सारा भरा था और फूल सिंह जब बोले तब तक सब लोग पहुंचे नहीं थे। फिर वे प्रशासन के साथ मीटिंग में चले गये इसलिए उनका आकलन पूरी हाजिरी के समय का नहीं रहा। मास्टर महावीर रानीला ने बताया कि सारे हरियाणा से लोग थे, परंतु ज्यादातर हिसार, जींद, फतेहाबाद व सिरसा से थे। यही हितेंद्र ने बताया। सिखों की भागीदारी काफी थी।

शाम को ही कामरेड फूल सिंह ने बता दिया था कि पुलिस व DC के साथ समझौता हो गया है। सारे केस महीने तक कानूनी प्रक्रिया पूरी होने के बाद वापस हो जाएंगे। टूटे हुए वाहनों की सरकार मरम्मत करवाएगी। गांव उगालन से एक किसान रामचंद्र शहीद हुआ। उसके परिवार से एक व्यक्ति को डीसी रेट पर नौकरी दी जाएगी। किसानों की मांग थी कि पुलिस पर भी मुकदमे दर्ज किए जाएँ और सीएम व दूसरे पदाधिकारियों पर कोरोनावायरस गाइडलाईन तोड़ने व दूसरी धाराओं में केस दर्ज किए जाएं। का. फूल सिंह ने महिला डीसी श्रीमती प्रियंका सोनी के रोल की सराहना की। डीसी ने क्षमा याचना भी की। कल पुलिस ने कहीं रोका टोका नहीं। शायद किसानों के गुस्से व आक्रामकता का आकलन उनको हो गया था। मामला शांतिमय ढंग से निपट गया। किसानों ने इसे अपनी जीत माना और आंदोलन में नया उत्साह भर गया। कोरोना की लहर में और गांव-गांव में दर्जनों मौतों के बावजूद किसान अपने साधनों से हर तरह का बलिदान देने के लिए बिना डर के हिसार पहुंच गए। 27 मई के इंडियन एक्सप्रेस में सुखबीर सिवाच ने काफी बड़ा लेख दिया है। डी आई जी बलवान सिंह राणा (रोहतक के पाकस्मा गांव से) व कमिश्नर चंद्रशेखर जो कैथल व फरीदाबाद में डीसी रहे हैं, स्थानीय मिजाज को समझते हैं। सरकार को टकराव का रास्ता न अपनाने पर मनाया और लगातार बात से किसानों को राजी कर लिया।

30 मई को बबीता फोगाट को, जो बिरही गांव में आई थी, लोगों ने सड़क पर ही घेर लिया। उसकी गाड़ी के आगे लेट गए तथा उसके खिलाफ नारे लगाने लगे। महिलाएं भी शामिल थीं। पहले पता चला था कि उसको तिवाला गांव में आना है। किसान

वहां भी पहुंच गए थे परंतु पता चला कि दूसरे रास्ते से बिरही ही चली गई। फिर बिरही पहुंच गए और उसे बाहर सड़क पर ही घेर लिया। यह महिला कल्याण निगम की अध्यक्ष बना रखी है। बहुत मेहनत के बाद दादरी से विशेष पुलिस बल पहुंचने पर निकाला गया। कार्यक्रम को रद्द करना ही पड़ा। यह लड़की पता नहीं या तो बेसमझ है या फिर नई-नई मुसलमानी अल्लाह अल्लाह पुकारें वाली बात है। कई बार विवादों में आई है। पहले भी एक बार मुसलमानों के विरुद्ध भड़काऊ बयान दे कर, फिर किसान आंदोलन के खिलाफ बोल कर किसानों की घृणा का पात्र बन चुकी है। अपनी औकात भूल कर क्यों गांव में आती है? यह लोगों में आमचर्चा है कि सरकार के बड़े-बड़े वजीर (दुष्यंत चौटाला व रणजीत सिंह चौटाला) आदि पैसे कमाने में लगे हैं। लोगों में निकलते ही नहीं। इस प्रकरण के बारे में 31 मई के इंडियन एक्सप्रेस ने तीसरे पेज पर खासी खबर लगाई है।

कोरोना का कहर

सारे देश में कोरोना का कहर जारी है। हरियाणा, राजस्थान व उत्तरप्रदेश में धड़ाधड़ मौतें हो चुकी हैं तथा हो रही हैं। यूपी के घमण्डी , अनाड़ी व संवेदनाहीन मुख्यमन्त्री बाबा आदित्यनाथ, जो अपने आपको योगी कहते हैं, विशेषज्ञों की राय के विरुद्ध पंचायत चुनाव करवा रहे थे। चुनाव के दौरान 700-800 चुनाव कर्मियों की मौत हो गई जो संख्या बाद में 1707 तक पहुंच गई। मोदी-शाह व बाबा की तिकड़ी बंगाल मे चुनाव सभा कर रही थी। सब पार्टियों की सलाह के बाद भी नहीं माने और केस प्रतिदिन लाख और मौतें चार हजार पार पहुंच गई। यह आंकड़ा तो कागजी है,

वास्तविकता में संख्या क्रमश करोड़ों व लाखों में हो सकती है। गांव में कोई परिवार ऐसा नहीं जिसमें ज्यादातर कोरोना ग्रसित न हों। मेरे गांव में 20 से ऊपर मौतें हो चुकी है और एक भी सरकारी रिकॉर्ड में नहीं है क्योंकि गांव में ही बिना इलाज मरे हैं। मेरे चचेरे भाई प्रेम सिंह सिवाच, जो मदीना टोल पर सक्रिय भूमिका में थे व किसान आन्दोलन में भी जी जान से जुटे थे, की मौत हो गई अर्थात लड़ाई में शहीद हो गये। टिटोली गांव जिला रोहतक में 70 से ऊपर मौत हो चुकी हैं । व्यक्तिगत अनुभव से कह सकता हूँ कि रोहतक, हिसार समेत हरियाणा के किसी और शहर में कोई सामान्य तो दूर विशेष हैसियत का व्यक्ति भी किसी सरकारी या प्राइवेट हस्पताल में दाखिला नहीं दिला सकता। न बैड, न आक्सीजन, न वेंटीलेटर, इलाज के नाम पर झोला छाप डॉक्टर। सरकार गायब। सिस्टम धराशायी, भगवान भरोसे। इलाहाबाद उच्च न्यायालय ने भी यही टिप्पणी की। लोगों ने मृतकों के हजारों शवों को गंगा नदी में फेंक दिया। गुजरात की कवयित्री पारूल खखर ने अपनी प्रसिद्ध कविता शववाहिनी गंगा गाई, जो बहुत वायरल हुई।

26 मई 2021 को किसान आन्दोलन को बुधपूर्णिमा के दिन 6 महीने पूरे हो गये। पहले फैसले के अनुसार सारे हरियाणा व पंजाब में काला दिवस मनाया गया। काले झंडे फहराये गये। उत्तर प्रदेश में मोदी के पुतले गांव-गांव फूंके गये व हरियाणा के टोलों पर विशेष आयोजन हुए। महिलाएँ अगवाई कर रही थीं। बिहार तक गांव-गांव में घरों पर काले झण्डे फहराये गये। हरियाणा के हिसार, जींद, रोहतक, करनाल, सिरसा, अंबाला, सोनीपत, झज्जर, भिवानी आदि सभी जगह महिलाओं की नेतृत्वकारी भागीदारी रही। विशेषकर खटकड़ टोल पर (इण्डियन एक्सप्रेस, 27 मई)

कितलाना टोल व अम्बाला में भी मोदी के पुतले फूंके गये। दिल्ली के बार्डरों पर भी रोष दिवस मनाया गया। राकेश टिकैत, बलबीर सिंह राजेवाल व दूसरे नेताओ ने सम्बोधित किया। आन्दोलन को लंबा चलाने का संकल्प लिया (इण्डियन एक्सप्रेस ने इसे भारत के इतिहास का सब से लम्बा आंदोलन बताया है)

आठवां अध्याय

जून से अगस्त महीने तक की गतिविधियां

हरियाणा में जून के महीने में किसान आंदोलन की शुरुआत टोहाना प्रकरण से हुई। कल यानी 1 जून 2021 को देवेंद्र बबली विधायक को टोहाना में किसानों ने घेर लिया। यह सिविल अस्पताल में कोई कार्यक्रम करने आए थे। देवेंद्र बबली ने गाड़ी से निकलकर किसानों को मां बहन की गालियां दीं तथा धमकाने लगे। उन्होंने कहा कि किसानों ने उसकी गाड़ी को टक्कर मारी है। किसानों ने भी किलकारी मारकर खूब नारेबाजी की व काले झंडे दिखाए। बाद में किसान भारी संख्या में सिविल अस्पताल पहुंच गए परंतु बबली वहां नहीं पहुंचा।

यह वही बबली है जो कहता था कि JJP को सरकार से समर्थन वापस ले लेना चाहिए। और कहता था कि गांव में यदि जाना है, तो लोहे का टॉप व लोहे की गारमेंट व अंडरवियर पहन कर ही जाया जा सकता है। उसने यह भी कहा था कि हिम्मत है तो दुष्यंत चौटाला उचाना में और सीएम खट्टर कहीं भी जलसा करके दिखाएं। आज भी बबली का कार्यक्रम बताते हैं। किसानों व चढ़ूनी ने ऐलान किया है कि वह कार्यक्रम करके दिखाएं और

आसपास के किसानों को टोहाना पहुंचने का आह्वान किया है। कल कई जगह स्वतः स्फूर्त फतेहाबाद-सिरसा मार्ग व टोहाना के आसपास कई सड़कें बंद की गईं।

जैसा कल ऐलान किया था 2 जून 2021 को टोहाना में हजारों किसान पहुंचे। मांग यह थी कि देवेंद्र बबली माफी मांगे या उसके खिलाफ मुकदमा दर्ज हो। बाद में किसान SDM ऑफिस पहुंच गए। SDM से किसान नेता मिले और अपनी मांगें रखीं। SDM ने ऊपर के अफसरों से तथा देवेंद्र बबली से बात की तथा किसानों से 3 दिन का समय मांगा। इस पर किसानों के नुमाइंदों की एक बैठक हुई और चढूनी ने फैसला सुनाया कि हम प्रशासन तथा बबली को 3 दिन का समय देते हैं। परंतु कुछ उत्साही नौजवानों ने सख्त रुख अपनाते हुए फैसला मानने से इनकार कर दिया। शायद फैसला करने वाली कमेटी में कुछ बबली से सहानुभूति रखने वाले हो सकते हैं जिनमें विशेष रूप से सूबे सिंह समैण लगते हैं। चढूनी ने सभा को विसर्जित कर दिया तथा वापिस चला गया। परंतु 400 जवान किसान बबली की कोठी पहुंच गए। वहां उसका भाई बाहर आकर बात करना चाहता था, पर उसकी नहीं सुनी गई। बाद में किसानों ने पुलिस से कहा हम गिरफ्तारी देंगे। लगभग 300 लोगों ने गिरफ्तारी भी दी। इनमें एक जोशीला जवान विकास सीसर नेतृत्व दे रहा था। पुलिस ने फतेहाबाद थाने में 22 लोगों पर केस बना दिए। लोग रात भर थाने का घेराव किए रहे। सुबह भी लोग इकट्ठा होने लगे और कई जगह जाम लग गए। अभी सूचना आई है कि विकास सीसर व दूसरे लड़के के सिवाय सभी को रिहा कर दिया। कुछ जगह जाम खुल गए। परंतु अभी अभी गतौली में जींद दिल्ली हाईवे पर बंद लगा दिया गया है। इससे पता चलता है कि किसानों में कितना गुस्सा है। परंतु

नेतृत्व के सामूहिक फैसले को न मानने से नुकसान हो सकता है। चढ़ूनी ने जवानों की आलोचना की है तथा नौजवानों ने चढ़ूनी के झुकने को नकारा है। का. फूल सिंह, प्रधान किसान सभा हरियाणा ने भी मेरे से विचार प्रकट किया कि चढ़ूनी गर्म भाषण देकर बाद में पीछे हट जाता है। उन्होंने नेतृत्व के आकांक्षी कुछ जवानों को इस तरह के कदमों का जिम्मेदार बताया। मैं भी समझता हूं कि काले झंडे दिखाने व नारे लगाने तक तो ठीक है, परंतु गाड़ी पर लठ से शीशे फोड़ना गलत है। बबली का किसानों को मां बहन की गाली देना और धमकाना नासमझी भरी बचकाना हरकत थी, परंतु मौके पर उपस्थित डी. एस. पी. की सराहना करनी पड़ेगी कि उसने बबली को उल्टा गाड़ी में बैठा कर वहां से निकाल दिया और टकराव होने से बचा लिया।

कल (4 जून 2021) घटनाचक्र तेजी से घूमता रहा। परसों रात चढ़ूनी ने घोषणा की कि बाद में जिन जवानों ने पंचायती फैसला नहीं माना (जबकि यह दोनों फैसला करने वालों में थे) वे किसान आंदोलन का हिस्सा नहीं हैं। एक सेक्शन में इसकी बहुत तीखी आलोचना में प्रतिक्रिया हुई है। रीमन नैन नाम की लड़की, जो चढ़ूनी ने महिला किसान मोर्चे की पदाधिकारी बना रखी है, ने वीडियो वायरल किया कि यह दोनों जवान चाहे उन्होंने गलती की है, आंदोलन का हिस्सा हैं और इनको डिफेंड करना चाहिए। माइयड़ टोल पर उनके समर्थन में काफी कार्यकर्ता जमा होने शुरू हो गए। किसान नेताओं ने स्थिति को भांप कर पुनर्विचार शुरू किया। राकेश टिकैत यहां पहुंच गए और वहीं रात बिताने व धरने पर रहने का ऐलान किया। पंजाब के किसान नेता दल्लेवाल भी माइयड़ पहुंचे और कहा कि बेटा कुछ गलती करता है तो बाप उसे

घर से नहीं निकाल देता, न बाप को गलती करने पर घर से बाहर किया जाता है। घर में बैठ कर मामले को सुलझाते हैं। गिरफ्तार युवकों के हक में व बबली के विरुद्ध गुस्सा बढ़ने लगा। विधायक बलराज कुंडू माइयड़ पहुंचे व अपना समर्थन युवकों को दिया तथा बबली से माफी मांगने की अपील की। इधर सीएम ने बबली को चंडीगढ़ बुलाया परन्तु पता नहीं चल पाया कि क्या हुआ।

शाम को (हरियाणा के) किसान मोर्चा की प्रेस वार्ता में चढूनी व दूसरे नेताओं ने ऐलान किया कि सरकार द्वारा दो नेताओं व एक किसान नेता मक्खन सिंह को रात को उठाना व दूसरों पर छापे मारना निंदनीय है। इसलिये कल यानी 5 जून को टोहाना में वे खुद गिरफ्तारी देंगे तथा किसानों से हजारों की संख्या में पहुंचने का आह्वान किया। इससे आंदोलन में दिखने वाला बिखराव रुक गया। देखें आज क्या होता है।

इस दौरान किसान नेतृत्व ने फैसला लिया कि आगे से केवल सरकारी योजनाओं का विरोध किया जाएगा, नेताओं की व्यक्तिगत गतिविधियों का नहीं। लाठी डंडे नहीं ले जाने का भी फैसला किया गया। शनिवार 5 जून को गुरनाम चढूनी व राकेश टिकैत के नेतृत्व में लोगों ने टोहाना में इकट्ठा होना शुरू कर दिया और कई हजार लोग जुड़ गए। सारा दिन सभा चलती रही और ऐलान किया गया कि टिकैत व चढूनी दोनों किसानों के साथ गिरफ्तारी देंगे। 3 किसानों को (विकास सीसर, रवि आजाद व मक्खन सिंह) रिहा किया जाए व बबली माफी मांगे। शाम होते-2 बबली ने बलियाला के रेस्ट हाउस पर किसान नेताओं के सामने कह दिया कि उसे उसकी गाड़ी तोड़ने वालों से कोई गिला नहीं है और गुस्से में जो कुछ बोला उसे वापिस लेता हूं।

योगेंद्र यादव ने यह घोषणा की और कहा कि एक मांग पूरी हुई परंतु दूसरी बाकी है। यादव, टिकैत व चढूनी ने थाने में डेरा लगा दिया। रात को ही काफी सारे लोग थाने पहुंच कर वहीं धरने पर बैठ गए और रविवार 6 जून को सुबह से शाम तक किसानों व महिलाओं की संख्या बढ़ती रही परंतु कोई समझौता नहीं। थाने में ही टेंट गाड़ दिया गया। 5 जून को सारे हरियाणा में नेताओं के घरों का घेराव किया गया व पुतले तथा बिलों की कॉपी जलाई। डूमरखां व नरवाना में सांसद बिजेंद्र सिंह व रामनिवास विधायक के घरों का घेराव किया गया। हिसार में भी बिजेंद्र सिंह व दुष्यंत चौटाला के दफ्तरों का घेराव किया व पुतले फूके। पंचकूला में विधानसभा के अध्यक्ष ज्ञान चन्द गुप्ता के घर घेराव के लिए हजारों उग्र किसानों ने बैरिकेड तोड़े। लाठीचार्ज हुआ।

सरकार चाहती है कि किसान आंदोलन का केंद्र हरियाणा में स्थानांतरित हो जाए पर किसान नेता इसके प्रति सचेत हैं। कल चढूनी अंबाला से हजारों किसान लेकर दिल्ली रवाना हुए। सरकार का हर कदम उल्टा पड़ता है। लोग हर एक्शन में दुगने उत्साहित हो जाते हैं और आंदोलन में गर्मी आ जाती है। रवि आजाद व विकास सीसर की रिहाई हो गई पर मक्खन सिंह की नहीं। टोहाना थाना सदर में धरना जारी है। जोगेंद्र सिंह उग्राहां, योगेंद्र यादव व युद्धवीर सिंह भी धरने पर हैं। शाम को प्रशासन तथा किसान के बीच समझौता हो गया। केस उल्टे ले लेंगे व तीसरे किसान मक्खन सिंह को रिहा कर दिया।

जून महीने की अन्य घटनाएं

झज्जर में रविवार 13 जून 2021 को पूर्व मन्त्री व भाजपा राज्य अध्यक्ष ओपी धनखड़ को अपनी पार्टी के कार्यालय का शिलान्यास 10:00 बजे करना था परंतु वह सुबह 7 बजे तक करके चला गया। बाद में लोगों ने उसको 10:00 बजे पहुंचकर उखाड़ दिया और चैलेंज कर दिया की हिम्मत हो तो दिन में आकर दिखाएं। पुलिस ने मुकदमा दर्ज कर दिया। रविवार को ही हांसी में भाजपा विधायक विनोद भयाना द्वारा भगत सिंह पार्क में अमर शहीद लाला हुकुमचंद जैन (1857 के शहीद) पार्क का उद्घाटन करना था, परंतु किसानों ने रात को ही सफाई करके एक साधु से उद्घाटन करवा कर वहीं धरना लगा दिया। विधायक अफसोस कर रहा होगा।

जून 15-16, 2021 की रात को खटकड़ टोल पर खटकड़ गांव निवासी पाले राम नाम के एक किसान ने जहर पीकर आत्महत्या कर ली। उसके दाह संस्कार में भारी संख्या में किसान शामिल हुए। जून 13-14, 2021 किसानों ने पानीपत के नौलथा में रविवार व सोमवार को गौतम अडानी के वेयर हाउस पर प्रदर्शन करके कंस्ट्रक्शन का काम रुकवा दिया। किसान हरियाणा के सभी हिस्सों में सक्रिय हैं। जून 20, 2021 को मुख्यमंत्री को मोरनी के थापली गांव में शाम 4 बजे नेचर केयर सेंटर का उद्घाटन करना था। ज्यों ही चंडी मंदिर टोल के किसानों को पता चला तो सैकड़ों किसान सूरजपुर से मोरनी के लिए चले, और चिकन में बैरीकेड तोड़ते हुए आगे बढ़ गए। थापली से एक किलोमीटर दूर भी बैरिकेड लगे थे। किसानों ने उसे तोड़ने की कोशिश की तो पुलिस उन्हें गिरफ्तार कर 26 सेक्टर क्राइमब्रांच थाना, पंचकूला ले आई। चढ़ूनी के थाना घेराव के ऐलान के बाद थाने में भीड़ इकट्ठा

होनी शुरू हो गई और देर शाम तक सब किसानों को रिहा कर दिया गया। चंद्रमोहन पूर्व उप मुख्यमन्त्री भी थाने पहुंचे।

यह आन्दोलन व इसके उद्देश्य किसानों में व्यापकता धारण कर चुके हैं। आन्दोलन ने जाति व धर्म की सीमाओं को तोड़ा है तथा कहीं से भी विरोध नही है। विरोध केवल मोदी अंधभक्तों द्वारा, वह भी केवल जबानी, किया जा रहा। 27 जून को कितलाना टोल पर बड़ी भारी पंचायत सोमवीर सांगवान विधायक की अध्यक्षता में हुई। 43/44 डिग्री की तपन में भी हजारों किसान पहुंचे। टैंट कम पड़ गये तो दोबारा लगाने पड़े। जुलाई से दिल्ली में संख्या बढ़ाने का फैसला किया। दैनिक भास्कर ने पहले पन्ने पर यह खबर लगाई है।

इस बीच टीकरी बार्डर पर कसार गांव के एक ड्राइवर ने शराब पीकर आत्मदाह कर लिया। पुलिस ने जींद के निर्जन व खोखरी गांव के दो लोगों के खिलाफ केस दर्ज कर लिया और किसान आन्दोलन पर दोष लगाने की कोशिश की। किसान नेताओं का मत है कि मृतक ने खुद पैट्रोल खरीदा है तथा खुद आग लगाई है। उनके पास सीसीटीवी कैमरा की फुटेज है। भाजपा ने इसे जाट-ब्राह्मण का रंग देने की कोशिश की क्योंकि मृतक ब्राह्मण था। नरेश शर्मा पूर्व विधायक ने कसार जाकर जाति का रंग देने की कोशिश की। कसार में योगेश्वर दत्त पहलवान, जो भाजपा का हारा हुआ प्रत्याशी है, और उनका गांव भैंसवाल यहां से बहुत दूर है, कसार पहुंचा। परन्तु दलाल खाप के लोग भी कसार पहुंच गये और मृतक परिवार के साथ सहानुभूति प्रकट की। इस तरह उन्होंने साम्प्रदायिक रंग देने की कोशिश को नाकाम कर दिया। मुझे साक्षात्कार में डा. रणवीर खासा, जिन्होंने आन्दोलन के

दौरान सारा समय दूसरे डाक्टरों के साथ टिकरी बॉर्डर पर ओ. पी. डी. चलाई है, ने बताया कि कसार गांव ने हमला करने की योजना बनाई थी परन्तु दलाल खाप ने काफ़ी ट्रैक्टर ट्राली भरकर रात को सारे टिकरी बॉर्डर पर गश्त लगाई। इसी बात की डा0 कृष्ण जून प्राध्यापक दिल्ली विश्वविद्यालय ने भी पुष्टि की। उन्होंने बताया कि सबसे पहले उनके गांव लोवा माजरा में उन्हें इस शरारत की सूचना मिली। वह भी 100-150 आदमी लेकर टिकरी बॉर्डर पर पहुंच गये और दलाल खाप को भी सूचना दे दी। इन प्रयत्नों से विरोधियों का हौसला टूट गया और कोई अनहोनी घटना होने से बच गई।

राई क्षेत्र के सेरसा गांव में सर्वखाप पंचायत का नाम देकर एक पंचायत बुलाई और सिंघु बॉर्डर के किसानों को हटाने का एलान किया। पचांयत में भाजपा के कुछ सक्रिय लोग ही थे। हाजिरी मामूली 100-150 लोग ही थे। यह प्रयत्न भी फेल हो गया। मुझे श्री योगेन्द्र यादव ने साक्षात्कार में बताया सिंघु बॉर्डर पर गुण्डों से बचाने में आंतिल व दहिया खापों की विशेष भूमिका रही। उन्होंने दलाल खाप की भी सराहना की।

किसान संघर्ष समिति ने 26 जून को सात महीने पूरे होने से गवर्नर भवन घेरने की घोषणा की थी। हरियाणा की पंचकुला में करीब 10000 आदमी पहुंचे और भारी गर्मी में जोरदार प्रदर्शन किया। बैरिकेड्ज़ तोड़कर आगे बढ़े। परन्तु पुलिस ने गवर्नर को ज्ञापन सौंपने की इजाजत नहीं दी। इसी तरह पंजाब के किसानों ने मोहाली में जोरदार प्रदर्शन किया। दिल्ली में भी किसान गवर्नर भवन जाना चाहते थे परन्तु पुलिस ने न जाने दिया और न ज्ञापन सौंपने दिया। जब राकेश टिकैत ने घोषणा कर दी कि

यदि उन्हें ज्ञापन सौंपने की अनुमति न दी गई तो भारी संख्या में किसान दिल्ली में घुसेंगे और गिरफ्तारी देंगे तो प्रशासन कुछ झुका। किसान नेता युद्धवीर सिंह की वीडियो कॉन्फ्रेंस द्वारा लेफ्टिनेंट गवर्नर अनिल बैजल से मीटिंग करवा दी। लखनऊ उत्तरप्रदेश की राजधानी में, उत्तराखण्ड की राजधानी देहरादून, कोलकाता व जयपुर में भी प्रदर्शन हुए, किसान आन्दोलन सारे देश में सक्रिय दिखाई दिया।

विश्वविद्यालयों में बीजेपी की बैठक

जुलाई 11, 2021 को चौधरी देवी लाल यूनिवर्सिटी, सिरसा व गुरु जंभेश्वर यूनिवर्सिटी, हिसार में बीजेपी पार्टी की मीटिंग रखी गई। ये सरासर विश्वविद्यालय की स्वायत्तता को तोड़ने की कोशिश है। जानबूझकर राजनीति का अखाड़ा बनाने की कोशिश। दोनों जगह सरकार को किसानों का जबरदस्त विरोध सहना पड़ा। सिरसा में रणबीर गंगवा (उपाध्यक्ष विधानसभा) व सुनीता दुग्गल (एमपी) के काफिले का घेराव किया व नारेबाजी की। पुलिस ने लाठीचार्ज भी किया। किसी ने गंगवा की गाड़ी पर लाठी मारी तो उसका शीशा टूट गया। कुछ किसानों को गिरफ्तार किया गया परंतु रात को हजारों किसान थाना पर जा पहुंचे और पुलिस को किसानों को रिहा करना पड़ा। दो-तीन दिन बाद 5 किसानों को देशद्रोह में रात को गिरफ्तार कर लिया और 100 के करीब अज्ञात लोगों के खिलाफ FIR धारा 124ए के तहत दर्ज की है। तीन दिन से लगातार किसान सिरसा में पहुंच रहे हैं। एसएसपी कार्यालय को घेर रखा है। दक्ष प्रजापति चौक पर किसानों ने धरना लगा दिया है। परसों प्रशासन से बातचीत में सहमति नहीं बन पाई। कल

बलदेव सिरसा आमरण अनशन पर बैठ गया। आज सारे हरियाणा से किसान पहुंचने शुरू हो गए हैं। पंजाब से जोगेंद्र सिंह उग्राहां व बलवीर सिंह राजेवाल की यूनियन के किसान भी पहुंच गए हैं व हजारों की संख्या में महिलाएं भी पहुंच गई हैं।

बलदेव सिंह सिरसा का भार चार किलोग्राम कम हो गया है, रक्तचाप व शुगर बढ़ गया। रात को एंबुलेंस उसे हॉस्पिटल ले गई तथा उनका पूरा चेकअप किया गया। कल बलदेव सिंह सिरसा का स्वास्थ्य और गिरा। पेशाब में कीटोन की मात्रा बढ़ी परंतु सिरसा ने कोई ग्लूकोज या दवाई लेने से मना कर दिया। प्रशासन के साथ वार्ता का कोई नतीजा नहीं निकला। आज हजारों किसानों ने पहले भगत सिंह पार्क में प्रदर्शन किया तथा बाद में दुष्यंत व रणजीत की कोठी को घेरने पहुंचे। सिरसा के जवान नेता गोकुल सेतिया ने बैरीकेड पर चढ़कर उन्हें तोड़ने की कोशिश की। इसके बाद किसानों पर बुरी तरह पानी की बौछारें की गईं। परंतु किसानों के मनोबल को कोई नहीं तोड़ सका। बलदेव सिंह की हालत और बिगड़ी परंतु उन्होंने अस्पताल जाने से मना कर दिया और ऐलान कर दिया कि जब तक मेरे पांचों बच्चे छोड़ नहीं दिए जाते वह जान देना अच्छा समझते हैं। शाम होते-2 पांचों बच्चे छोड़ दिए गए और किसानों की एक और जीत हो गई।

अब एक नई सूचना मिली है कि सरकार ने खुद इन पांचों किसानों की जमानत करवाई। रोहतक का (बहुत जुनियर) वकील अश्विनी फोगाट दोपहर बाद बेल एपलीकेशन डालता है, तुरन्त नोटिस होता है, और जमानत भी हो जाती है। ज़मानतनामे भी तुरन्त सौंपे जाते हैं। सब सरकार द्वारा प्रायोजित था। किसानों को इसकी कोई भनक तक नहीं लगती।

हिसार की जंभेश्वर यूनिवर्सिटी में भी बीजेपी के लोगों को किसानों ने काले झंडे दिखाए व विरोध किया। वहां एक गाड़ी से महिलाओं की तरफ अश्लील इशारा किया गया। एक महिला ने विनोद भयाना (विधायक) को पहचान लिया। अगले दिन अर्थात 11 जुलाई को हांसी में विनोद भयाना के घर के बाहर किसानों ने टेंट गाड़ दिया और घेराव कर दिया। भयाना समझदार आदमी लगे। उन्होंने पहले किसान प्रतिनिधियों को अंदर बुलाया तथा फिर बाहर आकर किसानों से माफी मांगी और अपनी सफाई दी कि उसने कोई ईशारा नहीं किया। उसने कहा कि वह भाईचारे का हर दंड स्वीकार करने को तैयार हैं। उनकी गाड़ी में दूसरे व्यक्ति पूर्व मन्त्री मनीष ग्रोवर थे। उसने कहा कि मैंने कुछ नहीं किया, किसानों ने भयाना को माफ कर दिया और दोष ग्रोवर की तरफ चला गया।

सोमवार 12 जुलाई को किसानों ने रोहतक में स्टेट बैंक के पास डीएलएफ की गली के मोड़ पर टेंट गाड़ दिया। पुलिस ने सुभाष चौक के पास व डीएलएफ की तरफ मनीष ग्रोवर के घर की तरफ जाने वाला रास्ता रोक दिया। पहले तो मनीष माफी मांगने पर राजी हो गया परंतु बाद में मुकर गया और सारे मामले को जाट-ग़ैर जाट बनाने में लग गया। जुलाई 13, 2021 को भारी बरसात में घुटने तक पानी में भी धरना जारी रहा। यहां धरना किसान सभा नेताओं, कामरेड इंद्रजीत व प्रीत सिंह के नेतृत्व में चला। माइयड़ टोल से अपमानित महिला भी धरने पर पहुंच गई और अपनी संतानों की कसम खाकर मनीष पर आरोप लगाया। आखिर में मनीष ने शनिवार रात को अपमानित महिलाओं के पैर छूकर माफी मांग ली और 17 तारीख की रात को मामला समाप्त

हो गया। कहते हैं कि ग्रोवर को प्रशासन के लोगों ने डराया कि यह इतना संवदेनशील मामला है कि सीधी दुश्मनी मोल लेने में तुझे खतरा हो सकता है। चाहे कुछ भी हो मामला निपटने में भलाई है। सौहार्दपूर्ण वातावरण में मामले का पटाक्षेप हो गया। जुलाई 20, 2021 को असंध में बीजेपी की मीटिंग का किसानों ने घेराव कर विरोध किया। लगभग 70/80 किसानों को पुलिस ने हिरासत में लिया परंतु रात को विरोध बढ़ने पर रिहा कर दिया। कोई केस दर्ज नहीं हुआ।

किसान संसद

संयुक्त मोर्चा ने एक बहुत ही महत्वपूर्ण फैसला किया कि जिस दिन संसद का सत्र आरंभ होगा उस दिन से लगातार जंतर मंतर पर किसान संसद चलाएंगे। प्रशासन ने हर संगठन से पांच पांच लोगों के जाने की अनुमति दी है। इस प्रकार 40 संगठनों से कुल 200 किसान प्रतिनिधि जा सकेंगे। 22 जुलाई 2021 को संसद शुरू होने पर जंतर मंतर पर 200 किसान पहुंचे और नियम पूर्वक संसद की कार्रवाई आरंभ हुई। कामरेड हन्नान मौला (आठ बार के पूर्व सासंद) सभापति चुने गये। पहले दिन 40 वक्ता बोले। एक वक्ता को 4 मिनट का समय मिला। पंजाबी अभिनेत्री सोनिया मान, जो अपना सारा काम छोड़ शुरू से ही किसान आंदोलन में सक्रिय रही है, वो भी सम्मिलित हुई। दिल्ली के बीच कार्यक्रम होने से राष्ट्रीय मीडिया ने बहुत कवरेज दी। दूसरे दिन भी कार्यक्रम सफल रहा। एक किसान ने कृषि मंत्री की भूमिका अदा की और अंत में अपना इस्तीफा दे दिया। संसद भवन के करीब होने से प्रेस में खूब जगह मिली।

26 जुलाई 2021 को महिला संसद का आयोजन हुआ। यह बहुत ही सफल व आकर्षक रही। केरल से अन्नी राजा प्रमुख थी। किसान सभा की महिलाएं मुंबई से भी थीं। सुभाषिनी अली, पूर्व सांसद ने स्पीकर का रोल किया। प्रसिद्ध अभिनेत्री गुल पनाग, पर्यावरण एक्टिविस्ट मेधा पाटकर, जनवादी महिला समिति नेता जगमति सांगवान ने भी भाग लिया। सोनीपत की एक साधारण महिला रमेश आंतिल, जिसका पति धरने पर शहीद हो गया था, विशेष आकर्षण का केन्द्र रही। हरियाणा की कई महिलाएं जैसे सुदेश गोयत, अन्नू सूरा, सुमन हुड्डा, डिम्पल नैन आदि आकर्षण का केंद्र थीं। उनका जोश देखने लायक था। साधारण महिलाएं कितने बढ़िया ढंग से कॉरपोरेट के खिलाफ, आवश्यक वस्तु अधिनियम व दूसरे काले कानूनों के खिलाफ बोल रही थीं, देखने योग्य था। जवान से लेकर 80 साल तक की महिलाओं तक ने भाग लिया। पंजाब व हरियाणा से संख्या अधिक रही। यूपी व उत्तराखंड से भी महिलाएं थीं। मुस्लिम महिलाएं भी थीं। मीनाक्षी लेखी केंद्रीय मंत्री द्वारा संसद में किसानों के लिए मवाली शब्द प्रयोग करने पर भारी रोष था।

किसानों को प्रतीकात्मक समर्थन देने के लिए राहुल गांधी, दीपेंद्र हुड्डा के साथ ट्रैक्टर पर संसद पहुंचे और किसान आंदोलन के महत्व को उजागर किया। रणदीप सुरजेवाला, बी. वी. श्रीनिवास यूथ कांग्रेस प्रधान ने किसानों के लिए गिरफ्तारी दी। किसान संसद में विरोधी दलों सी. पी. आई., सी. पी. एम., आर. जे. डी., डी. एम. के. व कांग्रेस के सदस्य पहुंचे और नीचे बैठकर सारी काररवाई देखी। किसान संसद 9 अगस्त तक चली। आखिरी दिन महिला संसद थी। तीनों कानून रद्द किए गए व मोदी सरकार

के खिलाफ अविश्वास प्रस्ताव पास किया गया। एक दिन देश के जाने-माने अर्थशास्त्री व अर्थशास्त्र के प्रोफेसरों की संसद चली।

हरियाणा में 15 अगस्त 2021 का ट्रैक्टर मार्च

15 अगस्त को सारे हरियाणा में ट्रैक्टर मार्च निकाला गया। इसका नाम था तिरंगा मार्च। कामरेड फूल सिंह श्योकंद ने बताया, नरवाना में 2000, उचाना में 1200, जींद 1800 के करीब ट्रैक्टर थे। माइयड़ टोल व तोशाम में भी खासी संख्या थी। मास्टर महावीर रानीला ने बताया कि कितलाना टोल से 15000 से 20000 लोग चले थे। दादरी में जुलूस निकाला गया। महम व रोहतक में भी अच्छी हाजिरी थी। फतेहाबाद में इतना बड़ा ट्रैक्टर मार्च था कि एक प्रत्यक्षदर्शी ने बताया कि हम 2 घंटे तक रुके रहे। यहां मुख्य ट्रैक्टर मनदीप नाथवान के "पगड़ी संभाल जट्टा" के समर्थकों के थे।

करनाल प्रकरण

आज अगस्त 28, 2021 को बीजेपी का कार्यक्रम करनाल में था। सीएम खट्टर व दूसरे नेताओं को यहां आना था। किसान बसताड़ा टोल प्लाजा पर विरोध करने के लिए एकत्रित हुए थे। पुलिस ने बर्बरता से लाठी चार्ज किया। एक आदमी की बाँह टूट गई व दो वृद्धों के सिर फोड़ दिए। सारे कपड़े लहूलुहान हो गए। एक 2017 बैच के आयुष सिन्हा (IAS अधिकारी) ने पुलिस को आदेश दिए थे कि सिर फूटने चाहिएँ। वीडियो वायरल हो गया। सांसद दीपेंद्र हुड्डा ने इसकी तीव्र आलोचना की। बीजेपी सांसद

वरुण गांधी ने भी आलोचना की। कुछ नेताओं ने इसकी तुलना जलियां वाला बाग के हत्यारे जनरल डायर से की। किसानों के आह्वान पर सारे हरियाणा के टोलों पर सड़क जाम कर दी गईं। मैं भी मकड़ोली टोल पर 2 घंटे बैठकर आया। पूरा जाम लगा था। रोहतक, झज्जर, भिवानी, सिरसा, हिसार व करनाल आदि के सभी टोल व रास्ते जाम कर दिये। सभी अखबारों ने इसकी अच्छी कवरेज दी। दैनिक जागरण जो सरकारपरस्त है, उसने भी प्रथम पेज पर छापा। जींद में 22 जगह, फतेहबाद 12 जगह, दादरी में चार व भिवानी में तीन जगह जाम लगे। दिल्ली-अंबाला राष्ट्रीय राजमार्ग भी जाम हुआ। जब गिरफ्तार किसान रिहा हुए तभी देर रात जाम खुले।

अगस्त 29, 2021 को रायपुर जाटान निवासी एक घायल किसान सुशील काजल की मौत हो गई जिससे सारे प्रांत में ही नहीं अपितु सारे देश में रोष पैदा हुआ। बड़े पत्रकारों ने भी ये मुददा उठाया। रवीश कुमार ने NDTV के प्राइम टाइम के कार्यक्रम में उठाया। इंडियन एक्सप्रेस ने भी उठाया। दुष्यंत चौटाला ने एसडीएम पर कार्रवाई की बात की। विरोध स्वरूप घरौंडा में बड़ी रोष सभा हुई जिसमें चढूनी व राकेश टिकैत पहुंचे। फैसला हुआ कि सरकार को 6 सितंबर तक समय देते हैं, तब तक दोषी अधिकारियों पर धारा 302 आईपीसी के तहत एफ आई आर दर्ज हो। 25 लाख रूपये मुआवजा व इसके अलावा एक नजदीकी को नौकरी दी जाए।

सी. एम. खट्टर ने एसडीएम आयुष सिन्हा के शब्दों को गलत बताया परंतु कार्रवाई को ठीक बताया। करनाल के जिलाधीश ने एसडीएम के शब्दों के लिए माफी मांगी परंतु ऑफिसर को बढ़िया

अफसर बताया। दुष्यंत भी ढीला पड़ता लगा और कहा कि कारण बताओ नोटिस का जवाब आने पर कार्रवाई करेंगे। आज जींद में कई हजार लोगों ने विरोध स्वरूप रैली निकाली और मांगों का ज्ञापन डीएम को दिया। दादरी में भी प्रदर्शन किया व डीसी को ज्ञापन दिया।

नौवां अध्याय

सितम्बर से अक्तूबर महीने तक की गतिविधियां

<hr>

मुज़फ़्फरनगर रैली और लखीमपुर खीरी की दुखद घटना क्रमशः सितंबर और अक्टूबर की मुख्य गतिविधियाँ रही हैं। मुजफ्फरनगर की रैली के लिए 4 सितम्बर 2021 को नरेश सिवाच एडवोकेट, दलसिहं सिवाच एडवोकेट व छोटे भाई वजीर सिंह के साथ रोहतक से चले। पहले शामली के पास मेरे गांव सामाण से आकर बसे कैल-शिकारपुर गांव पहुंचे। इस गांव में धनाना गांव भिवानी से आए घनघस जाटों की बहुलता है। समाजवादी पार्टी के 40 के करीब जवान रैली के प्रचार के लिए साईकिल यात्रा पर थे। उनका हमारे पहुँचने के बाद स्वागत हुआ। हम भी स्वागत में शामिल थे। बाद में ओमपाल सिवाच ने कई सिवाच परिवारों से मिलाया। 80 साल के सुखबीर के घर चाय पी। बाद में कुकड़ा गांव मुजफ्फरनगर पहुंचे। चौधरी कृष्णपाल चेयरमैन, जो राष्ट्रीय लोकदल के किसान प्रकोष्ठ के अध्यक्ष हैं, से मिले। रात हम उनके भाई सोमपाल के घर ठहरे। हरियाणा से बला गांव के तेजू मान, केरल व कर्नाटक से महिला किसान नेता भी वहीं रुके थे। यह दोनों भाई साधन संपन्न व प्रतिष्ठित व्यक्ति हैं। घर में ही लंगर का प्रबंध कर रखा है। गर्मजोशी से स्वागत व आवभगत की।

शाम को सभा स्थल पर गए जो लगभग 3 किलोमीटर था। बहुत गर्मी थी। रात को ही लोग सभा स्थल पर पहुंच रहे थे। पंजाब से काफी लोग पहुंच गए थे। युद्धवीर सिंह, किसान नेता, सभा स्थल पर मौजूद थे व कार्य का निरीक्षण कर रहे थे। उनसे मुलाकात हुई। बारिश से मैदान में कीचड़ हो गया था। उसमें युद्ध स्तर पर मिट्टी डाली जा रही थी।

रात को सुख पूर्वक सोमपाल के घर पर ठहरे। सुबह नाश्ता करके सभा स्थल पर पहुंचे। वजीर सिंह व नरेश बाहर रह गये। वजीर सिंह की तबीयत बिगड़ने से थोड़ी देर में वापस आ गए। मैं व दलसिंह एडवोकेट पंडाल में गए। राजकीय इंटर कॉलेज का पूरा ग्राउंड भरा था। चार गेट थे जिसमें बड़ी संख्या में लोग अंदर आ रहे थे तथा बाहर भी जा रहे थे। मेरे आकलन के हिसाब से एक गेट से प्रति सेकंड में 8-10 लोग भीतर जा रहे थे। इस प्रकार 1 घंटे में एक गेट से 30-32 हजार आदमी अंदर जा रहे थे। लगभग 5 घंटे भीड़ चली। इस तरह छह लाख के आसपास लोग अंदर गए। सड़कों पर सारा मुजफ्फरनगर जनसैलाब से भरा था। पंजाब, हरियाणा व उत्तर प्रदेश की हाजिरी ज्यादा थी। उत्तराखंड, राजस्थान के लोग भी खूब थे। बाकी सारे भारत से जैसे हिमाचल प्रदेश, जम्मू कश्मीर, बिहार, केरल, आंध्र प्रदेश, महाराष्ट्र, तमिलनाडु व कर्नाटक के लोग थे। वहां के नेता तमिल, तेलुगू, मलयालम व कन्नड़ में बोले। सारे भारतवर्ष का नजारा था। मुस्लिम व सिक्ख काफी संख्या में थे। गुलाम मोहम्मद जौला की स्टेज पर उपस्थिति महत्वपूर्ण थी जो 2013 के आपसी दंगों के बाद आपस में बैर को पाटने का संकेत था।

सभी नेताओं ने बीजेपी के विरुद्ध चुनाव में वोट से चोट करने का आह्वान किया। विशेषकर मेधा पाटकर व योगेंद्र यादव ने। डॉ दर्शन पाल ने पंजाब में लड़कर गन्ने का भाव 360 रुपये प्रति क्विंटल लेने की सफलता की घोषणा की तथा यूपी में भी संघर्ष से लेने का संकल्प किया। मंच काफी अनुशासन में था। जिसको जितना समय दिया उसने उतने में ही अपनी बात कह दी। खाप नेताओं को काफी संख्या में मौका दिया गया। किसान सभा के नेता हनान मौला पूर्व सांसद व राजस्थान के लड़ाकू किसान नेता अमराराम बोले। बलबीर सिंह राजेवाल व जोगेंद्र सिंह उग्राहां ने भी राजनीतिक चोट की घोषणा की। उत्तर प्रदेश के सभी 18 मंडलों में किसान पंचायत करने की घोषणा की व मिशन उत्तराखंड चलाने का ऐलान भी किया।

हर हर महादेव अल्ला हू अकबर का नारा

राकेश टिकैत के नेतृत्व में काफी परिपक्वता आई है। उन्होंने अपने पिता चौधरी महेन्द्र सिंह टिकैत के पुराने नारे अल्लाह हू अकबर व हर-हर महादेव को बुलंद किया जिससे पंडाल गूंज उठा और विद्युत जैसा प्रभाव हुआ। उन्होंने समाज को जोड़ने का संकल्प लिया जबकि बीजेपी समाज को तोड़ रही है। सांप्रदायिक दंगे न होने देने की घोषणा की। इस नारे से बीजेपी में बड़ी हलचल व घबराहट दिखाई दी। तीर निशाने पर लग गया। बहन मायावती ने भी इस नारे का समर्थन किया। जयन्त चौधरी पंचायत पर फूल वर्षा करना चाहते थे, परंतु सरकार ने हेलिकॉप्टर उड़ाने की अनुमति नहीं दी। यह सरकार की संकीर्ण मानसिकता को दर्शाता है। उत्तर प्रदेश की सरकार निठल्ले व अंधविश्वासी

कांवड़ियों पर फूल बरसा सकती है, परंतु देश के अन्नदाता पर नहीं। मुजफ्फरनगर की पंचायत बेहद सफल रही। सारे भारत का रूप लिये थी। 500 के करीब लंगर लगाये गये थे। मुसलमान भाइयों ने भी बहुत से लंगर लगाये थे। रैली में आने वालों को कोई असुविधा नहीं हुई। रैली की हाजरी समाचार पत्रों द्वारा व नेताओं द्वारा 10 लाख तक आंकी गई।

करनाल की पंचायत

जैसे पहले घोषणा थी आज 7 सितम्बर 2021 को लाखों किसान करनाल की अनाज मंडी में इकट्ठा हो गए। यह सब धारा 144 लागू होने के बावजूद हुआ। 5 जिलों - करनाल, कैथल, पानीपत, कुरुक्षेत्र, जींद मैं इंटरनेट बंद कर दिया गया। प्रशासन ने एसडीएम को सस्पेंड करने व मुकदमा दर्ज करने की बात न मानने पर किसान मंडी से मार्च शुरू करके बैरिकेड तोड़ते हुए मिनी सचिवालय की तरफ बढ़ गए। राकेश टिकैत व दूसरे नेताओं को पुलिस ने हिरासत में ले लिया, परंतु एक खबर के अनुसार बाद में छोड़ दिया। बाद में सूचना मिली कि किसानों ने बसों की हवा निकाल दी थी।

रैपिड एक्शन फोर्स की 140 कंपनियां तैनात थीं। इसके बावजूद किसान मंडी में जमा हुए और सभा भी की। फिर पानी की बौछार व बैरिकेड्ज़ पार करते हुए सचिवालय पहुंच गए तथा वहीं धरना लगा दिया। रात को देर तक भोजन व गद्दों की व्यवस्था हो पाई। सभी ने खुले आसमान के नीचे रात बिताई। लंगर की व्यवस्था गुरुद्वारा की तरफ से की गई। 7 सितंबर की रात को

ही जीन्द चंडीगढ़ हाईवे कंडेला, नगूरा, चुहड़पुर व अलेवा गांव में रोक दिया गया।

सारे नेता चढ़ूनी, टिकैत, राजेवाल, व योगेंद्र यादव, जोगेंद्र सिंह उग्राहां, कामरेड अशोक धवले, इन्द्रजीत सिंह, फूल सिंह श्योकन्द, सुमित दलाल, मास्टर शेर सिंह, आदि किसानों के बीच सोये। कितना कष्टपूर्ण, त्याग व तपस्या से भरा संघर्ष! बीजेपी वालों को इन्हें भाड़े के व आढ़तियों के एजेंट कहने पर शर्म नहीं आती। सी. पी. एम. के. महासचिव सीता राम येचुरी, कामरेड जोगिंदर शर्मा मृत किसान की माता मूर्ति देवी व पत्नी सुदेश देवी से मिले। उन्होंने ने बताया कि पुलिस ने सुशील को हस्पताल में भर्ती नहीं होने दिया और वह बिना इलाज के मर गया। अखिल भारतीय किसान सभा की तरफ से काजल के परिवार को एक लाख रूपये की सहायता राशि दी गई।

कल सचिवालय के चारों तरफ टेंट गाड़ दिए गए व लंगर की व्यवस्था धरना स्थल पर ही आरंभ कर दी गई। प्रशासन से 7 तारीख को 2 घंटे बात हुई थी। आज भी 3 घंटे बातचीत हुई, पर बेनतीजा रही। सरकार दोषी अफसर सिन्हा को बचाने का दुस्साहस कर रही है। उसको करनाल से बदलकर चंडीगढ़ सचिवालय में अतिरिक्त सचिव के पद पर लगा दिया गया है। 7 सितंबर की पंचायत को चैनलों व प्रेस ने खूब उठाया। इंडियन एक्सप्रेस व दैनिक भास्कर में पहले पृष्ठ पर स्थान दिया गया है।

आज 8 सितम्बर 2021 का सुबह-सुबह प्रशासन व किसानों के बीच समझौता हो गया। यह किसानों की बड़ी जीत है। सारे हरियाणा से किसान पहुंचने शुरू हो गए थे तथा उत्तर प्रदेश के किसान भी शामिल हो रहे थे। आज किसान मोर्चा की मीटिंग

भी करनाल में होनी थी। शायद इसी के दबाव में सरकार ने निम्नलिखित शर्तों पर समझौता किया है:

1. आई.ए.एस. अधिकारी आयुष सिन्हा के खिलाफ हाई कोर्ट के जज की निगरानी में जांच होगी। समय सीमा एक मास।

2. आयुष सिन्हा को जांच के दौरान छुट्टी भेज दिया।

3. पीड़ित परिवार को डीसी रेट पर रिक्त पदों पर सात दिन में दो नौकरी मिलेंगी। बड़ी भारी सफलता।

विश्वस्त सूत्रों से पता चला है कि मृतक के पीड़ित परिवार व घायलों को सरकार ने मुआवजा देने का वायदा किया है, परंतु इसकी घोषणा नहीं की गई।

भारत बंद (27 सितंबर 2021)

करनाल का मामला सुलझने के बाद किसान नेता भारत बंद की तैयारी में लग गए। देश के विभिन्न भागों में पंचायतें व मीटिंगें की गईं। 27 सितंबर को प्रातः 6:00 बजे से शाम 4:00 बजे तक बंद का ऐलान था। बंद का बड़ा भारी असर रहा। क्षेत्र विस्तार व लोगों की भागीदारी बहुत बढ़ी। किसानों से अलग बहुत संगठनों जैसे महिलाओं, छात्रों, वकीलों, मजदूर संगठनों, युवाओं के संगठनों, व्यापार संघों, बैंक कर्मचारियों ने भी बंद का समर्थन किया।

राजनीतिक दलों, जैसे कांग्रेस, तृणमूल कांग्रेस, बहुजन समाज पार्टी, राष्ट्रीय जनता दल, सी.पी.आई., सी.पी.एम. ने भी समर्थन किया। तेलगू देसम पार्टी व आंध्र प्रदेश की वाई.एस.आर. सरकार

ने भी समर्थन किया। डी एम के, नवीन पटनायक के बीजू जनता दल ने भी समर्थन किया। एन.सी.पी. महाराष्ट्र में शामिल रही। पंजाब के नए मुख्यमंत्री चरणजीत सिंह चन्नी ने भी समर्थन किया और सभी मृतक किसानों के आश्रितों को नियुक्ति पत्र देने शुरू कर दिए। बड़ा सराहनीय कदम है। भोपाल में वयोवृद्ध कांग्रेसी नेता व पूर्व मुख्यमंत्री दिग्विजय सिंह भोपाल में प्रदर्शन व धरने में शामिल रहे। बहुत जगह कोर्ट, कॉलेज व विश्वविद्यालयों के छात्र हड़ताल पर रहे। बंगाल, हरियाणा, पंजाब व उत्तर प्रदेश में रेलें रोकी गईं। एंबुलेंस, बीमार, डॉक्टर, नर्स, दूध सब्जी आदि सेवाएं मुक्त रखी गईं। सभी समाचार पत्रों व कई टीवी चैनलों ने बंद को दिखाया व प्रकाशित किया। महाराष्ट्र में आज महा अगाड़ी अर्थात शिवसेना, राष्ट्रवादी कांग्रेस पार्टी व कांग्रेस पार्टी द्वारा बंद रखा गया और शहीद किसानों के प्रति संवेदना प्रकट की गई।

किसानों ने रुके हुए वाहनों व रेल यात्रियों को चाय पानी नाश्ता व भोजन खिलाया। किसी को परेशानी नहीं होने दी। जींद के घसो गांव में रेल रोकी गई। छिन्दवाड़ा एक्सप्रेस सुबह 7:20 पर रोकी गई। सब यात्रियों को चाय, नाश्ता, भोजन व बच्चों को दूध पिलाया गया। बीमारों के लिए डॉक्टर का प्रबंध किया गया। यहां तक कि बीड़ी, सिगरेट व ताशों का प्रबंध किया गया। यात्रियों ने जाम के लिए सरकारों को दोषी माना व कानून वापस लेने की मांग की और ग्रामीणों का धन्यवाद किया। रेल में 1500 से ज्यादा आदमी थे। बंध सारे भारत में शांतिपूर्ण रहा। 27 सितंबर 2020 को राष्ट्रपति ने तीनों कानूनों को स्वीकृति प्रदान की थी। एक साल पूरा हो गया। इसी कारण बंद का आयोजन किया गया था।

भारत बंध को प्रिंट मीडिया में व्यापक कवरेज मिली। मीडिया में बताया गया कि बंध से पूरे उत्तर भारत में जनजीवन पटरी से उतर गया। पंजाब में 500 स्थानों पर धरने आयोजित किये गये। माझा व्यापारियों ने शटर गिरा दिए। पंजाब कैबिनेट ने किसानों के प्रति एकजुटता व्यक्त की। नाकाबंदी के कारण रेल और सड़क यातायात पूरी तरह से रुक गया है। हरियाणा में, किसान यूनियनों ने 20 स्थानों पर रेलवे ट्रैक को अवरुद्ध कर दिया, जिससे यातायात बाधित हो गया। एनसीआर में भारी ट्रैफिक जाम के कारण सीमा पार आवाजाही बाधित हो गई। पंजाब, हरियाणा, उत्तर प्रदेश, जम्मू, बिहार और असम और कर्नाटक के कुछ हिस्सों में लगभग गतिरोध बना हुआ है। बंगाल में कार्यकर्ताओं ने सड़क और रेल ट्रैक जाम कर दिया। मध्य प्रदेश, पुडुचेरी और आंध्र प्रदेश में धीमी प्रतिक्रिया रही।

दुष्यंत चौटाला का झज्जर व जयप्रकाश दलाल का भिवानी में विरोध

शुक्रवार, 1 अक्टूबर को दुष्यंत चौटाला का झज्जर के नेहरू कॉलेज में प्रोग्राम था। किसानों ने उग्र प्रदर्शन किया। बैरिकेड तोड़कर कॉलेज के गेट पर पहुंच गए। किसानों पर पानी की बौछार की गई। पर किसानों को नहीं रोक पाए। बाद में चौटाला को पुलिस ने पीछे के गेट से निकाला।

सरकार की धान की खरीद 1 अक्टूबर को आरंभ होती है। पहले किसानों को गेट पास देकर बुला लिया परंतु केंद्र सरकार ने खरीद 11 अक्टूबर तक टाल दी। इस पर गुरनाम सिंह चढ़ूनी ने सरकार को चेतावनी दी कि यदि सरकार ने खरीद शुरू नहीं की तो

सब बीजेपी सांसदो व विधायकों के घरों का घेराव किया जाएगा और उनका कुत्ता भी बाहर नहीं निकल सकेगा। कई जगह, खास करके सीएम के आवास करनाल के चारों ओर धान की ट्रॉलियां अड़ा दी गईं। पेहवा, करनाल, कुरुक्षेत्र, सिरसा, पंचकूला, दादरी की मंडियों को किसानों ने ताला जड़ दिया। 1 दिन के भीतर ही सरकार ने खरीद शुरू करने की घोषणा कर दी और खरीद शुरू भी कर दी।

इस बीच हरियाणा में 6 अक्टूबर को भिवानी में आदर्श कन्या महाविद्यालय में कृषि मन्त्री जयप्रकाश दलाल के कार्यक्रम का विरोध किया गया। मन्त्री को पीछे के रास्ते से निकालना पड़ा। अगले दिन भी पहाड़ी गांव के मंदिर दर्शन के दौरान उन का विरोध किया गया। 70-80 किसानों को हिरासत में ले लिया गया और लोहारू थाने में लाया गया। भिवानी में कितलाना टोल व प्रेम नगर समेत 10 स्थानों पर बंद लगा दिया गया तो किसानों को रिहा कर दिया गया।

लखीमपुर खीरी प्रकरण

कल 3 अक्टूबर को केंद्रीय उप गृहमंत्री अजय मिश्रा टेनी के बेटे आशीष मिश्रा ने एक बहुत दुखदाई कांड कर डाला। लखीमपुर खीरी में केशव प्रसाद मौर्य का कार्यक्रम था। किसानों ने हेलीपैड पर कब्जा कर लिया तो उसे पुलिस ने सड़क मार्ग से निकाल दिया। शाम को 3-4 बजे के बीच आशीष 5 बड़ी गाड़ियों के साथ आया और जो किसान वापस लौट रहे थे उन पर अपनी थार गाड़ी चढ़ा दी तथा 10-12 किसानों को रौंद डाला। अब तक कम से कम 5 किसानों की मौत हो चुकी है। तीन गाड़ियां भी पलट गईं

जिनमें आग लगा दी गई। तीन हमलावर भी मारे गए। आशीष खेतों से भागने में सफल हो गया। रात को ही किसान नेता लखीमपुर खीरी के लिए रवाना हो गए। मंत्री के बेटे पर मुकदमा दर्ज होने तक किसानों ने लाशों का दाह संस्कार करने से मना कर दिया है।

घटना पर जबरदस्त रोष व सारे देश में जनसमर्थन

लखीमपुर खीरी की घटना का रोष देश में आग की तरह फैल गया। रात को ही प्रियंका गांधी वाड्रा दीपेंद्र हुड्डा के साथ लखीमपुर खीरी के लिए रवाना हो गई जिसे सीतापुर रोक लिया गया। दीपेंद्र हुड्डा सांसद के साथ काफी धक्का-मुक्की हुई। कभी हुड्डा प्रियंका को बचाते नजर आए तो कभी प्रियंका दीपेंद्र को जबरदस्ती गाड़ी में ठूसने से रोकती नजर आई। बाद में उन्हें गिरफ्तार दिखाया गया। वे तीन दिन तक हिरासत में रहे।

छत्तीसगढ़ के मुख्यमंत्री भूपेश बघेल के हेलीकॉप्टर को लखनऊ रोक लिया तथा बघेल को हवाई अड्डे से बाहर नहीं निकलने दिया। वह वहीं धरने पर बैठ गये। जयंत चौधरी भी दिल्ली से रवाना हुए, कहीं पैदल भागते नजर आए तो कहीं गाड़ी में, परंतु अमरोहा से आगे नहीं जा सके। चंद्रशेखर रावण (भीम आर्मी) मोटरसाइकिल से चले परंतु रास्ते में रोक लिए गए। बीएसपी के सतीश मिश्रा व आम आदमी पार्टी के संजय सिंह (सांसद) को भी हिरासत में लिया गया। पंजाब के उप मुख्यमंत्री सुखबीर रंधावा को कई विधायकों के साथ यमुनानगर के बॉर्डर पर ही रोक कर हिरासत में ले लिया गया। पंजाब के मुख्यमंत्री चरणजीत चन्नी

व सी. पी. एम के सीताराम येचुरी व ममता बनर्जी (मुख्यमंत्री बंगाल) ने भी निंदा की।

सारे हरियाणा में रास्ते रोके गए। पानीपत-रोहतक राजमार्ग मकड़ोली टोल, हांसी-हिसार मार्ग माइयड़ टोल पर, जींद-चंडीगढ़ मार्ग अलेवा गांव व दिल्ली-चंडीगढ़ मार्ग पर अंबाला में रोका गया। सारे हरियाणा में कई जिलों में प्रदर्शन हुए। दिल्ली में आम आदमी पार्टी ने कैंडल मार्च निकाला। बेंगलुरु में भारी प्रदर्शन हुआ। उत्तर प्रदेश व मध्य प्रदेश में भी रास्ते रोके गए व प्रदर्शन हुए।

शाम तक राकेश टिकैत व प्रशासन के मध्य बातचीत के दौर चले। शाम तक समझौता हो गया। मृतकों के परिवारों को 45 लाख, प्रत्येक घायल व्यक्ति को 10 लाख रुपए तथा मृतक के एक आश्रित को सरकारी नौकरी देने का ऐलान हुआ। परंतु आज शाम तक परिवारजन ने दाह संस्कार करने से इन्कार कर दिया। गुरविंदर सिंह के दोबारा पोस्टमार्टम की मांग रखी और उसे गोली से मारा गया बताया। इसी तरह पत्रकार अमन कश्यप के पिता ने अपने बेटे की मौत छाती में गोली लगने से बतायी। उन्होंने इस बात से इंकार किया कि वह बीजेपी का कार्यकर्ता था। 21 साल के गुरविंदर का दोबारा पोस्टमार्टम का ऑर्डर हुआ। लखनऊ मेडिकल कॉलेज के 5 डॉक्टरों के पैनल द्वारा किया जाएगा। तथा दो प्राइवेट डॉक्टरों की भी अनुमति मिली। तीन मृतक किसानों नछत्तर सिंह (62 साल), लवप्रीत (19 साल) व दलजीत (33 साल) का दाह संस्कार कर दिया।

6 अक्टूबर के सभी अखबारों ने काफी कवरेज दी। टाइम्स ऑफ इंडिया, इंडियन एक्सप्रेस व दैनिक भास्कर आदि सभी ने

पहले पेज पर अंदर भी छापा। गुरनाम सिंह चढूनी को मेरठ में हिरासत में ले लिया गया। उत्तराखंड के तराई क्षेत्र के किसान नेता तेजिंदर सिंह विर्क को भी इसी हादसे में काफी चोटें आई हैं और वह अस्पताल में अब भी दाखिल है।

कल भी सारे दिन बड़ा ड्रामा चलता रहा। राहुल गांधी, रणदीप सुरजेवाला पंजाब के मुख्यमंत्री चरणजीत सिंह चन्नी के साथ सीतापुर गये जहां प्रियंका गांधी और दीपेंद्र हुड्डा बिना मजिस्ट्रेट के पेश किए गिरफ्तार कर रखे हैं। यूपी के कांग्रेस अध्यक्ष अजय लल्लू भी बंद हैं। बाद में उनको लखीमपुर खीरी जाने की अनुमति मिली। प्रियंका गांधी, राहुल गांधी, दीपेंद्र हुड्डा, भूपेश बघेल, चरणजीत सिंह चन्नी, रणदीप सुरजेवाला अनेक कांग्रेसी कार्यकर्ताओं के साथ देर रात लखीमपुर खीरी के लिए रवाना हुए, परंतु सचिन पायलट को अनुमति मिलने के बाद भी मुरादाबाद में रोक लिया गया। पंजाब छत्तीसगढ़ के मुख्यमन्त्रियों ने चार मृतक किसानों और पत्रकार रमन कश्यप को 50-50 लाख रुपए देने की घोषणा की।

सर्वोच्च न्यायालय के वरिष्ठ अधिवक्ता ने सर्वोच्च न्यायालय से अपील की कि कोर्ट स्वयं लखीमपुर खीरी की घटना का संज्ञान ले और कोर्ट ने संज्ञान ले लिया तथा आज 7 अक्टूबर को सुनवाई होगी। सर्वोच्च न्यायालय ने सरकार से स्टेटस रिपोर्ट मांगी और सरकार ने जवाब दिया कि आशीष मिश्रा को नोटिस उसके घर पर चिपका कर दिया है। सुप्रीम कोर्ट ने लताड़ लगाई कि क्या पुलिस सभी धारा 302 के आरोपियों के साथ इतना नर्म व्यवहार रखती है। अगले दिन भी दूसरा नोटिस चस्पाँ किया गया। 9 अक्टूबर को दो वकीलों और एक विधायक के साथ आशीष मिश्रा

11:00 बजे थाने में हाजिर हुआ और 12 घंटे की पूछताछ के बाद उसे गिरफ्तार कर लिया गया। वह यह नहीं सिद्ध कर पाया कि वह घटनास्थल पर नहीं था। थार जीप उसी की थी और कुछ कारतूस पुलिस ने जली हुई जीप से बरामद किए। उसे जेल भेज दिया गया। आज सोमवार को उसका 3 दिन का पुलिस रिमांड दे दिया गया। पुलिस ने 14 दिन का रिमांड मांगा था। 9 अक्टूबर को किसान मोर्चा की बैठक में निम्न निर्णय लिए गएः

1. अजय मिश्रा के त्यागपत्र के लिए आंदोलन तेज किया जाएगा।

2. अक्टूबर 12 को तिकोनिया चौराहे के घटनास्थल पर मृतक किसानों की अंतिम अरदास होगी व भोग डाला जाएगा। सारे भारतवर्ष के गुरुद्वारों, मंदिरों व मस्जिदों में अरदास की अपील की।

3. यूपी के सभी जिलों व भारत के सभी प्रांतों में अस्थि कलश यात्रा आरंभ की जाएगी।

4. पन्द्रह तारीख को (दशहरे के दिन) नरेंद्र मोदी, अमित शाह व योगी के पुतलों का दहन किया जाएगा। अठारह तारीख को 6 घंटे का रेल रोको कार्यक्रम होगा।

5. बीस तारीख को लखनऊ में महापंचायत का आयोजन किया जाएगा।

इस बीच योगेंद्र यादव को लखीमपुर में एक मृतक जो बीजेपी से सम्बंधित था के घर जाने पर एक महीने के लिए निलंबित कर दिया गया है। यादव ने यह फैसला स्वीकार कर लिया है। कुछ पत्रकारों जैसे विनोद अग्निहोत्री, आशुतोष, प्रोफेसर मुकेश कुमार

आदि ने इस निर्णय की आलोचना की है। मैं भी इस विचार का हूं कि सभी मृतकों के घर संवेदना प्रकट करना मानवीय कदम होता है।

श्रद्धांजलि सभा (13 अक्टूबर 2021)

निर्धारित कार्यक्रम के अनुसार तिकोनिया चौराहा (लखनीपुर खीरी), जहां किसानों को कुचला था, वहां चारों किसानों लवप्रीत, गुरविंदर सिंह, दलजीत सिंह, नछत्तर सिंह तथा पत्रकार रमन कश्यप की श्रद्धांजलि सभा, अंतिम अरदास व भोग की रसम क्रिया संपन्न हुई। 50,000 से ज्यादा लोग जमा हुए। 7 एकड़ जमीन खाली करवाई गई थी। जयंत चौधरी, प्रियंका गांधी वाड्रा व दीपेंद्र सिंह हुड्डा भी पहुंचे तथा नीचे आम पब्लिक में बैठे। बाद में अस्थि कलश यात्रा प्रारंभ की गई।

निहंगों द्वारा मर्डर (15 अक्टूबर 2021)

कल दशहरे के दिन, 15 अक्टूबर को, सुबह 3:00 बजे सिंघु बॉर्डर पर एक बड़ी दुःखद घटना घटी। एक युवक लखविंदर सिंह को एक निहंग सुरजीत सिंह ने मार डाला। उसका एक हाथ काट दिया व टांग तोड़ दी। मारकर बैरीकेड पर टांग दिया। बहाना बनाया गया कि उसने निहंगों के धार्मिक ग्रंथ की बेअदबी की है। सुरजीत सिंह ने अपना जुर्म स्वयं ही कबूल लिया है।

इंडियन एक्सप्रेस में छपा है कि युवक चीमा गांव, जिला तरनतारन पंजाब का रहने वाला था जो पत्नी व तीन लड़कियों को छोड़ अपनी बहन के पास चीमा गांव में रहता था। सरपंच

अनुपम सिंह के अनुसार, 2 दिन पहले ही गांव से गया था। नशे की आदत थी। तरनतारन के एक आढ़ती ने इसलिए भगा दिया था कि वहां शराब पीकर एक आदमी के साथ झगड़ा कर दिया था। अपनी बहन से 50 रुपये लेकर गया था। वह निहंगों के कपड़े नहीं पहनता था परंतु निहंगों के कपड़े कहां से लाया, पता नहीं चल पाया। इससे पहले सरपंच ने बताया कि वह पहले कभी भी किसान आंदोलन में नहीं गया जबकि सरपंच कई बार सिंघु बॉर्डर पर गया है। केस के सभी पहलुओं से जांच जरूरी है।

किसान मोर्चा की तरफ से योगेंद्र यादव व डॉ. दर्शन पाल ने बयान दिया कि दोनों ही पक्षों का किसान मोर्चा से कुछ लेना देना नहीं है और कहा कि वे पुलिस को सहयोग देंगे तथा कानून को अपना काम करना चाहिए। घटना की निंदा की गई। यादव ने बताया कि घटनास्थल से 20 कदम की दूरी पर पुलिस की चौकी है। पुलिस की भी कुछ जिम्मेवारी बनती है। कुछ दलित नेताओं ने जिनमें मायावती व चंद्रशेखर रावण शामिल हैं, इसे दलित मुद्दा बनाने का प्रयत्न किया है। परंतु मारने वाला भी मजहबी (दलित) सिख है। यह ज्यादा नहीं चल पाया। चार आदमियों (निहंगों) ने पुलिस के सामने समर्पण कर दिया है व हत्या की सारी जिम्मेवारी ले ली है। फिर निहंगों ने प्रेस कॉन्फ्रेंस करके धमकी दी है कि और ज्यादा गिरफ्तारी करने का प्रयत्न किया गया तो इनको भी हमला करके छुड़ा लेंगे।

रेल रोको कार्यक्रम

कल 18 अक्टूबर को रेल रोको कार्यक्रम से 293 रेल प्रभावित हुईं। देश भर में 184 जगह रेल पटरियों पर किसान बैठे। इसका

ज्यादा असर पंजाब, हरियाणा, उत्तर प्रदेश, उत्तराखंड व राजस्थान में हुआ। तेलंगाना में भी किसानों की गिरफ्तारी हुई। किसानों ने यात्रियों को चाय-पानी, भोजन, दवाई की व्यवस्था व बच्चों के लिए दूध का प्रबंध किया।

राज्यपाल श्री सतपाल मलिक व सांसद के सी त्यागी द्वारा विरोध

इस बीच 18 अक्टूबर को श्री सतपाल मलिक राज्यपाल ने अजय मिश्रा को मंत्री बनने के अयोग्य बताया है और कहा है कि उसे बर्खास्त कर देना चाहिए। इससे भी आगे बढ़कर कहा कि मैं गृह मंत्री व सरकार से झगड़ चुका हूं और ऐसा ही चलता रहा तो आगे यह सरकार नहीं आएगी। न्यूज 24 चैनल पर आज एक कार्यक्रम में नीतीश कुमार की पार्टी के प्रवक्ता श्री के.सी. त्यागी सांसद ने भी किसानों का समर्थन किया है।

टिकरी बॉर्डर पर दर्दनाक हादसा

इस बीच अक्तूबर 28, 2021 की सुबह टिकरी बॉर्डर पर एक बड़ा दर्दनाक हादसा हुआ। एक ट्रक ने कई महिलाओं को, जो फुटपाथ पर बैठी हुई थीं कुचल दिया। तीन की मौत हो गई तथा दो बुरी तरह घायल हो गईं। मृतकों के नाम गुरमेल कौर, सुखविंदर कौर व अमरजीत कौर हैं। यह मानसा जिले के खिवा दयालवाला गांव की थीं। रोटेशन के अनुसार अपना पूरा समय करके वापस लौटने की तैयारी में थीं। दो घायलों में गुरमेल कौर पीजीआई रोहतक में व दूसरी हरमीत कौर सिविल अस्पताल बहादुरगढ़ में दाखिल है। पंजाब के मुख्यमंत्री चरणजीत सिंह

चन्नी ने मृतकों के लिए 5-5 लाख व घायलों के मुफ्त इलाज की घोषणा की है।

सुप्रीम कोर्ट का दबाव

कल यानी 29.10.2021 को सुप्रीम कोर्ट के दबाव में दिल्ली पुलिस ने सात परत वाले कंक्रीट की दीवार, कीलें, कटीले तार, सीमेंट के ब्लाक व लोहे के बैरिकेड्स हटाने शुरू कर दिए। साथ में झज्जर के प्रशासन ने किसानों से एक तरफ की सड़क पूरी खाली करने के लिए वार्ता की परंतु किसानों ने इससे इंकार कर दिया और कहा कि उनकी तरफ से पहले ही दोनों तरफ के रास्ते खुले हैं। नवंबर 6, 2021 को संयुक्त किसान मोर्चा की मीटिंग में अंतिम निर्णय लिया जाएगा। रात को ही ज्यादा किसान पहुंचने की अपील की गई।

आज सुबह श्री आजाद सिंह (फार्मासिस्ट) के साथ टिकरी बॉर्डर के लिए चला। पहले रोहद टोल पर रुके व फिर कैलिफोर्निया हॉस्पिटल जो अमेरिका से आए डॉ सवाई मानसिंह चलाते हैं, गये। इस हस्पताल का विवरण दूसरी जगह लिखा है। फिर रानीला गांव से आए किसानों के साथ टिकरी बॉर्डर की स्टेज पर पहुंचे। गांव से 21000 का सामान लाए थे वह जमा कराया। आयोजकों ने मास्टर महावीर राणीला व मुझे बोलने का अवसर दिया।

मैंने किसान आन्दोलन की तुलना गांधी जी के असहयोग अन्दोलन से संख्या, आंदोलन की अवधि, अनुशासन, अहिंसा से की। मेरे विचार से यह किसान आंदोलन हर पहलू से बड़ा है। मैंने अपने भाषण में एक तथ्य यह भी रखा कि इतिहास में महाराजा रणजीत सिंह, महाराजा सूरजमल व छत्रपति शिवाजी के राज्य को

क्रमशः सिख, जाट, मराठा राज्य कहना गलत ऐतिहासिक व्याख्या होगी। बल्कि यह सब शासकों के विरुद्ध किसान विद्रोह थे जो सफल हुए और यह आंदोलन भी सफल होगा तथा भारतीय जनता पार्टी के पतन का कारण बनेगा। किसानों के सामूहिक नेतृत्व व इसके नेताओं जैसे जोगेंद्र सिंह उग्राहां, बलबीर सिंह राजेवाल, डॉ दर्शन पाल व राकेश टिकैत व कामरेड हन्नान मौला की विशेष सराहना की। इस नए दृष्टिकोण की बाद में कई साथियों ने प्रशंसा की।

उपचुनाव

अक्टूबर 31, 2021 को 19 विधानसभा व तीन लोकसभा के उपचुनाव हुए जिनका परिणाम कल 2 नवम्बर को घोषित हुआ। हिमाचल प्रदेश में मण्डी लोकसभा क्षेत्र जो मुख्यमंत्री जयराम ठाकुर का गृह जिला है, यहां 2019 में बीजेपी के रामस्वरूप शर्मा 400000 वोट से जीते थे। उनके निधन पर हुए उपचुनाव में कांग्रेस की प्रतिभा सिंह, जो दिवंगत्त वीरभद्र सिंह की पत्नी है, ने जीत ली। हिमाचल प्रदेश की तीनों विधानसभा सीट कांग्रेस ने जीत लीं। एक सीट पर तो बीजेपी 56000 वोटों से हारी, केवल 2600 वोट पड़े व जमानत गंवा बैठी। इस जीत में एक बहुत बड़ा कारण महंगाई के साथ-साथ किसान आंदोलन भी है।

हिमाचल प्रदेश में सेब उत्पादकों का शोषण एक तात्कालिक कारण है। अडानी ने, जो सेब का अनुबंध करता है, बढ़िया सेब का भाव 16 रुपये प्रति किलोग्राम घटाकर 72 रुपये कर दिया है, जो पिछले वर्ष 88 रूपये प्रति किलोग्राम खरीदा जा रहा था। यह सेब बाहर 200 रुपये प्रति किलोग्राम भी ऊपर बिकता है। दूसरे सेब का भाव 12 रुपये में

मंडी से व्यापारी खरीद कर बाहर 100-125 तक बाजार में बेचता है। इस लूट के खिलाफ मुजफ्फरनगर की किसान महापंचायत में 5 सितंबर को हिमाचल के किसान नेता ने सेब उत्पादक किसान की व्यथा सुनाई थी। भाजपा की यह चुनाव हार इस व्यथा की किसान द्वारा अभिव्यक्ति है।

हरियाणा- ऐलनाबाद उपचुनाव

श्री अभय सिंह ने अपने विधायक के पद से 27 जनवरी 2021 को किसान के हक में त्याग पत्र दे दिया था। हरियाणा के ऐलनाबाद का उपचुनाव इसी कारण हुआ। इस चुनाव को अभय सिंह चौटाला किसान आंदोलन की मदद के बिना जीत ही नहीं सकते थे। राकेश टिकैत व गुरनाम सिंह चढ़ूनी किसानों को बीजेपी को हराने की अपील करने आए थे। राकेश टिकैत ने तो अभय सिंह के लिए यह कहकर इशारा कर दिया था कि जो आदमी आपके घर गठरी रख जाए उसमें कुछ मिलाकर उस को सौंप दो।

ऐलनाबाद में 3 भाग हैं जो निम्नलिखित हैं:

1. पंजाबी बेल्ट जिसमें किसान आंदोलन का सबसे ज्यादा प्रभाव है और जहां हमेशा कांग्रेस जीतती है वहां से अभय सिंह 8100 से अधिक वोटों से जीते।

2. ऐलनाबाद शहर में यह जीत केवल 2900 की रह गई।

3. बागड़ी जाट की बेल्ट या बेनीवालों का पैंतालीसा जहां अभय सिंह हमेशा दोनों क्षेत्रों का घाटा पूरा करके पिछले चुनाव में भी 10,000 वोटों के अंतर से जीता था, इस बार केवल

3700 वोटों से जीत पाया। अर्थात वह पंजाबी (सिक्ख जाट व कम्बोज) बेल्ट के किसानों की बहादुरी व आंदोलन के कारण जीत पाया नहीं तो लुटिया डूब जाती।

इसमें बागड़ी जाट की आक्रामक मानसिकता की कमी, सरकार प्रतिरोध क्षमता की कमी का भी संकेत मिलता है। सरकार का दबाव व लोभ वह नहीं झेल पाया। जो बरौदा उपचुनाव में वहां के किसानों ने मजबूती दिखाई थी वह मजबूती नहीं दिखा पाया।

दसवां अध्याय

नवम्बर-दिसम्बर महीनों की गतिविधियां व आन्दोलन की जीत

नवम्बर 3, 2021 को दुष्यंत जींद में भागचंद छात्तर, पूर्व विधायक के घर आया था तो किसानों ने उसके दफ्तर का घेराव किया व नारे लगाए। किसानों के विरोध के कारण उसकी कोठी के पीछे के दरवाजे से पुलिस ने निकलवाया। महम की गौशाला में रामचंद्र जांगड़ा (राज्यसभा बीजेपी सांसद) का प्रोग्राम था, परंतु किसानों ने गौशाला को घेर लिया व जोर से नारेबाजी की। स्वर्गीय कामरेड प्रेम सिंह की पत्नी ने मुझे बताया कि किसान सभा के नेता बलवान सिंह व कई गांव से आए जवानों का जोश देखने लायक था। किसानों ने गौशाला के मेन गेट को घेर लिया। बाद में गौशाला के प्रधान ने लोगों के आगे माफी मांगी तब किसानों ने दरवाजे का घेराव उठाया। प्रदर्शनकारियों के विरोध का नेतृत्व जिला किसान सभा प्रधान प्रीत सिंह कर रहे थे।

महम में गौशाला की घटना बीजेपी की रणनीतिक चाल दिखाई देती है। रामचंद्र जांगड़ा ने गौशाला में प्रोग्राम करने की शर्त पर चंदा देना स्वीकार किया। कल (नवम्बर 6, 2021) नारनौन्द में एक विश्वकर्मा धर्मशाला का उदघाटन करने पहुंचे और भाषण में

कहा कि छोटू राम की जयंती मनाते हैं तो हम विश्वकर्मा की भी मनाएंगे। वे इस बात से जाट-गैर जाट का प्रचार करना चाहते हैं। जानबूझकर प्रोग्राम करते हैं ताकि किसानों के विरोध को जाट-गैर जाट का रूप दिया जाये। किसानों ने जांगड़ा का जोरदार विरोध किया। पुलिस ने भारी लाठीचार्ज किया। किसानों ने आरोप लगाया है कि जांगड़ा के गुंडों ने कुछ कार्यकर्ताओं को पीटा है जिससे एक किसान कुलदीप सिंह सातरोड को गंभीर चोट आई, जो हिसार जिंदल हॉस्पिटल में दाखिल है व कोमा में है। और उसका आप्रेशन होना है। सुबह तक आप्रेशन हो गया परंतु अभी हालत गंभीर है। रात को ही किसानों ने नारनौंद थाने में धरना लगा दिया। किसानों की मांग थी कि घायल किसान का खर्चा सरकार उठाए, रामचंद्र जांगड़ा के लोगों पर धारा 307 का मुकदमा दर्ज हो तथा किसानों के मुकदमे वापिस हों।

दूसरी घटना किलोई के शिव मंदिर में घटी। मनीष ग्रोवर (पूर्व विधायक रोहतक व पूर्व मंत्री), सतीश नांदल, मनमोहन गोयल (निगम अध्यक्ष रोहतक) व बीजेपी के शहर के कुछ प्रमुख लोग प्रधानमंत्री के केदारनाथ मंदिर के प्रोग्राम को लाइव चला रहे थे। वे यह कार्यक्रम रोहतक में भी चला सकते थे। परंतु एक विरोध पैदा करना उद्देश्य था। लोगों ने घेर लिया और मंदिर में रोक लिया। रोहतक, झज्जर, सोनीपत की पुलिस मौके पर पहुंच गई। 8 घंटे की मशक्कत के बाद सब के माफी मांगने पर छोड़ा गया। मनीष ग्रोवर ने मंदिर की बालकनी से दोनों हाथ जोड़कर माफी मांगी जिसे उसने बाद में कहा कि उन्होंने तो हाथ जोड़कर राम-राम की थी।

आज (नवम्बर 8, 2021) नारनौन्द की घटना के विरोध में हांसी पुलिस ऑफिस का घेराव किया गया। किसान कुलदीप सातरोड की हालत नाजुक बनी हुई है। दिनभर प्रशासन के साथ बातचीत चलती रही पर कोई नतीजा नहीं निकला। किसान रामचंद्र जांगड़ा व उसके साथियों के खिलाफ 307 का केस दर्ज करने पर अड़े रहे। फिर किसानों ने कोर्ट के सामने धरना देने के लिए टेंट गाड़ दिए। हांसी एस. पी. द्वारा किसान कुलदीप के बारे में यह बयान दिया गया था कि कुलदीप को मिर्गी के दौरे पड़ते हैं उसी कारण उसे गिरकर चोट लगी है। एसपी साहिबा ने खेद व्यक्त किया कि कुलदीप का मिर्गी वाला बयान उसने गलत सूचना के आधार पर दिया था। मीटिंग को राकेश टिकैत ने संबोधित किया और कहा कि वह 2 दिन हांसी में ही रहेंगे। वे बाद में हिसार कुलदीप को देखने चले गए। सभा में कुलदीप की लड़की ने भाषण दिया यदि उसके पिता शहीद हो जाते हैं तो भी उनका परिवार आंदोलन के साथ कंधे से कंधा मिलाकर लड़ता रहेगा।

आज फिर गवर्नर सत्यपाल मलिक ने जयपुर में भक्त तेजा जी स्मृति सभा में बोलते हुए कहा कि सरकार असंवेदनशील है। उन्होंने प्रधानमंत्री को कह दिया था कि किसान की मांग केवल सत्ता के अभिमान के कारण नहीं मान रहे। 600 से ऊपर किसान शहीद हो गए और सरकार ने एक शब्द भी सहानुभूति में नहीं बोला। जबकि किसी बड़े आदमी की कुतिया मरने पर भी दुख प्रकट करते हैं। यह दंभ की बात है, और घमंड की भी। ये यहां तक कह गए कि यदि दिल्ली के दो आदमी जिन्होंने उन्हें गवर्नर बनाया है, उनके कहते ही 1 मिनट में पद छोड़ दूंगा। श्री मलिक ने यह भी कहा कि सरदार एक बात को 400 वर्ष भी नहीं भूलते हैं। इनके साथ शत्रुता मोल मत लो। शायद इशारा इन्दिरा गांधी की

दो सिखों द्वारा हत्या की तरफ था। यह रहस्य की बात है कि वे सरकार के कहने पर बोल रहे हैं या खुद किसानों की साहनुभूति लेने के लिए नई जमीन तलाश रहे हैं। सरकार क्यों नहीं उन्हें बर्खास्त करती?

केंद्रीय किसान समिति की मीटिंग

नवंबर 9, 2021 की केंद्रीय किसान समिति की मीटिंग में निम्न फैसले लिए गए:

1. संसद का सत्र आरंभ होने पर रोज 500 किसान ट्रैक्टरों में संसद भवन पर प्रदर्शन करेंगे।

2. बाईस नवंबर को लखनऊ में किसान महापंचायत होगी।

3. छब्बीस नवंबर को आंदोलन का एक साल पूरा होने पर हर राज्य (पंजाब, हरियाणा, राजस्थान व उत्तर प्रदेश को छोड़कर) की राजधानियों में सम्मेलन होंगे।

4. मुंबई में शेतकारी कामगार संगठन की प्रधानता में कई संगठनों के साथ 28 नवंबर को बड़ी भारी सभा होगी और सारे भारत के किसान नेता भाग लेंगे। उस दिन महात्मा ज्योतिबा फुले की निर्वाण तिथि भी है।

संयुक्त किसान मोर्चा की मीटिंग में गुरनाम सिंह चढ़ूनी व दूसरे किसान नेताओं में मतभेद सामने आए। पहले चढ़ूनी पंजाब में सभी सीटों पर चुनाव लड़ने का ऐलान कर रहे थे परंतु अब इस कदम से तो पीछे हटे। अब कहते हैं कि कब तक किसान मरते रहेंगे। कुछ प्रभावी आक्रामक कदम उठाने होंगे जो अहिंसक

आंदोलन के विरुद्ध है। यह सभी को अमान्य है। यह विचार चढ़ूनी साहब को क्यों आया है? या तो उनको अपनी शक्ति पर अभिमान हो गया है या कोई और रहस्य है? नौ तारीख की सुबह एक किसान गुरजिंदर सिंह ने सिंघु बॉर्डर पर आत्महत्या कर ली। चार-पांच महीने से बॉर्डर पर था। कारण का पता नहीं चल पाया। सरकार द्वारा मांग न मानने से दुखी था। इसकी उम्र 45 साल थी। गांव रुड़की, जिला फतेहगढ़ साहिब पंजाब से सम्बन्ध रखता है।

जीन्द की किसान कन्वेशन (नवंबर 16, 2021)

सूत्रों से पता चला है कि चढ़ूनी के दूसरे नेताओं से बड़े मतभेद हैं। 2 नवंबर की मीटिंग में चढ़ूनी के 20-25 लोग संयुक्त किसान मोर्चा की मीटिंग में घुस गए। टिकैत के खिलाफ नारे लगाए और बलबीर सिंह राजेवाल द्वारा मीटिंग बीच में ही समाप्त की गई। कल मैंने एक वीडियो देखी जिसमें चढ़ूनी को महिमा मंडित किया गया और टिकैत व पंजाब के दूसरे किसान नेताओं का मखौल उड़ाया गया। यहां तक कि एक नेता दल्लेवाल को तो लंगर के रोट पाड़ तक और मानसिक तौर पर बीमार बताया गया। चढ़ूनी का यह रवैया मुझे बहुत दुर्भाग्यपूर्ण लगा। इस बीच अंबाला से एक ही समय में दो पदयात्राओं का एलान हुआ। अंबाला के किसानों की यूनिट द्वारा 26 नवंबर को तथा दूसरी चढ़ूनी द्वारा 25 तारीख से शुरू करने की घोषणा की है।

मैंने कामरेड फूल सिंह, कामरेड इंद्रजीत व सिरसा के नवयुवक किसान नेता रोशन सचान से वीडियो भेज कर पूछा तो तीनों ने बताया कि यह चढ़ूनी के किसी आदमी द्वारा पूर्व नियोजित है।

आदमी की पहचान नहीं हो सकी। आज नवम्बर 16, 2021 को जींद में हरियाणा की सभी जत्थेबंदियों, जिसमें लगभग 20 से ऊपर छोटे बड़े संगठन शामिल हैं, तथा सभी खाप प्रतिनिधियों की एक कन्वेंशन हुई। इसमें चढ़ूनी के सिवाय सभी शामिल हुए। जाट धर्मशाला में लगभग 800 से 1000 प्रतिनिधि शामिल हुए। कामरेड इंद्रजीत ने प्रस्ताव रखकर शुरू किया। 26 नवंबर की तैयारी, 29 को संसद पर 500 किसानों का मार्च, घायल किसान कुलदीप राणा के लिए हांसी में बड़ा कार्यक्रम व अंबाला की दोनों रैलियों के बारे में बोलने को कहा। काफी किसान नेताओं, संगठनों के प्रधानों व कई महिलाओं ने विचार रखे। रीमन नैन, सुदेश गोयत, पूनम कन्डेला ने हांसी में दबाव बढ़ाकर कुलदीप राणा को न्याय दिलाने पर जोर दिया। कुछ निराशाजनक रवैया भी दिखाई दिया। सुरेश कौथ ने विश्वास दिलाया कि अंबाला की यात्राओं को संयुक्त किसान मोर्चा के आदेश अनुसार किया जाएगा। रद्द भी की जा सकती है। अधिकांश वक्ताओं ने अनुशासन में रहने व दिल्ली के संयुक्त किसान मोर्चा में आस्था जताई।

सोमवीर सांगवान ने घायल किसान कुलदीप के इलाज के लिए एक लाख रूपये देने की घोषणा की और हांसी में किसान मोर्चा के आदेश पर भिवानी कितलाना टोल व सांगवान खाप द्वारा ज्यादा से ज्यादा हाजिरी का वायदा किया। अंत में कामरेड इंद्रजीत ने 19 तारीख को हांसी में घेराव, 26 नवंबर को सभी बार्डरों पर व 29 नवंबर से पार्लियामेंट पर मार्च में शामिल होने व संयुक्त किसान मोर्चा के आदेश अनुसार चलने का प्रस्ताव सदन में रखा व सर्वसम्मति से पास करवाया। ये कन्वेंशन शायद गुरनाम सिंह चढ़ूनी के व्यक्तिवादी रवैये के खिलाफ व यह दिखाने के लिये थी कि किसान आन्दोलन किसी एक व्यक्ति के सहारे नहीं

बल्कि सबके सामूहिक प्रयत्नों से चलता है। इस उद्देश्य में सफल भी हुए।

हांसी प्रकरण

उन्नीस नवंबर की शाम आते-आते हांसी में किसानों व प्रशासन में समझौता हो गया। किसान कुलदीप सिंह के इलाज का सारा खर्चा सरकार देगी। पहले के खर्चे का भुगतान भी परिवार को दिया जाएगा। SIT का गठन किया जाएगा और कुलदीप के ठीक होने पर उसके बयान पर मुकदमा दर्ज किया जाएगा। किसानों पर दर्ज मुकदमे वापस लेने की प्रक्रिया शुरू कर दी जाएगी।

कृषि कानून वापस लेने की घोषणा (नवंबर 19, 2021)

सुबह 9:00 बजे, अचानक राष्ट्र को संबोधन करने पहुंचे मोदी जी ने छोटे से भाषण में तीनों कृषि कानून वापस लेने की घोषणा की। मोदी जी ने जो शब्द प्रयोग किए वे बड़े अजीब व किसानों के लिए अपमानजनक हैं। प्रधानमंत्री ने कहा कि दीप की लौ जैसे पवित्र कृषि कानून थे। शायद हमारी तपस्या में कमी रही। हम कुछ किसानों को नहीं समझा पाए। आपने कौन सी तपस्या की है? तपस्या तो एक साल तक किसानों ने भूखे, प्यासे, सर्दी, गर्मी व बारिश में रहते हुए की है। कानून पवित्र थे तो केवल अडानी, अंबानी के लिए। किसान व आम नागरिक के लिए नहीं थे। करोड़ों किसानों की भागीदारी को कुछ कहना जले पर नमक छिड़कना है। उनके कहने का अर्थ है कि किसान मूर्ख हैं, समझ नहीं रहे। मोदी जी ने 700 के करीब किसानों की शहादत का जिक्र तक नहीं किया, न कोई संवेदना प्रकट की। MSP के बारे में कुछ

नहीं कहा, कोई आश्वासन नहीं दिया। केवल एक कमेटी बनाने की बात की।

इसके बावजूद कानून वापसी की घोषणा से किसानों में खुशी की लहर दौड़ गई। लोग नाचने गाने लगे। सभी बॉर्डरों पर आतिशबाजी की व लड्डू जलेबी बांटे गए। सब किसानों की, गांव से लेकर नेताओं तक, MSP न मिलने तक आंदोलन जारी रखने की आवाज उठी। राहुल गांधी ने इसे लोकतंत्र की जीत व अभिमान की हार बताया। ममता बनर्जी ने किसानों के साहस व संघर्ष की जीत बताया। श्री दीपेंद्र हुड्डा ने खुशी जाहिर की और किसानों के साथ रहने की घोषणा अर्थात वायदा किया। इंग्लैंड के 2 सिख सांसदों ने भी धन्यवाद किया और दूसरी मांग मानने की अपील की।

तीन कृषि कानूनों को रद्द किए जाने के बाद राज्यसभा सदस्य दीपेंद्र सिंह हुड्डा 19 नवंबर 2021 को किसानों से मिलने टिकरी बॉर्डर गए। टिकरी बार्डर पर उन्होंने देखा कि किसानों के मन में तीनों कानून वापस होने के फैसले पर खुशी तो थी, लेकिन उनकी आंखों में पानी भी था। सरकार अपनी जिद छोड़कर यदि समय रहते फैसला करती तो 700 घरों में अंधेरा नहीं होता। सांसद दीपेंद्र हुड्डा ने 3 कृषि कानूनों की वापसी के फैसले को देश के किसानों की ऐतिहासिक जीत बताया। उन्होंने मांग की कि सरकार किसान आंदोलन के दौरान जिन किसानों की जान कुर्बान हुई है उन सभी के परिजनों की आर्थिक सहायता करे। उनके परिवार को सरकारी रोजगार दिया जाए। आंदोलन के दौरान किसानों पर बने मुकदमों को तुरंत वापिस लिया जाए। क्योंकि 3 कानूनों की वापसी से साबित हो गया है कि देश के किसान सही मुद्दों को

लेकर संघर्ष कर रहे थे। लखीमपुर खीरी प्रकरण पर उन्होंने कहा कि मुख्य आरोपी के पिता और केंद्रीय गृह राज्य मंत्री जब तक अपने पद पर रहेंगे तब तक न्याय की उम्मीद नहीं है। उन्होंने मांग की कि केंद्रीय गृह राज्य मंत्री नैतिकता के आधार पर अपने पद से इस्तीफा दें या उन्हें बर्खास्त किया जाए।

श्री अखिलेश यादव ने कहा कि सरकार यूपी के चुनाव के बाद फिर कानून ला सकती है, धोखा हो सकता है। किसान नेताओं ने प्रधानमंत्री का धन्यवाद तो किया परंतु कहा कि केवल एक मांग मानी है बहुत सी बाकी हैं। तेलंगाना के मुख्यमंत्री के. चंद्रशेखर राव ने हर मृतक किसान परिवार को तीन लाख रुपये देने का ऐलान किया है। पंजाब सरकार पंजाब के मृतक किसानों के परिवार को पांच लाख रुपये तथा एक सदस्य को नौकरी भी दे रही है। हरियाणा में भूपेंद्र सिंह हुड्डा, नेता कांग्रेस विधायक दल की तरफ से दो लाख रुपये प्रति शहीद परिवार को दिये जा रहे हैं तथा उनको सरकार आने पर शहीद का दर्जा और एक सदस्य को नौकरी देने की घोषणा की है।

संयुक्त किसान मोर्चा की कल की मीटिंग में फैसला लिया गया जिसे बलबीर सिंह राजेवाल ने प्रेस को बताया कि किसान आंदोलन जारी रहेगा। 22 नवंबर को लखनऊ की किसान रैली होगी। 26 को बॉर्डरों पर संख्या बढ़ाकर आंदोलन की वर्षगांठ मनाई जाएगी। 29 नवंबर से पार्लियामेंट के सत्र शुरू होने पर हर बॉर्डर से 500 किसानों का ट्रैक्टर मार्च पार्लियामेंट तक रोज निकाला जाएगा। देश के दूसरे राज्यों में किसान सम्मेलन किए जाएंगे।

ये मांगें फिर से दोहराई गयीं-

1. एम.एस.पी. पर कानून बने।

2. मृतक किसानों के पुनर्वास की व्यवस्था हो।

3. किसानों पर दर्ज मुकदमे वापस हों।

4. पराली जलाने पर जुर्माने का कानून वापस लिया जाए।

5. प्रस्तावित बिजली बिल वापस लिया जाए।

6. केंद्रीय गृह राज्य मंत्री अजय मिश्रा टेनी को बर्खास्त किया जाए तथा उसे गिरफ्तार किया जाए।

इन बातों के लिए प्रधानमंत्री को चिट्ठी लिखी जाएगी और मीटिंग की मांग की जाएगी। 27 नवंबर को फिर मीटिंग होगी। 21 नवंबर, देर रात संयुक्त किसान मोर्चा ने इन मांगों के साथ एक पत्र प्रधानमंत्री को भेज दिया। इस पत्र में यह भी चिह्नित किया गया कि प्रधानमंत्री ने वार्तालाप से हल निकालने की बजाए एकतरफा घोषणा की, यह ठीक नहीं। फिर भी फैसले का स्वागत किया और कहा कि बाकी मांगों के लिए वार्तालाप से हल निकाला जाए ताकि किसान घर जाएँ।

लखनऊ में किसान महापंचायत

लखनऊ में किसान महापंचायत में किसानों का भारी शक्ति प्रदर्शन था। जब किसान नेता लखनऊ हवाई अड्डे पर उतरे तो उनका जोरदार स्वागत किया गया। वक्ताओं ने कहा कि मोदी जी ने बहुत थोड़ी मांग मानी है और बाकी काफी मांगें अभी भी हैं।

उन्होंने किसानों को उनके संघर्ष के लिये धन्यवाद किया। उत्तर प्रदेश सरकार को गन्ने का भुगतान न करने पर चेतावनी दी गई। अजय मिश्रा टेनी को गिरफ्तार करने की मांग की गई तथा लखीमपुर खीरी के शहीदों के परिवारों को मंच पर बैठा कर सम्मानित किया गया। लखनऊ महापंचायत हाजिरी के हिसाब से भी काफी सफल रही। इको गार्डन पूरा खचाखच भरा था। इसमें पूर्वी उत्तर प्रदेश से भी काफी हाजिरी थी। यूपी के मुख्यमंत्री, जो कहते थे कि लखनऊ आए तो बकल उधेड़ दूंगा, उसके मुंह पर तमाचा था।

किसान मोर्चा ने नरेंद्र पाटिल जिसने मछली वर्कर्स के संघर्ष का नेतृत्व किया व मत्स्य पालक समाज के संघर्षों को आगे बढ़ाया, के सुबह देहांत होने पर दुख जताया।

दिल्ली बॉर्डरों पर आंदोलन का पूरा एक साल

नवंबर 26 को दिल्ली बॉर्डरों पर आंदोलन का पूरा एक साल हो गया। इसके उपलक्ष्य में सभी बॉर्डर पर भारी हाजिरी थी। हजारों ट्रैक्टर दोबारा आंदोलन में पहुंच गए। सभी नेता विश्वास में भरे थे। महिलाओं की भागीदारी बहुत ज्यादा थी। टिकरी बॉर्डर पर पीले दुपट्टे ओढ़े महिलाओं का मानो समुंदर उमड़ पड़ा था। दृश्य दूर-दूर तक देखने वाला था। कर्नाटक के नागराज का 5100 किलोमीटर पैदल तय करके 185 दिन में सिंघू बॉर्डर पर पहुंचने पर स्वागत किया गया। उन्होंने किसानों के संघर्ष का गांव-गांव तक प्रचार किया। गायक, कलाकार, खिलाड़ी, फिल्म स्टार तथा दूसरे समर्थकों की सराहना की गई जिन्होंने संघर्ष को आगे बढ़ाने में योगदान दिया। गोहाना के पास एक किसान बलजीत सिंह,

जो पंजाब से आया था, की ट्रक से कुचलकर मौत हो गई। दूसरा किसान घायल हो गया।

कल किसान नेता जोगेंद्र सिंह उग्राहां के भाषण से ऐसा लगा कि किसान अपने कार्यक्रम में परिस्थिति के अनुसार कुछ बदलाव कर सकते हैं। संयुक्त किसान मोर्चा की मीटिंग में किसान मोर्चा ने कुछ नरम रुख अपनाते हुए अपने ससंद मार्च को स्थगित कर दिया और घोषणा की कि अगली मीटिंग 4 दिसंबर को होगी और फिर परिस्थिति के अनुसार पुनर्विचार किया जाएगा। सरकार के रवैये और अपनी लिखी चिट्ठी पर सरकार की प्रतिक्रिया की प्रतीक्षा करेंगे। आज मुंबई के आजाद मैदान में किसानों की एक सफल पंचायत हुई। इसमें बोलते हुए राकेश टिकैत ने आदिवासियों, पुलिस कर्मचारियों व पत्रकारों की मांगों का भी समर्थन किया। महाराष्ट्र सरकार से भी आंदोलन में शहीद हुए किसानों को मुआवजा देने की मांग की।

लोकसभा में किसान कानूनों के निरस्त करने का बिल पेश

29 नवंबर को पार्लियामेंट के सत्र शुरू होने के पहले ही 3 दिन किसान कानूनों के निरस्त करने का बिल पेश किया गया। लोकसभा में 12:00 बजे पेश हुआ और 4 मिनट में पास हो गया। राज्यसभा में दोपहर 2:00 बजे पेश होकर 6 मिनट में पास हो गया। जिस अलोकतांत्रिक ढंग से बिल पास हुए थे इसी तरह इनको वापस ले लिया गया। विपक्ष चिल्लाता रह गया कि इस पर चर्चा हो। परंतु सरकार ने किसी सदन में उसकी न सुनी व राष्ट्रपति के पास स्वीकृति के लिए भेज दिए गए।

किसानों ने नाच नाच कर खुशी मनाई। कल कुछ संगठनों की मीटिंग बुलाई और जो मीटिंग 4 दिसंबर को होनी थी वह एक दिसंबर को बुला ली गई। इस बात की काफी चर्चा है कि आंदोलन को समाप्त करने के पक्ष में बहुमत में संगठन हैं। सरकार श्री अमरेंद्र सिंह व दूसरे संपर्कों द्वारा आंदोलन समाप्त करने के लिए पर्दे के पीछे काम कर रही है। किसानों के विरुद्ध केस वापस हो सकते हैं तथा मृतकों को मुआवजों का प्रावधान भी हो सकता है। शाम होते होते कुछ पत्रकारों द्वारा व्यक्त किया गया कि उपरोक्त खबर प्लान्टिड है।

संयुक्त किसान मोर्चा की एक दिसंबर को कोई मीटिंग नहीं हुई, जैसे खबर लगाई गई थी। परंतु पंजाब व हरियाणा के संगठनों की अलग-अलग मीटिंग जरूर चलती रही। कल सत्य हिंदी चैनल पर एक संवाद में डा0 सुनीलम (एक महत्वपूर्ण संयुक्त मोर्चा सदस्य) ने यह माना कि पर्दे के पीछे तो संवाद चल ही रहा है। आज दैनिक भास्कर में खबर छपी है कि पंजाब के किसान अपना सामान बांध रहे हैं परंतु साथ ही कह रहे हैं कि 4 दिसंबर की संयुक्त मोर्चा की मीटिंग में आंदोलन जारी रखने का फैसला होता है तो सामान को वापस खोल लेंगे।

आज सुबह राकेश टिकैत ने भी और जोगेंद्र सिंह, घासीराम नैन ने भी साफ किया कि जब तक यह माँगें, जैसे मृतक व घायल किसानों को मुआवजा, किसानों पर दर्ज मुकदमों की वापसी, थानों में बंद ट्रैक्टर, MSP पर बनने वाली कमेटी की विस्तार से शर्तें व समय सीमा की घोषणा, अजय मिश्रा टेनी, केंद्रीय गृह राज्य मंत्री का इस्तीफा पूरी नहीं हो जातीं तब तक आंदोलन समाप्त नहीं होगा। फिर भी अंतिम फैसला 4.12.21 की संयुक्त किसान मोर्चा की मीटिंग में होगा।

दो दिसंबर 2021 को चंडीगढ़ में, हरियाणा किसान मोर्चा की हरियाणा के मुख्यमंत्री के साथ मीटिंग हुई। लेकिन बात नहीं बनी। केस वापस लेने बारे कहा कि पहले आंदोलन वापस हो। मुआवजे के बारे में टालमटोल करते रहे। मीटिंग में कॉमरेड इंद्रजीत, मनदीप नाथवान, जोगेंद्र सिंह नैन, रतन मान, अभिमन्यु कुहाड़ व गुरनाम सिंह चढ़ूनी शामिल थे। कॉमरेड इंद्रजीत ने मुझे बताया कि बातचीत सकारात्मक रही परंतु अभी घोषणा न करने का फैसला लिया गया है।

तीन दिसंबर 2021 को मृतक किसानों के मुआवजे बारे सदन में कृषि मन्त्री नरेंद्र सिंह तोमर ने कहा कि सरकार के पास मृतकों का कोई डाटा नहीं है, इसलिए मुआवजा नहीं दिया जा सकता। इसकी काफी आलोचना हुई। रवीश कुमार ने NDTV पर प्राइम टाइम में आलोचना की। किसान नेता योगेंद्र यादव ने कहा कि हमारी वेबसाइट पर सारा डाटा है। सरकार के पास IB जैसी एजेंसियां हैं जिनके माध्यम से पता किया जा सकता है। दीपेंद्र सिंह हुड्डा ने कहा कि उसके पास 682 किसानों की सूची है। हरियाणा के अस्पतालों में पोस्टमार्टम हुआ है।

चार दिसंबर की संयुक्त किसान मोर्चा की मीटिंग में (पर्दे पीछे की सरकार से बातचीत के अनुसार) किसानों ने सरकार से बातचीत के लिए पांच व्यक्तियों की कमेटी की घोषणा कर दी।

1. डा0 अशोक धावले, प्रधान अखिल भारतीय किसान सभा। यह महाराष्ट्र से हैं।

2. गुरनाम सिंह चढ़ूनी (हरियाणा)

3. सरदार बलबीर सिंह राजेवाल (पंजाब)

4. युद्धवीर सिंह किसान यूनियन टिकैत (उत्तर प्रदेश)

5. शिवकुमार शर्मा कक्का (मध्य प्रदेश)

अगली मीटिंग 7 दिसंबर की बुलाई गई है। इस बीच सरकार के कदम का इंतजार करेंगे। ऐसा लगता है दोनों तरफ से बातचीत आगे बढ़ रही है। किसान मोर्चा पांच नेताओं की सूची सरकार को भेजने के बाद अपनी चिट्ठी के जवाब का इंतजार कर रहा था। मोर्चा को आज सरकार का पत्र मिला। मोर्चा ने इस पत्र पर निम्नलिखित विरोध दर्ज कराये हैं।

1. पत्र में केस वापसी या आंदोलन की वापसी की शर्तों का न होना।

2. एमएसपी पर भारत सरकार व राज्य सरकारों के प्रतिनिधियों के साथ किसान मोर्चा से अलग दूसरे किसान संगठन के प्रतिनिधि शामिल करने बारे।

3. बिजली बिल पर पहले संसद में नया विधेयक लाने के पहले के आश्वासन के बावजूद संसद में पेश होने वाले कानूनों की सूची में न आना।

इन बातों पर अपने एतराज व सुझाव दोबारा सरकार को भेजकर कुछ क्लेरिफिकेशन के लिए पत्र भेजा है। कल फिर संयुक्त किसान मोर्चा की मीटिंग होगी। किसान मोर्चा ने जो सरकार के प्रस्ताव पर एतराज लगा कर भेजा था उसका जवाब एक संशोधित ड्राफ्ट के रूप में सरकार की तरफ से आया। इसके बाद 5 सदस्य कमेटी ने विचार के बाद संयुक्त किसान मोर्चा की मीटिंग में रखा। पूरे मोर्चे की बैठक के बाद पांच सदस्यों ने मोर्चे की तरफ से प्रेस कॉन्फ्रेंस की। उसमें उन्होंने बताया कि हम पूरे ड्राफ्ट को अभी

नहीं बता सकते परंतु सरकार ने कुछ विवादित पहलुओं को हटा दिया है और कुछ में सुधार किया है। उसको सर्वसम्मति से मोर्चा ने स्वीकार कर लिया है। सरकार से मांग की है कि इस ड्राफ्ट को पत्र की शक्ल में सरकार भेजे ताकि वह सरकार का आधिकारिक पक्ष माना जाए। कल दोपहर बाद फिर संयुक्त किसान मोर्चा की मीटिंग होगी।

सरकार की तरफ से आधिकारिक पत्र

नौ दिसंबर को सरकार की तरफ से आधिकारिक पत्र संयुक्त किसान मोर्चा को मिल गया। पत्र में निम्नलिखित आश्वासन हैं:

1. एम.एस.पी. पर कमेटी बनेगी। इसमें संयुक्त किसान मोर्चा के प्रतिनिधि, कृषि वैज्ञानिक, केंद्र व राज्यों के अफसर होंगे। अभी खरीद की स्थिति जारी रहेगी।

2. केस वापसी- हरियाणा, उत्तर प्रदेश, उत्तराखंड, मध्य प्रदेश व हिमाचल सरकार राजी हैं। केंद्र शासित राज्यों के रेलवे द्वारा दर्ज केस तुरंत वापस होंगे। हरियाणा में 1747 नामजद व 264 एफ. आई. आर अज्ञात को मिलाकर 48 हजार पर केस दर्ज हैं जो वापिस होंगे। मर्डर व रेप के 4 केस वापस नहीं होंगे।

3. मृतकों के परिवारों को मुआवजा-हरियाणा व यूपी सरकार द्वारा सहायता राशि स्पष्ट नहीं की गई। परंतु सूत्रों के मुताबिक पंजाब की तर्ज पर 5 लाख रूपये दे सकते हैं।

4. बिजली बिल- सरकार इस बिल को संसद में नहीं लाएगी। इस के प्रावधानों पर अब पहले किसानों व अन्य सरकारों सहित सब पक्षों से चर्चा होगी।

5. प्रदूषण कानून से सेक्शन 15 हटाना- केंद्र ने कानून पास किया है, उससे धारा 14 व 15 में क्रिमिनल लायबिलिटी से किसान को मुक्ति दी है। किसानों को जेल नहीं भेजा जाएगा।

आंदोलन स्थगित

इसके बाद संयुक्त किसान मोर्चा की पूरी मीटिंग हुई व सर्व सम्मति से आंदोलन को स्थगित कर दिया गया। सरकार की कार्रवाई की प्रगति की समीक्षा करने के लिए अगली मीटिंग 15 जनवरी 2022 को बुलाई गई है। यह आंदोलन 378 दिन चला। दुनिया का सबसे लंबा व संख्या के हिसाब से भी सबसे बड़ा है इसके बावजूद शांतिपूर्ण भी रहा।

11 तारीख को सुबह सभी बार्डरों से किसान ट्रैक्टरों में अपना सामान भरकर घर के लिए रवाना हुए। हरियाणा में पंजाब के किसानों का रास्ते भर में नाच गाने, खीर, हलवा, लड्डू, जलेबी खिला कर स्वागत किया गया। जैसे लंका जीतकर राम जी की फौज अयोध्या लौटे रही हो। सारा हरियाणा खुशी से झूम उठा। सब टोलों पर हजारों जवानों, महिलाओं, पुरूषों ने नाच गाकर जशन मना कर विजेता किसानों का स्वागत किया। बड़े दुख की बात है कि टिकरी बॉर्डर से लौटते हुए तीन किसानों की दुर्घटना में मौत हो गई। एक ट्रक ने पीछे से ट्रैक्टर ट्राली में टक्कर मार दी।

1. दिल्ली की ओर कूच कर रहे किसानों पर अंबाला में वॉटर कैनन का इस्तेमाल

2. किसानों के धरने में लंगर का नजारा

3. आंदोलन के दौरान गुरु नानक देव जी की जयंती पर बैरिकेड्स के ऊपर मोमबत्तियां जलाते किसान

4. किसान आंदोलन के समर्थन में प्रदर्शन करते अधिवक्ता

5. किसान आंदोलन के समर्थन में तमिलनाडु के किसान भी कूद पड़े

6. किसान दिवस पर किसानों द्वारा रेल रोको अभियान

7. आंदोलन के समर्थन में महाराष्ट्र के किसानों का मुंबई मार्च

8. रोते हुए राकेश टिकैत: वो पल जिसने किसान आंदोलन को पुनर्जीवित कर दिया

9. राकेश टिकैत के रोने के बाद किसानों ने जगह खाली करने से इनकार कर दिया

10. किसानों के समर्थन में गायक कंवर ग्रेवाल और हरफ चीमा

11. संसद में किसानों के पक्ष में बोलते दीपेंद्र हुड्डा

12. महिला दिवस पर लवलीन धालीवाल के नेतृत्व में महिला अधिवक्ताओं ने चंडीगढ़ से दिल्ली तक ट्रैक्टर मार्च निकाला

13. तीन कृषि कानूनों की घोषणा की सालगिरह पर किसानों का विरोध प्रदर्शन

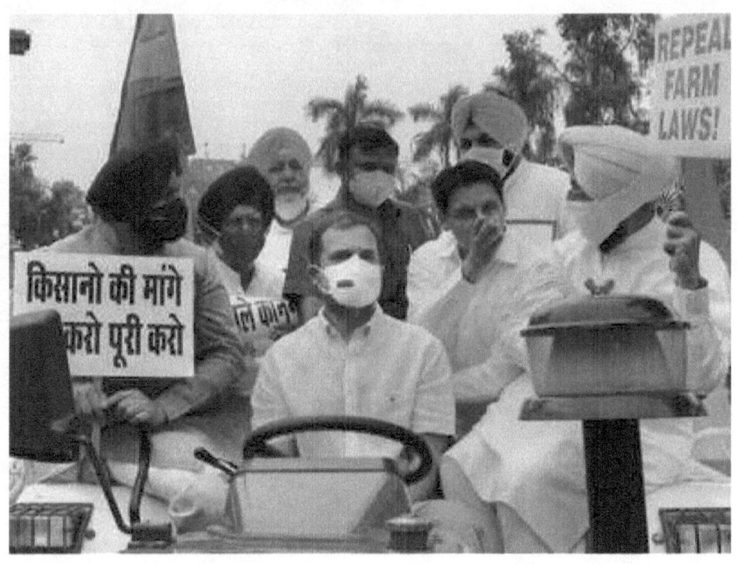

14. राहुल गांधी तीन कृषि कानूनों के खिलाफ दीपेंद्र हुड्डा और अन्य सांसदों के साथ ट्रैक्टर चलाकर संसद पहुंचे

15. महिला किसान संसद का एक दृश्य

16. मुज़फ़्फ़रनगर किसान पंचायत से एक झलक

17. लखीमपुर की किसान श्रद्धांजलि सभा में प्रियंका गांधी वाड्रा और दीपेंद्र सिंह हुड्डा।

18. आंदोलन की जीत पर जश्न मनाते किसान

19. किसान आंदोलन स्थगित करने का ऐलान करते नेता

20. किसान नेता जोगेंद्र सिंह उग्राहां के साथ बातचीत करते हुए लेखक (9 मार्च 2022)

भाग 2

ग्यारहवां अध्याय

हरियाणा के टोल

हरियाणा के टोलों के बारे में अलग से अध्याय लिख रहा हूँ। इसके कई कारण हैं। ये टोल सारे आन्दोलन के एक तरह से भर्ती केन्द्र रहे हैं। सयुंक्त किसान मोर्चा के संदेशों को नीचे गांव तक ले जाने में इन का बहुत बड़ा योगदान रहा है। स्थानीय स्तर पर अनेक तरह की गतिविधियों का केन्द्र रहे हैं। ये टोल पंजाब से आने वाले किसानों के लिए एक आश्रयस्थल हैं। लगभग सभी टोलों पर लंगर चलते हैं। मैंने हर टोल पर कार्यकर्ताओं की जाति का उल्लेख किया है। यह इस बात को दर्शाने के लिये किया है कि यह आंदोलन केवल एक जाति या वर्ग का न होकर व्यापक था।

कितलाना टोल

23 अगस्त 2021 को मास्टर महावीर रानीला, जो किसान आंदोलन व कितलाना टोल पर विशेष सक्रिय हैं, के साथ कितलाना टोल पर पहुंचा। साथ में रानीला से ही पूर्व सरपंच बलवन्त व हवा सिंह हैं। कितलाना टोल पर इंचार्ज गंगाराम श्योराण, सूरजभान सांगवान (प्रधान सांगवान मौजूदा कन्नी तपा) ने स्वागत किया व मुझे संबोधन करने का मौका दिया।

कितलाना टोल, खटकड़ टोल की तरह हाजिरी व आंदोलन में अग्रणी है। यहां सारे भिवानी जिले से किसान आते हैं। कृषि कानूनों के विरोध में कितलाना टोल प्लाजा पर चल रहे अनिश्चितकालीन धरने पर 26 फरवरी को फिर पहुंचे युवा सांसद दीपेंद्र हुड्डा ने किसानों का समर्थन किया। इनके साथ पूर्व केंद्रीय मंत्री जयप्रकाश, पूर्व विधायक चौ. रणबीर सिंह महिंद्रा, पूर्व विधायक चौ. सोमवीर सिंह, ठाकुर लाल सिंह, दादरी बार के सुरेंद्र प्रधान, धर्मेंद्र सांगवान, अनिल धनखड़, राजू मान, अमन पाल्हावास, धीरज सिंह, प्रदीप गुलिया, सुमित, बलजीत फोगाट, बलवंत प्रधान, बिरेंदर श्योराण, नरसिंह सांगवान सहित बड़ी संख्या में चौगामा खाप, सतगामा खाप, सांगवान खाप, श्योराण खाप, फोगाट खाप के गणमान्य लोग मौजूद रहे।

सक्रिय कार्यकर्ता लगभग रोज आते हैं। कप्तान सत्यवीर सांगवान कितलाना, नरसिंह सांगवान (डी. पी. ई. व सांगवान खाप के उप प्रधान), कामरेड ओमप्रकाश दूहन, मास्टर शेर सिंह (भूतपूर्व प्रधान, अध्यापक संघ हरियाणा), विजेंद्र सिंह बेरला (प्रधान श्योराण-25 बाढड़ा), मास्टर राज सिंह जताई, रणधीर सिंह कूंगड़ किसान सभा, सुरेंद्र सिंह सांगवान (कुब्जानगर), जगदीश श्योराण (हुई), आदि प्रतिदिन आने वालों में हैं। ओमप्रकाश लगातार 500 रुपए रोज देते थे, परंतु बाद में कमेटी ने रोक दिया। रणधीर धिकाड़ा, सुभाष यादव, प्रहलाद गढ़, सुशील धानक इंटक, शब्बीर हुसैन कितलाना, कमल सिंह झोझू, मंगल सिंह बजाड़ सुई, बलवंत नंबरदार-दादरी प्रधान फौगाट खाप, शमशेर खातीवास प्रवक्ता फोगाट, सुरेश-सचिव दादरी, धर्मपाल उप प्रधान मेहराना, जाट खाप धनाना से रोहतास पहलवान, कप्तान भीम

सिंह मित्ताथल, सूबेदार राजमल धनाना, अजीत धनाना, राजेश बूरा प्रेमनगर, संदीप सिवाच मित्ताथल भी प्रतिदिन आते हैं।

श्योराण-52 से स्वामी सदानंद सरस्वती, संदीप श्योराण, सुनील श्योराण एडवोकेट, ईश्वर सिंघानी, रमेश पंघाल, सत्यवान पंघाल, बलवंत नंबरदार पटौदी, चरण सिंह जैनावास, का० दयानंद पूनिया सिवानी, बामला के सुंदर पहलवान विशेष सक्रिय भूमिका में हैं। कमलेश सीटू-आशा वर्कर, कृष्णा छपार पूर्व जिला पार्षद, संतोष देशवाल जनवादी महिला समिति, बिमला घनघस जनवादी महिला समिति, कविता आर्य, कल्याणी आर्य (रामजीलाल पूर्व सांसद की पोती) वेद कौशिक, रोशनी खान (महम से है) जूई, नवीन ऊण, नरेश श्योराण, राकेश श्योराण चांदवास, कृष्णा सिंधवा राघो विशेष सक्रिय रहे। कमल प्रधान सुपुत्र जंगबीर सिंह पूर्व सांसद (युवा कल्याण संगठन) फ्री मेडिकल कैंप चलाते हैं। राजू मान सुपुत्र रणसिंह मान पूर्व विधायक प्रेस का कार्य व वीडियो बनाते हैं।

सोमवीर सांगवान विधायक व प्रधान सांगवान खाप एकमात्र विधायक जिसने सरकार से समर्थन वापिस लिया व चेयरमैन के पद से त्यागपत्र दिया, इस टोल पर विशेष नेतृत्व दे रहे हैं। एक भारी सर्व खाप पंचायत 7 फरवरी यहां बुलाई थी जिसमें लगभग 40,000 आदमी थे। राकेश टिकैत, बलबीर सिंह राजेवाल व डॉ दर्शन पाल आए थे। सोनिया मान भी आई थी।

खटकड़ टोल

इस टोल पर पहला कार्यक्रम जोगेंद्र सिंह उग्राहां के जत्थे का स्वागत का रहा। इस टोल से कुछ ही दूरी पर झांझ शुगर मिल के सामने चाय पानी पिलाया गया। टोल पर पहला कार्यक्रम 12

दिसंबर 2021 को हुआ। 1 दिन के लिए टोल फ्री करवा दिया। 14 दिसंबर को जींद में कई हजार का प्रदर्शन हुआ। 25 दिसंबर को टोल फ्री करवा दिया गया। 26 जनवरी से पहले ट्रैक्टर मार्च के अच्छे रिहर्सल किये गये। टोल पर सारे तीज त्यौहार, अंबेडकर जयंती, रविदास जयंती, धन्ना जाट दिवस सब मिलजुलकर मनाए गए। विशेष अवसरों व मोर्चा की कॉल पर हजारों की हाजिरी होती रही। राज्यसभा सांसद दीपेंद्र सिंह हुड्डा 3 जनवरी को खटकड़ टोल प्लाजा (NH-71) व कैथल-कुरुक्षेत्र टोल प्लाजा पर पहुंचे और आंदोलन के दौरान शहीद हुए किसानों को श्रद्धांजलि दी। इसके बाद सीधे ईंटल कलां में किसान जगबीर सिंह जी के घर पहुंचकर उन्हें श्रद्धांजलि अर्पित की और परिवारजनों से मिलकर शोक-संवेदनाएं प्रकट कीं। उन्होंने सरकार से माँग की कि आंदोलन में जान की कुर्बानी देने वाले किसानों को शहीद का दर्जा, आर्थिक मदद और परिवार को नौकरी दिए जाएँ। साथ ही उन्होंने कहा कि अगर ये सरकार ऐसा नहीं करती है तो हमारी सरकार बनने के बाद ऐसा किया जाएगा। सांसद दीपेंद्र का कहना है कि सरकार को किसान आंदोलन पर चर्चा के लिए बिना देरी किए संसद व हरियाणा विधानसभा का विशेष सत्र बुलाना चाहिए।

सांसद दीपेंद्र हुड्डा ने 21 मार्च को खटकड़ टोल, बद्धोवाला टोल पर लगे किसान धरनों में आंदोलनरत किसानों के बीच पहुंचकर उनका हालचाल पूछा व हौसला बढ़ाया। आंदोलनरत किसानों ने दीपेंद्र हुड्डा द्वारा राज्यसभा में किसानों के मुद्दे जोरदार तरीके से उठाए जाने पर धन्यवाद दिया। सांसद दीपेन्द्र हुड्डा ने गांव ढिंडोली में शहीद किसान स्व. राधा सिंह मान और गांव सिंहवाल में शहीद किसान स्व. करमबीर के घर पहुंचकर उन्हें श्रद्धांजलि अर्पित की और परिवारजनों से मिलकर उन्हें ढांढस बंधाया व शहीद किसानों के

परिवारों को दी जा रही 2-2 लाख रुपये की आर्थिक मदद सौंपी। इस दौरान पूर्व केंद्रीय मंत्री जय प्रकाश, विधायक सुभाष गांगोली, विधायक इंदुराज नरवाल, पूर्व विधायक सुल्तान सिंह जडोला, दरवेश पुनिया, धर्मेंद्र ढुल, बलराम कटवाल, वीरेंद्र घोघड़िया, संजीव कल्याण, सुरेश गोयत, अंशुल सिंगला, जगबीर ढिगाणा, मंजीत लाठर, रोहित दलाल, मोहित लाठर, मनदीप धनोदा, जिला पार्षद दिनेश समेत अन्य गणमान्य लोग मौजूद रहे।

मैं 24 अगस्त 2021 को मास्टर महावीर रानीला, हवा सिंह रानीला व का० प्रकाश चंद नेता सीपीएम के साथ यहां पहुंचा। यहां हलवा खिला कर स्वागत किया गया। मैंने व मास्टर महावीर ने किसानों को संबोधित भी किया। इस टोल पर हाजिरी सारे हरियाणा के टोलों में पहले नंबर की रहती है। इस दिन भी 800 की हाजिरी थी। 500 पुरुष व 300 महिलाएं। महिलाएं कमला जुलानी व शीला जुलानी गाना गा रही थीं। कविता सरपंच खरक रामजी, तीन काले कानूनों के खिलाफ व हिंदू-मुस्लिम सांप्रदायिकता के विरुद्ध भाषण दे रही थी। इस टोल की विशेषता यह है कि यहां रोज कम से कम 50 मुस्लिमों की हाजिरी रहती है, तथा चमारों की हाजिरी भी रहती है। बैकवर्ड की भी भागीदारी है।

सतबीर पहलवान बरसोला (प्रधान खेड़ा खाप) यहां के प्रधान हैं। यहां खटकड़ गांव के प्रतिष्ठित आदमियों की हाजिरी रोज रहती है। भरत सिंह पूर्व सरपंच खटकड़, अमरजीत पहलवान लगातार रहते हैं। कर्मचारी संगठन व SC/BC के कर्मचारी संगठन लगातार शामिल होते हैं। यह 105 गांवों का टोल है। सभी 105 गांवों में युवा संगठन बना रखा है जिसका संयोजक अनिस खटकड़ है। संदीप बड़ौदा प्रधान है। यहां यूट्यूब चलाने वाले कई साथी

हैं। बोल गाबरु बोल, हरियाणा हलचल, जनक्रांति, ए टू जेड हरियाणा, बिंदास हरियाणा, खास हरियाणा व Nine Media आदि का आंदोलन में खास योगदान रहा है।

महिलाओं की भागीदारी - पूनम कंडेला, अनीता सूदकन कलां, राजबाला खटकड़, अनीता खटकड़ (गायक व गीतकार), सिक्कम श्योकंद, शीला बरसोला, धौली पाहलवां (जनवादी महिला समिति) विशेष सक्रिय हैं। नूतन (महासचिव जींद आशा वर्कर यूनियन) की भी बड़ी भागीदारी है। कंडेला वाली ताई सुदेश विशेष भाषण कर्ता के रूप में प्रसिद्ध है। बड़ी धाकड़ है।

ईश्वर छात्तर, वेद प्रकाश शर्मा अलीपुरा, अमित चहल बड़ौदा, लीलू बडनपुर, बसाऊ सरपंच कलौदा ग्यारह वर्षीय सृष्टि आर्य जो जींद से तथा (आर्य समाजी) अच्छी गायक है। मुस्कान खटकड़ गायक, वक्ता व कवयित्री है जिसकी उम्र 12 साल है।

बदोवाला टोल

मास्टर बलबीर सिंह सिंधू इस टोल कमेटी के प्रधान हैं। बड़े सुलझे हुए व्यक्ति हैं। यह टोल सबसे व्यवस्थित ढंग से चला है तथा 27 गांव का प्रतिनिधित्व करता है। 21 गांव जाट बाहुल्य, 5 गांव सिखों के तथा एक सैनियों का है। सबकी भागीदारी बराबर की रही है। यहां संचालन के लिए चार अलग-अलग कमेटियों का गठन किया गया। यह कमेटी हैं:

1. टोल प्रबंधन कमेटी

2. लंगर व भंडारा कमेटी

3. दूध कमेटी

4. संघर्ष कमेटी

यह सब कमेटियां अपना अपना हिसाब हर महीने की आखिरी तारीख को टोल पर सब साथियों को पढ़कर सुनाती हैं। इस टोल कि एक विशेषता यह है कि यहां महिलाएं अलग-अलग गांव से 20-25 क्विंटल दूध एकत्रित करके हर दूसरे दिन बॉर्डर पर पहुंचाती हैं। इसमें धमतान साहब के गुरुद्वारे के संचालक बाबा अमरीक सिंह का विशेष सहयोग रहा। दूध गुरुद्वारे के फ्रीजर वाले टैंकर में जाता है।

इस टोल की एक और विशेषता यह रही कि यहां एक शहीदी कोष बनाया गया जिसके द्वारा टोल एरिया में शहीद होने वाले हर किसान के परिवार को एक लाख बीस हजार रुपये दिए गए। शहीदों के नाम हैं-किताब सिंह उझाना, कर्मवीर सिंहवाल, राधा सिंह मान ढिढौली, इंद्र सिंह ठोलेदार उझाना, रलदू सिंह हंसडहर, बसाऊ राम एक्स सरपंच कलोदा कलां। एक और विशेषता इस टोल प्लाजा पर महिलाओं की भागीदारी है। महिलाएं योजना बनाने, कमेटियों की मीटिंग में भाग लेने, योजनाओं के क्रियान्वयन में सक्रिय भूमिका निभाती रही हैं। टोल प्लाजा पर सभाओं का संचालन हर दूसरे दिन महिलाओं के हाथों में रहता रहा है। उदाहरण के तौर पर किसान आंदोलन के पुरोधा स्वर्गीय घासीराम नैन के जन्मदिन पर सारे हरियाणा के टोलों से आए सक्रिय कार्यकर्ताओं व आम लोगों की लगभग 15000 की हाजरी के समारोह का संचालन डिंपल नैन दनौंदा खुर्द, जो बहुत पढ़ी लिखी है, सीमा बदोवाला व पूनम बडनपुर ने किया।

इसके अलावा 8 मार्च को अंतर्राष्ट्रीय महिला दिवस भी धूमधाम से मनाया गया। इस मौके पर जनवादी महिला समिति की राज्य महासचिव सविता ने महिलाओं के अधिकारों पर बात की। टोल पर सावित्रीबाई फुले व नेताजी सुभाष चंद्र बोस की सेना की कप्तान लक्ष्मी सहगल की जयंती भी मनाई गई। आजाद हिन्द फौज की कप्तान लक्ष्मी सहगल की पुत्री पूर्व सांसद सुभाषिणी अली ने संबोधित किया और महिलाओं द्वारा आजादी की लड़ाई में भूमिका को उजागर किया। 15 अगस्त के आजादी दिवस पर सीमा बदोवाला ने जो पहले घूंघट करती थी उसे हटाने की घोषणा की। कितनी बड़ी सकारात्मक पहल कदमी है। इस टोल प्लाजा पर महिलाओं की सांस्कृतिक रुचि व क्षमताओं में भी काफी विस्तार हुआ। बिल्कुल साधारण औरतों ने ऐसे लोकगीतों की रचना की जिन्हें यूट्यूब पर तीन लाख लोगों ने देखा। उदाहरण के तौर पर कमलेश सच्चा खेड़ा का ये गीत-

---

"मेरे हारी नहीं बीमारी - मोदी की मरज ने मारी"

मैने कहां ऐ म्हारे जहाज ना बेचिऐ

आऐ अम्बानी ते जहाज बेचे गया, मोदी की मरज ने मारी

....

मैने कहां म्हारी रेल ना बेचिऐ, आऐ अडानी ते रेल बेच गया, मोदी की मरज न मारी ....

मैने कहा बस ना बेचिऐ, आऐ महारे बालकां की नौकरी के लात मारी, मोदी की मरज न मारी ....

मैंने कहां नोट बन्दी ना करीये, आये दुनिया लाईन में लादी।
मैरे हारी ना बिमारी.........

कमलेश सच्चा खेड़ा कह एम. एस पी. की गारंटी लेंगे, आऐ
ये काले कानून लाया

अनेकों गांव में महिलाओं ने अपनी पहलकदमी पर एक एक गांव में 100-100 मन अनाज, दूध व दूसरी खाद्य सामग्री तथा टोल के लिए चंदा इकट्ठा किया। जनवादी नौजवान सभा के युवाओं व युवतियों ने लगभग 75 गांवों में जागरूकता अभियान चलाया। लीलू बडनपुर अच्छे गायक तथा सक्रिय हैं।

महिलाओं में भतेरी ढाकल, संतोष सच्चा खेड़ा, गुड़्डी दनौदा, पतासो बडनपुर, उषा इस्माइलपुर, नीलम बडनपुर ने भी सैकड़ों गीतों की रचना की व मंच से गाया। महिलाओं ने मंच से सरकार की नीतियों के खिलाफ लगातार भाषण दिए। इनमें सन्नी बेलरखा, सीमा बदोवाला, डिंपल नैन दनौदा खुर्द, पूनम बुडनपुर, अनीता कर्मगढ़, कविता व मीना नेपेवाला, विमला बुडनपुर, सुषमा बेलरखा, कमलेश धनौरी मुख्य वक्ता रहीं। संचिता दनौदा कलां गायक व भाषण कर्ता है। मंजू बदोवाला पेशेवर गायक है पर टोल पर भी गाती है। एक छोटी बच्ची संध्या छात्तर गायक व भाषण कर्ता हैं तथा बड़ी प्रतिभाशाली है। निर्मल सच्चा खेड़ा, विमला, व खजानी बडनपुर बर्तनों की सफाई निशुल्क करती रही हैं। राजपाल डूमरखां सारा सफाई का काम व प्रबन्ध करते रहे। नरवाना मंडी से लाखों रुपए का चंदा आया है। सभी बिरादरियों का चंदे में व हाजिरी में सहयोग है। पीपलथा, गढी, दाता सिंह वाला, रसीदां व

हंस डहर सिख बाहुल्य गांव हैं, सभी अपनी बारी पर बढ़-चढ़कर आते हैं। गढी में लंगर नरवाना संगरूर रोड पर चलता है। पदार्थ खेड़ा जो सैनी बाहुल्य है बढ़ चढ़कर हिस्सा लेता है। नौजवानों में सुनील बद्दोवाला, सुखबीर दबलान, नरेश बेलरखा, नरेश दनौदा जनवादी नौजवान सभा के सक्रिय युवक हैं। जयपाल गायक कलाकार पार्टी दनोदा सक्रिय रहे।

भावदीन टोल

संयुक्त मोर्चा के आह्वान पर 12 दिसम्बर 2020 को तीन दिन के लिये यह टोल फ्री किया गया। रोशनलाल नेता किसान सभा (सी.पी.आई.) ने अपने गांव से 70-80 किसान, भावदीन से 40-50 व दूसरे दूर के गांवों से 200-250 लोगों के साथ 3 दिन और बाद में स्थाई तौर पर बंद कर दिया, जो आंदोलन खत्म होने तक जारी रहा। पंजाब के किसानों को पंजुआना गांव के पास व भावदीन टोल पर 25 नवंबर को खाना खिला कर स्वागत के साथ रवाना किया गया। टोल पर लंगर शुरू कर दिया गया। खर्चा गांव के हिसाब से दिया जाता है। प्रतिदिन एक गांव के हिसाब से खर्चा लगा देते हैं। आम चंदा भी आता है। 26 जनवरी की कॉल पर टोल पर ट्रैक्टर मार्च का रिहर्सल हुआ और सिरसा से दो हजार वाहन दिल्ली पहुंचे। बागड़ी जाट की भागीदारी मामूली है। कंबोज व सिख जाट आंदोलन में और टोल पर हाजिरी करते हैं।

रोशन सुचान (किसान सभा नेता), प्रहलाद सिंह भारूखेड़ा (हरियाणा किसान मंच), स्वर्ण सिंह (बाबा बोहड़), लखविंदर सिंह औलख (भारतीय किसान एकता), मैक्स साहूवाला, मनदीप नाथवान (पगड़ी संभाल जट्टा), सिकंदर सिंह रोड़ी (चढूनी ग्रुप),

मुकेश वर्मा फतेहपुरिया, हरपाल सिंह फतेहपुरिया, राजकुमार शेखुपुरिया किसान सभा (सी.पी.एम.) इस टोल पर नेतृत्व प्रदान करने में मुख्य हैं। मास्टर लखविन्द्र सिंह (दलित) गांव मोधीवाला रोज नये नये गीत बनाकार गाते हैं। उषा व मोनिका गोदारा एडवोकेट (चढूनी ग्रुप) भी सक्रिय तो हैं पर इन्हें गम्भीरता से नहीं लिया जाता है। विकल पचाहर सक्रिय है लेकिन इसकी व्यक्तिवादी छवि है। नौजवान सभा से पवेल, हमजिंदर सिद्धू (पूर्व एस. एफ. आई. नेता), अरमान गिल (ए. आई. एस. एफ.) आदि सक्रिय हैं।

लांधड़ी चिकन वास टोल

12 दिसंबर 2020 से यह टोल फ्री कर दिया गया था। तब से आखिरी तक फ्री चला। अब 50-60 व्यक्ति रोजाना बैठते हैं। विशेष प्रोग्रामों में हाजिरी ज्यादा हो जाती है। जाट, बिश्नोई, एससी, बीसी सबकी भागीदारी है। महिलाएं प्रोग्रामों में आती हैं। सुदेश सिवाच गोरखपुर से व सुनीता सिवाच गाती भी हैं तथा भाषण भी देती हैं। दोनों शिक्षित हैं।

संदीप सिवाच (गोरखपुर/डंडूर), प्रदीप व समुद्र मलिक (चिकन वास) इस टोल के मुख्य नेता हैं। 21 सदस्यीय कमेटी संचालन करती है, जिसमें राजवीर सिवाच, गोपाल औड़ राजपूत नंगथला, प्रदीप मालिक चिकन वास लांधड़ी से बिश्नोई समाज के महावीर पुनिया, अजय जोहर, सरदार करमजीत सालम खेड़ा, सरदार रघबीर सिंह, सरदार चरण पाल (लुदास), पृथी (सिवानी), अमीलाल मोची, बलवंत सिवाच, प्रताप गोदारा व वेद गोदारा (काली रामण) मुख्य हैं। जगदीश सहारण जगान, सुरेश नायक

दुरजनपुर, सुरेन्द्र अग्रोहा, सतबीर डूडी व राम कुमार फ्रासी लगातार टोल पर आते हैं। संदीप जांगड़ा मीरपुर, संदीप सिवाच, राजेश किरमारा को लाठी चार्ज में चोट लगी तथा 16 मई 2021 को 307 का मुकदमा दर्ज हुआ।

इस टोल पर लगातार लंगर चल रहा है। कभी-कभी 10000 तक लोगों ने खाना खाया है। 23, 24 व 25 जनवरी 2021 को 25 हजार तक संख्या पहुंच गई थी। दूध व लस्सी का जिम्मा क्रमवार अलग-2 गांव का है। खर्चा सामूहिक है। गोरखपुर गांव की विशेष भागीदारी रहती है। इस टोल पर 4 किसान शहीद हुए हैं दो गोरखपुर से (संदीप सिंधू व पण्डित साधू राम) व दो कुलेरी से (रसीद खान व महेंद्र सिंह थक्कन)। महेन्द्र सिंह दुष्यंत के खिलाफ नारे लगाते हुए शहीद हुआ।

माइयड़ टोल

इस टोल पर सूबेदार रणवीर सिंह मलिक संचालक व प्रधान हैं। यह मांगेराम मलिक जो भारतीय किसान यूनियन के सालों तक नेता रहे और एक तरह से किसान आन्दोलन के जनक थे, के पुत्र हैं। अब उमरा गांव की तरफ से टिकरी बॉर्डर पर पिलर नंबर 767 पर मांगेराम मलिक के नाम से लंगर चलता है। टोल पर धरना 25 दिसम्बर 2020 से शुरू हुआ और उसी दिन से टोल फ्री है।

शुरू में कुलदीप खरड़ व कालिया खरड़ ने घर से दूध, एक किलो चीनी व एक पाव चाय से लंगर आरंभ किया जो जल्दी ही पूरे लंगर में तब्दील हो गया जो आज तक चालू है। पहले बीड़ बाबरान के गुरुद्वारा ने लंगर शुरू कर दिया। ढंढेरी व रमायण गांव का सबसे ज्यादा योगदान है, परंतु दूसरे गांवों से भी

सहयोग मिलता है। चंदा खुद नहीं मांगते बल्कि लोग स्वयं देते हैं। प्रेम सिंह मलिक ने 300000/- (तीन लाख रूपये) दिए हैं। हांसी की मंडी से बार-बार सहायता मिलती रहती है। प्राइवेट बसों वाले भी खुले दिल से चंदा देते हैं। कर्मचारी 5000 से 10,000 रूपये तक गुप्त दान दे जाते हैं। अब टोल का सारा प्रबंध कार्यकारी प्रधान के रूप में दशरथ मलिक (नवयुवक) व कुलदीप सहरावत (खरड़) करते हैं।

टोल पर 100 से 150 महिलाएं रोज आती हैं। विशेष कार्यक्रमों में संख्या हजारों में पहुंच जाती है, खासकर जेजेपी व भाजपा नेताओं का विरोध करते समय। सरोज, गुड्डी नरवाल (न्याना), राजपति (ढंढेरी), कृष्णा खरड़, कृष्णा (सातरोड़ कलां), चांदनां व सोनिया बीड फार्म अच्छा गाती व भाषण देती हैं। विद्यार्थी संगठन की नेता हैं, रोशनी (न्याणा) आदि मुख्य महिला नेत्री हैं। एक बहादुर महिला निर्मला जिसके सिर में हिसार प्रदर्शन में गोला लगा था, ढंढेरी गांव की है।

रामकुमार हुड्डा (खोखा), प्रताप रामायण, संगीत व मास्टर भगवंत बामल खरकड़ा, राम कुमार मलिक (ढंढेरी) पटेल सुल्तानपुर, चंद्र लंबरदार, ओम, बलवान (सातवास प्रधान), कृष्ण देपल, रतिराम मलिक देपल, आजाद, राम कुमार, जय वीर, रणबीर माइयड़, राजा नंबरदार खरड़, मांगेराम भाकर माइयड़, चंदन नंबरदार, रामकिशन, ढंढेरी के चमारों में बलबीर, जोगा व जग्गड़, मांगे नाई, पंडित लूटा, बलबीर झींवर, रघुवीर श्योराण (मलिकपुर) मुख्य कार्यकर्ता हैं। विकास (सीसर) व रवि आजाद ने इस टोल पर नेतृत्व देने का प्रयास किया, परन्तु ये दोनों स्वच्छन्द प्रकृति के हैं।

कांग्रेस सांसद दीपेंद्र हुड्डा 2 मार्च को मय्यड़ टोल, लांधड़ी चिकनवास टोल व मदीना टोल पर लगे किसान धरने में आंदोलनरत किसानों के बीच पहुंचे और उनका हालचाल पूछा व हौसला बढ़ाया। इनके साथ पूर्व सीपीएस प्रहलाद सिंह गिल्लाखेड़ा, पूर्व विधायक नरेश सेलवाल, पूर्व विधायक रामनिवास घोड़ेला, ओम प्रकाश पंघाल, सुमन शर्मा, जस्सी पेटवाड़, बिजेंदर हुड्डा, योगेंदर योगी, तेलू राम जांगड़ा, तेजवीर पुनिया, राजेश कासनिया, भूपेंदर कासनिया समेत वरिष्ठ नेता व स्थानीय कार्यकर्त्ता मौजूद रहे।

बाड़ोपट्टी टोल

इस टोल पर धरना 25 दिसंबर 2020 से शुरू हुआ। इस टोल की विशेषता यह है कि यहां नेतृत्व एक दलित नवयुवक कामरेड़ श्रद्धानंद राजली करता है। शिक्षित व कर्मठ कार्यकर्ता है। 58 गांव की टोल पर भागीदारी है। बहबलपुर और बाड़ोपट्टी गैर जाट गांव हैं परंतु उनकी भागीदारी बड़ी है। कुम्हार, खाती व चमार किसानों की भागीदारी विशेष है, कुंडू, पूनिया व भयाण खाप के गांव की भागीदारी है। पाबड़ा गांव का विशेष योगदान है।

किसान सभा कि यहां सक्रिय व नेतृत्वकारी भूमिका है, जनवादी महिला समिति की सुशीला बहबलपुर के नेतृत्व में काफी महिलाएं आती हैं। सुशीला बीसी वर्ग (कुम्हार) से है तथा शिक्षित है। गांव में सावित्रीबाई फुले के नाम से लाइब्रेरी चलाती है। ब्लॉक समिति सदस्य है। कामरेड श्रद्धानंद राजली हिसार संयुक्त किसान मोर्चा के संचालक भी हैं। उन्होंने बताया कि हर गांव में 11 से

21 लोगों की कमेटी बनाकर दो प्रतिनिधि टोल कमेटी के लिए चुने हैं। एक दिन का लंगर, टोल पर हाजिरी व संचालन एक गांव की जिम्मेवारी होती है। सबसे सक्रिय गांव राजली, बधावड़, छान, सौथा खेदड़ व सरसौद हैं।

औरतों की भागीदारी विशेष है। यहाँ रीमन नैन (खेदड़ से) कुरुक्षेत्र विश्वविद्यालय की एम. ए. की छात्रा है। पहले चढ़ूनी यूनियन की प्रधान थी, पर बाद में इस्तीफा दे दिया। काफी नेतृत्व व कर्मठता की क्षमता है तथा विकास की संभावनाएं हैं। लखमी राजली गायक है। राजू भगत सरसौद बहुत सक्रिय हैं। नरेश सरसौद, सुधन जेवरा, प्रेम चहल, महा सिंह सिंधु राजली, बलवान सिंह बेनीवाल (जेवरा) अन्य मुख्य किसान कार्यकर्ता हैं। सतबीर बलौदा (दौलतपुर) टोल के कोषाध्यक्ष हैं। रोहतास राजली खेत मजदूर नेता है, महासिंह बिठमडा (नाई) बैकवर्ड नेता है। रामनिवास (खेड़ी बरकी) ब्लाक समिति सदस्य चमार जाति से हैं। मोदी भक्तों की आंख खुलनी चाहिए कि जाट बाहुल्य क्षेत्र होने के बावजूद टोल पर नेतृत्व भूमिका दलितों व बैकवर्डों की है। सरोज बिचपड़ी, अमर सिंह वर्मा पूर्व कर्मचारी नेता सभी चारों टोलों पर सक्रिय रहे।

बसताड़ा टोल

मैं हरि स्वरूप हुड्डा एडवोकेट के साथ 4 दिसम्बर 2021 को इस टोल पर पहुंचा। टोल प्लाजा का सबसे बड़ा योगदान यह है कि संयुक्त मोर्चा की भाजपा, जेजेपी पार्टी के नेताओं के कार्यक्रम के विरोध की काल पर सबसे पहले कैमला गांव में मुख्यमंत्री मनोहर लाल खट्टर का हेलीकॉप्टर नहीं उतरने दिया था। 25 नवंबर को

जिस दिन पंजाब के किसान दिल्ली के लिए चले, टोल पर धरना व लंगर शुरू हो गया था। लंगर में शुरू से तरनतारन गुरुद्वारा की कार सेवा का योगदान रहा है। जाकिर हुसैन मुंडोगढ़, जो गूज्जर बिरादरी से हैं, का पैसे व हाजिरी में बहुत सहयोग रहा है। इस किसान ने विरोध जताने के लिए 1 एकड़ गन्ना वह 4 एकड़ गेहूं की फसल ट्रैक्टर चलाकर नष्ट कर दी थी। इस टोल का क्षेत्र 80 गांव का है। रोज एक गांव की खर्चे व हाजिरी की निश्चित जिम्मेवारी होती है। प्रतिदिन 11000 से 21000 रूपये तक का खर्चा आता है। इससे अलग भी रोज चंदा आता है। घरौंडा व करनाल मंडी से भी चंदा आता रहता है। यहां भजन मंडली का जिसमें तीन पुरुष व तीन महिलाएं गायक होती हैं, कार्यक्रम रोज होता है। मंडली को 6000 रूपये रोज पारिश्रमिक देते हैं।

राजवीर सिंह संधू गगसीना, देशपाल सिंह रायपुर जाटान, जेपी शेखुपुरा, रामेश्वर सिंह रोड बसताड़ा (पूर्व ब्लाक प्रधान किसान यूनियन) इस टोल के सक्रिय कार्यकर्ता गांव से हैं। रामेश्वर का लड़का राज्यसभा में उच्च पद पर कार्यरत है। जगदीप सिंह औलख, हैप्पी सरदार (दोनो बादशाहपुर) चढ़ूनी ग्रुप के क्रमशः महासचिव व जिला प्रधान हैं, गुरनाम सिंह संधू, रायपुर जाटान, इसी ग्रुप के ब्लॉक प्रधान हैं। सुनील पूनिया, हसनपुर, जयबीर बेगमपुर, बलवान शेखुपुरा, जयपाल सरपंच सहजानपुर (ढ्याना), जसवंत मूसली, आजाद सिंह बला, ईश्वर सिंह रसीना, परमाल सिंह पन्नू फुरलक, रामस्वरूप घोघड़ीपुर (गुलजार सिंह पूर्व विधायक के चाचा), रणजीत रायपुर जाटान, धर्मपाल, भीरा, जीता, सुरेश, रणजीत, भीम सिंह, महासिंह बसताड़ा ये सब रोड बिरादरी से हैं। मनीष लाठर वकील, चांद सिंह मढ़ान वकील, राजपाल चहल बीबीपुर, भट्टी पाल शेखपुरा, राम मेहर शेखपुरा, नफे सिंह

दादूपुर, महावीर झीवरहेड़ी, कर्म सिंह नंबरदार समालखा, हरि कृष्ण बड़ौता, सत्यवान हसनपुर (सेवक हैं) मुसलमान भी टोल पर आते हैं जो सभी गुर्जर किसान हैं। किसानों के नाम हैं नाजिम व जाकिर हुसैन (मुंड़ो गढ़ी) व जाकिर रसीना गांव से है।

गगसीना, बड़ौता, शेखपुरा, रायपुर जाटान, फरलक की महिलाएं व लड़कियां टोल पर आती हैं। मंजू संधू गगसीना किसान यूनियन की ब्लॉक प्रधान है। रघुवीर सिंह फौजी (गगसीना) 82 साल के हैं और गायक हैं। जे.पी. घनघस ने आंदोलन के आरंभ में एक वीडियो बनाई है। मुझे व हरि स्वरूप हुड्डा वकील को टोल पर संबोधन करने की इज्जत दी। 200 की हाजिरी थी तथा महिलाएं भी काफी संख्या में उपस्थित हैं। रोज इतने ही आदमी आते हैं। बसताड़ा टोल अमृतसर, जालंधर, लुधियाना, पटियाला से आने वाले किसानों के लिए रास्ते का विशेष पड़ाव है।

पानीपत टोल

इस टोल पर धरना 26 नवंबर से शुरू हो गया था। शुरू में मुसलमान भाइयों ने चाय-नाश्ते का लंगर आरंभ किया था। इकरम हाजी गूज्जर (राणा माजरा), मोइनुद्दीन लौहार (360 पगड़ी धारी) व आसिफ इनमें मुख्य हैं। इन्होंने छह-सात महीने लंगर चलाया। बाद में सब शामिल हो गए। गुरविंदर सिंह विर्क जिन्होंने पहले बसताड़ा टोल पर लंगर शुरू किया था, बाद में वे पानीपत आ गए। अब यहां मुख्तियार सिंह विर्क प्रधान हैं। मुख्त्यार सिंह बड़ैच, लखबीर सिंह बड़ैच, एन के सिंघल (सेवा निवृत्त लेबर कमिश्नर), जतिंद्र संधू, मोहर सिंह, मोहबत सिंह, कश्मीर सिंह देओल, जोगेंद्र सिंह बड़ैच, करमजीत, जोगा सिंह चीमा, जोगिंदर

सिंह चीमा, बलविंदर सिंह विर्क, गोपाल सिंह बड़ैच, बलबीर सिंह बापू, संदीप देओल, वचित्र सिंह चीमा, जरनैल सिंह विर्क, कमल सिंह खालसा (2013 में सिख बना), भजन सिंह रामगड़िया, अमरदीप सिंह, कुलदीप सिंह, गुरजीत गिल, लक्की (पंजाबी खत्री) इस टोल के मुख्य कार्यकर्ता हैं। पंजाबी बिरादरी से नीरज शर्मा ने 62000 रूपये का दान दिया है। शाह परिवार ने 50000 रुपए चंदा दिया है। खोतपूरा के सत्यवान संधू ने हलवे का लंगर लगाया है।

यहां दो टेंट लगते हैं। एक स्थानीय किसानों का व दूसरा सिख किसानों का है। स्थानीय किसान सभी हुक्का पीते हैं इसलिए अलग-2 टेंट हैं। बाकी तालमेल है। दूसरे टेंट का प्रधान उग्राखेड़ी से मिंटू मलिक है। मास्टर धर्म सिंह नौलथा, करण सिंह लांबा, राम सिंह राठी (गांजबड़), हुकमा राठी, सतपाल चहल, सतपाल बांध, राजपाल राठी, रामकिशन आर्य डोहला, स्वामी अग्निवेश डिडवाड़ी, कुलदीप बलाना (पूर्व प्रधान) जयकरण कादयान (पूर्व प्रधान), कामरेड रामकुमार (सी पी एम), सुरेंद्र पवार, सेवा सिंह मलिक, जय सिंह (पूर्व सरपंच), डॉ सुरेंद्र मलिक, सीताराम माण्डी (सर्व कर्मचारी संघ), अजीत नंबरदार (खोथपुरा), राजेश अहलावत बबैल, सुरेंद्र बांगड़, सत्यपाल जागलान, रमेश संधु (निजामपुर), सत्यवीर कादयान, लाला जयप्रकाश, का॰ सुनील, सुमेर सिंह, प्रेम सिंह रोड़ (सुताना), सुमेर सरपंच (बडोली), काला जितेंद्र (चमराड़ा) व संदीप राठी इस टेंट के अग्रणी कार्यकर्ता हैं। इनमें से कुछ सेवा निवृत्त कर्मचारी हैं।

गांजबड़, चंदोली, बबैल व बडौली से काफी महिलायें आती हैं। इनमें कविता आर्य अच्छी वक्ता है जो उग्राखेड़ी से है। पायल

नौजवान सभा से सम्बन्धित है। राज्य सभा सांसद दीपेंद्र हुड्डा 10 जुलाई को पानीपत टोल प्लाजा पर धरनारत किसानों की बीच पहुंचे और उनका समर्थन किया। उन्होंने आंदोलन के दौरान कुर्बानी देने वाले किसानों को श्रद्धांजलि दी। दीपेन्द्र हुड्डा ने किसानों को विश्वास दिलाया कि वे आगामी सत्र में संसद में एक बार फिर किसानों के मुद्दे को जोर-शोर से उठाएंगे।

डाहर टोल

नफे सिंह नौलथा प्रधान, हरि सिंह (कार्यकारी प्रधान) इस टोल पर सबसे सक्रिय हैं, इस टोल पर 26 नवंबर से धरना व लंगर शुरू हुआ। हरि सिंह को गांव वाले पैसे पहुंचाते हैं। पानीपत किसान भवन वाले सामान पहुंचाते हैं, पैसे नहीं देते। यहां उल्लेखनीय है कि पानीपत किसान भवन की बड़ी भारी आय है। और इस की प्रधानता के लिए बड़ी मारामारी रहती है।

रण सिंह नौलथा, धनपत नौलथा, बलवान सिंह डाहर, रामकिशन नौलथा, बलवान डाहर, धर्मवीर सिंह डाहर, जय भगवान, जय सिंह, ओम प्रकाश, सुरेश, राममेहर, विजेंद्र, सतवीर, आजाद, कर्म सिंह, दयानंद, मास्टर जय भगवान डाहर, कुलदीप बलाना, धनपत नौलथा, राजवीर सिंह मलिक सींख, राजवीर जोन्धन, जीत सिंह, मनोज नौल्था इस टोल के मुख्य कार्यकर्ता हैं। एक आध बार ब्राह्मण भी आते हैं। वाल्मीकि जयंती पर सभी गांव से सभी जातियों के लोग आए। कभी-कभी महिलाएं भी प्रोग्रामों में आती हैं।

रोहद टोल

टोल प्रधानवजीर सिंह रूहिल है, इस टोल पर जवान लड़कों ने पहले चाय आदि का प्रबंध किया था। इस टोल पर नौगामां, रोहद, दहकौरा, खरहर, भापड़ौदा, आसण्डा, लोहार हेड़ी, जसौर खेड़ी व सांपला के कई गांव आते हैं। दिन में 100-150 लोग रोज आते हैं। नीरज रूहिल (ठेकेदार) 51000 रुपए प्रतिमाह देता है। 10 कर्मचारी ऐसे हैं जो प्रतिमाह 5000 रूपये देते हैं। सभी जातियों से सहयोग मिलता है। ब्राह्मणों व हरिजनों से भी सहयोग मिलता है। ये सभी टोल पर आकर बैठते हैं। नाई इस गांव में जमीन वाले हैं। इन्होंने भी बराबर का एकड़ के हिसाब से चंदा दिया है। गांव से बॉर्डर के किसानों के लिए खाद्य सामग्री पहुंचाते हैं।

टोल पर कप्तान शमशेर सिंह मलिक व उनकी पत्नी वीना लगभग रोज आकर संभालते हैं। वे किसान सभा व उनकी पत्नी जनवादी महिला समिति की सक्रिय नेता हैं। वीना के कारण महिलाएं अच्छी जुड़ी हैं। इन दोनों का आर्थिक सहयोग भी काफी है। गुलाबो, जगवंती, उर्मिला, पूनम, चंद्रो, बबली, मुकेश, कबूतरी, फूलवंती, सुमित्रा, नीलम, कृष्णा रोहद, सतवंती इस्माइला, दर्शना, गढ़ी सांपला से संतोष इस की मुख्य कार्यकर्ता हैं।

यहां पहले प्रधान माडू (पूर्व सरपंच जसौर खेड़ी) थे। परंतु बाद में मीटिंग करके फैसला किया गया कि राठी खाप (जिसके प्रधान सोमवीर राठी हैं) या रूहिल खाप से टोल का प्रधान होगा। उसके बाद वजीर सिंह रूहिल प्रधान बना। इनको एतराज बाहर से आने वाले किसान सभा व दूसरे संगठनों से था। परंतु पहले वालों ने नई कमेटी को स्वीकार करके सहयोग जारी रखा। इससे सिद्ध होता है कि कार्यकर्ताओं व नेताओं की आंदोलन के प्रति निष्ठा इस

तरह की है कि अहं व महत्वाकांक्षा इसके आड़े नहीं आते। हर टोल पर या हर गांव के स्तर पर इस प्रकार के आपसी मतभेदों को निपटा लेते हैं। कहीं से भी इस तरह का समाचार नहीं मिला कि आपस में कार्यकर्ताओं में मतभेद के कारण से कोई आंदोलन छोड़कर चला गया हो। कप्तान शमशेर सिंह मलिक ने मुझे बताया कि नई कमेटी बनने पर हमने अर्थात किसान सभा व जनवादी महिला समिति, वीना मलिक व माडू प्रधान ने सहयोग व टोल पर जाना जारी रखा। नई कमेटी ने भी इनके साथ सहयोग व सलाह से आंदोलन जारी रखा।

इस टोल पर भी सारे कार्यक्रम जैसे चौधरी छोटू राम जयंती, रविदास जयंती, भगत सिंह, राजगुरु, सुखदेव का शहीदी दिवस मनाए। टोल पर जोगेंद्र सिंह उग्राहां को बुलाकर सम्मानित किया गया तथा पगड़ी बांधी गई। यह भाईचारे बढ़ाने का एक उदाहरण है। सांसद दीपेन्द्र हुड्डा 1 फरवरी को रोहद टोल किसान धरने पर पहुंचे और आन्दोलन को समर्थन दिया। सांसद दीपेन्द्र हुड्डा ने कहा कि सरकार छोटे मन और ऐसे ओछे हथकंडों से नहीं बल्कि अन्नदाता का दिल जीतकर समाधान निकाले। राकेश टिकैत टोल पर आए व 92 साल के एक किसान मीर सिंह योद्धा को उसके जन्मदिन की बधाई दी व जन्म दिन समारोह में शामिल हुए। 22 नवम्बर को रोहद निवासी आन्दोलनकारी विरेन्द्र सिंह शहीद हो गये। इस टोल पर आर. टी. के. डी. नाम का यू. ट्यूब चैनल भी चलाया गया। इसे कप्तान शमशेर सिंह मलिक ने बनाया है।

मदीना (महम) टोल

पहली बार 70-80 लोगों द्वारा मदीना टोल 25 दिसंबर को फ्री किया गया। इसके बाद संयुक्त मोर्चा की काल पर 28 दिसंबर 2020 को अनिश्चितकाल के लिए फ्री कर दिया गया। आंदोलन समाप्त होने के बाद दिल्ली से लौटते हुए किसान योद्धाओं व दूसरे पंजाब के किसान नेताओं का स्वागत करने के बाद टोल का धरना 13 दिसंबर 2021 को समाप्त किया गया। औसतन हाजिरी 350-400 लोगों की हो जाती है। विशेष आयोजन पर भारी हाजिरी भी हो जाती है।

पूरी अवधि तक संयुक्त किसान मोर्चा की कॉल पर कुल 82 कार्यक्रम आयोजित किए गए। इनमें महापुरुषों के जन्मदिवस, पुण्यतिथि, महिला दिवस, किसान दिवस, सुभाष चंद्र बोस के जन्मदिन को क्रांति दिवस के रूप में, 22 फरवरी 2021 को किसान नेता स्वर्गीय स्वामी सहजानंद सरस्वती जन्मदिन, 23 फरवरी को पगड़ी संभाल जट्टा के किसान आंदोलन के नेता व सरदार भगत सिंह के चाचा सरदार अजीत सिंह का जन्म दिन, 27 फरवरी को संत रविदास जयंती, चंद्रशेखर आजाद व पुलवामा शहीदों को श्रद्धांजलि दिवस मुख्य है।

5 मार्च को MSP बचाओ दिवस मनाया गया। आंदोलन के 100 दिन पूरा होने पर दिल्ली-हिसार राजमार्ग मदीना टोल पर बंद किया गया। 8 मार्च को अंतरराष्ट्रीय महिला दिवस पर मंच व सभा का संचालन महिलाओं द्वारा किया गया। 15 मार्च को बैंकों, बीमा कंपनियों, रेलवे के निजीकरण के खिलाफ आयोजन किया गया जिसमें कर्मचारी भी शामिल हुए। 23 मार्च को भगत सिंह, राजगुरु व सुखदेव का शहीदी दिवस मनाया गया। इसी दिन हांसी

से जो किसानों की पैदल यात्रा चली थी, उसमें महम टोल से भी कई साथी सम्मिलित होकर टिकरी बॉर्डर तक गए।

14 अप्रैल को डॉ. भीमराव अंबेडकर के जन्मदिन को संविधान व किसान मजदूर एकता दिवस के रुप में मनाया। 18 अप्रैल को रेल रोको अभियान के अनुसार मदीना टोल द्वारा लाखन माजरा स्टेशन पर सुबह 10:00 बजे से 4:00 बजे तक रेलवे ट्रैक पर धरना दिया गया। 5 जून 2021 को सरकार ने काले कानून का अध्यादेश जारी किया था। इसलिये 5 जून 2021 को भाजपा सांसदों व विधायकों के घेराव की संयुक्त मोर्चा की कॉल पर रामचंद्र जांगड़ा (राज्यसभा सदस्य) के महम निवास का घेराव किया गया। 14 जून को गुरु अर्जुन देव का बलिदान दिवस मनाया गया तथा 24 जून को कबीर जयंती धूमधाम से मनाई गई। कबीर के मानवता के संदेश को भजनों व भाषणों द्वारा प्रकाशित किया। 31 जुलाई 2021 को टोल पर किसान मजदूर महापंचायत बुलाई गई। तीन हजार से ज्यादा लोग पहुंचे। पंचायत को किसान नेता युद्धवीर सिंह, कामरेड इंद्रजीत, जोगेंद्र सिंह उग्राहां, का. फूल सिंह श्योकदं, सोनिया मान व जगमति सांगवान ने संबोधित किया। मदीना लंगर कमेटी ने भोजन व चाय का प्रबंध किया।

12 अक्टूबर को लखीमपुर खीरी के शहीदों की याद में श्रद्धांजलि सभा मदीना टोल के साथ-साथ दूसरे गांव में भी की गई। 22 अक्टूबर को लखीमपुर खीरी के शहीदों की अस्थि कलश यात्रा का स्वागत किया गया। टोल का संचालन 30 सदस्यीय कमेटी करती थी, जिसके संयोजक किसान सभा नेता बलवान सिंह थे। बाकी सदस्य निम्नलिखित हैं- प्रकाश चंद, सत्यनारायण (सीटू रोहतक), राजेंद्र सिंह (बीकेयू रोहतक), सत्यवान बसाना, भीम

सिंह निंगाना, अक्षर सिंह किसान सभा सीसर, धर्मपाल फौजी भैणी सुरजन, प्रेम सिंह प्रधान सामाण (बीच में शहीद हो गये), डॉक्टर सतवीर सिंह फरमाणा, राय सिंह नेहरा व मदीना गांव से धर्मपाल, कर्मवीर, कुलवीर सिंह, सत्यवीर सिंह, जुगनू, प्रदीप दांगी, सज्जन बागड़ी, सुनिता देवी व ममता देवी। इसके अलावा मुकेश खासा (किसान प्रतिष्ठा मंच-मोखरा), राजा, वेदपाल मोखरा, राजेश व जगबीर अजायब, बलवान, व सुभाष (किसान सभा भराण), अजीत मेहरा महम, उमेद सिंह सामाण इस कमेटी में शामिल थे।

सत्या दांगी मदीना, धन्नों (धमलो) सैंमाण धर्मपत्नी प्रेम सिंह प्रधान, विशेष रूप से सक्रिय थीं। ये दोनों महिलाओं को ट्रैक्टर भरकर चाहे दिल्ली के प्रोग्राम हों, मुजफ्फरनगर की रैली या हिसार हांसी के मोर्चे, सब पर पहुंचीं। कमलेश सामाण, ईश्वन्ती मदीना, सरजो देवी भैणी भैरो, सोनिया अजायब भी काफी सक्रिय रहीं। संदीप मोखरा, हंसराज व अजमेर (सभी बहलबा), राजा, व काला बहलबा, दिलदार अजायब, भरथा भैणी महाराजपुर, भगत सिंह व रामकिशन मोखरा, सुरेंद्र ग्रेवाल महम, कलीराम, नफे सिंह, कृष्ण दत्त जांगड़ा (सभी सामाण) इस टोल के सक्रिय कार्यकर्ता हैं। सुखबीर सिंह बहलबा व उसकी टीम नए नए भजन बनाकर प्रोग्राम देते हैं। इस टोल पर आनन्द सिंह दांगी (पूर्व विधायक व मन्त्री), मदीना कोरसान के सरंपच कर्ण सिंह व महम से वकील राज सिंह अहलावत, संजय सहारण व दल सिंह सिवाच लगातार आते रहे। इन्होंने आर्थिक सहयोग भी दिया।

टोल कमेटी की 27 बैठक हुईं। 13 दिसंबर को लौटते हुए किसानों का फूल मालाओं व ढोल-बाजों से स्वागत किया गया।

15 दिसंबर को जश्न मना कर टोल धरना समाप्त कर दिया गया। मदीना का गांव लंगर मदीना से रोहतक की तरफ रेडियो स्टेशन के पास लगातार चलता रहा।

मकड़ौली टोल

मकड़ौली टोल पर प्रधान व संचालक शुरू से ही राजू मकड़ौली रहे हैं। यहां से 26 नवंबर को लगभग 40 ट्रैक्टर पंजाब के किसानों के स्वागत के लिए करनाल पहुंच गए थे। पानीपत टोल पर सबने शाम का खाना खाया तथा कुछ ट्रैक्टर सिंघु बॉर्डर पर साथ चले गए तथा कुछ वापस आ गए। 15 दिसंबर को मकड़ोली गांव ने फैसला किया कि बॉर्डर पर केवल जवान जाएंगे। वृद्ध टोल पर बैठेंगे और 16 दिसंबर से यह धरना शुरू हो गया। 3 दिन सब गांव में प्रचार के बाद 20 दिसंबर को टोल का प्रबन्धन हुड्डा खाप को सौंप दिया गया। एक अस्थाई कमेटी राजू मकड़ौली, प्रधान संजू चमारिया, जगबीर मकड़ौली व रामचंद्र फौजी आदि की बनी।

16 दिसंबर से ही कइयों ने भूख हड़ताल शुरू कर दी जिनमें राजू, बिजेंद्र (सरपंच खिड़वाली), रामचंद्र फौजी कई दिन क्रमिक भूख हड़ताल पर रहे। रोज 10 लोग क्रमिक व्रत पर बैठते थे। पहले 24, 25, 26, दिसम्बर 2020 को, 3 दिन टोल फ्री का संयुक्त मोर्चा का आह्वान था। 25 दिसंबर को गुरनाम सिंह चढ़ूनी टोल पर आए थे और उसी दिन से टोल स्थाई तौर से बंद कर दिया गया। 4 फरवरी 2021 को संदीप सासरौली ने कोषाध्यक्ष का काम संभाल लिया। दो बार हिसाब सुनाया गया। एक बार 16,00,000 रूपये व दूसरी बार 19 लाख का सुनाया गया। बाद में 587000 रूपये की टूट (घाटा) बची जिसमें हुड्डा खाप ने एक

लाख व रिठाल गांव ने 21000 रूपये दिए तथा बाकी घाटा अभी तक संदीप व राजू प्रधान ने वहन किया है। इस बात की पुष्टि और कहीं से नहीं हुई। इस टोल पर ओमप्रकाश काला (मकड़ौली) दिल का दौरा पड़ने से शहीद हो गए और उसके परिवार को टोल कमेटी ने 1,51,000 रूपये दिए। हुक्के के लिए गोस्सों का प्रबन्ध लगातार सारा समय रामनिवास काला करता था।

यहां सक्रिय लोगों में राजू, संदीप ससरोली, ओमप्रकाश (प्रधान हुड्डा खाप), हरि प्रेम हुड्डा, अशोक जसिया, हरि स्वरूप हुड्डा वकील, गुरू प्रसाद हुड्डा गांव चमारिया, गूगन सिंह हुड्डा (वकील), कामरेड अतर सिंह हुड्डा वकील, डॉक्टर जयपाल बजाड़ (मकड़ौली) रामचंद्र फौजी, बिजेंदर सरपंच (खिड़वाली), आजाद हुड्डा (सांधी), किशनलाल हुड्डा (सचिव हुड्डा खाप), सतीश नाई (सांघी), ओमप्रकाश सांघी व रामसिंह व चंद्रपाल चमार (मकड़ौली), रणबीर नाई व पण्डित रामदिया मकड़ौली लगातार धरने पर रहे। रोहताश बाल्मीकि, सतपाल (चमार बिरादरी), पंडित शिबू (खिड़वाली) विशेष सक्रिय रहे हैं। सांघी गांव की एक युवकों की टीम सक्रिय रही जिसमें संदीप उर्फ लीला, विक्रम व विजेन्द्र प्रमुख थे। उमेद प्रधान, चन्द्र, महेन्द्र, सुरेन्द्र प्रधान, मास्टर राम किसन, दलवीर बजाड़ बॉर्डरों पर सामान पहुँचाने में भूमिका निभाते रहे हैं। जगत नम्बरदार, प्रताप चमारिया, साहब सिंह हुड्डा धामड़ भी सक्रिय रहे हैं। महिलाओं में कांता आल्हड़िया सुलोचना हुड्डा (पोलंगी), मोनिका (ससरौली), भावना हुड्डा, सरोज हुड्डा काजल लाढौत, सरोज हुडा, शांति मकड़ौली, कमला, रोशनी, संतरो, किताबो आदि सक्रिय रही हैं। विधि देशवाल जो राष्ट्रपति से सम्मानित हैं टोल पर गाती रही हैं। हनुमंत मकड़ौली व करण सिंह मकड़ौली भी गाते रहे हैं।

16 अक्टूबर 2021 को यहां किसान महापंचायत आयोजित की गई जिसमें हजारों लोग पहुंचे। राकेश टिकैत, युद्धवीर सिंह, गुरनाम सिंह चढ़ूनी, जोगेंद्र सिंह उग्राहां, ऋषि पाल अंबावत, सोमवीर सांगवान आदि ने संबोधित किया। चौधरी भूपेंद्र सिंह हुड्डा व दीपेंद्र हुड्डा भी टोल पर आए। आर्थिक सहयोग भी दिया। मुख्यमंत्री के हर कार्यक्रम के विरोध में इस टोल की मुख्य भूमिका रही। हरि स्वरूप हुड्डा एडवोकेट ने बताया कि 26 जनवरी की लाल किले की घटना का असर यहां भी दिखाई दिया। मुश्किल से 4-5 लोग ही बचे थे। पुलिस ने भी धरना उठाने की कोशिश की। परंतु किसी भी तरह थोड़े थोड़े लोग जुड़े और स्थिति पूरी तरह से 10 फरवरी तक ही सुधर पाई। इस टोल पर चढ़ूनी ग्रुप ज्यादा प्रभावी रहा और जैसे चढ़ूनी साहिब की कार्यशैली है वैसे ही व्यक्तिवाद यहां दिखाई दिया और यहां अंत तक कोई स्थाई कमेटी नहीं बन पाई। न तो यूनियन के हिसाब से और न ही खाप के हिसाब से। जब कमेटी ही नहीं थी तो नियमित मीटिंग भी नहीं होती थी न ही कोई रजिस्टर ही था। मुझे छानबीन से पता चला है कि अजाद सिंह सांघी ने जो हिसाब किताब का रजिस्टर बना रखा था उसे शरारती तत्वों द्वारा फूंक दिया गया था। इतने मतभेदों के बावजूद भी धरना सफलतापूर्वक चलता रहा व संयुक्त किसान मोर्चा के सभी कार्यक्रमों को सफलतापूर्वक मनाया गया। 15 अगस्त 2021 का हजारों ट्रैक्टरों का मार्च यह दर्शाता है कि कितना व्यापक जनसमर्थन व सामाजिक दबाव आंदोलन का था। यहाँ टोल पर खेलों का कई बार अयोजन किया गया। आन्दोलन समाप्ति पर विशेष कार्यकताओं को सम्मानित किया गया और खुशी का जश्न भी मनाया गया।

डीघल टोल

यहां के प्रधान चौधरी मांगेराम (पूर्व सरपंच डीघल) हैं। यहाँ अहलावत खाप के 27 गांव व कादयान खाप के गांव के लोग आते हैं। 50-60 लोगों की हाजिरी लगातार रहती है। कादयान खाप के किसान सीधे ढांसा बॉर्डर चले जाते हैं इसीलिए यहां कम आते हैं। इस टोल पर डीघल गांव के वीरेंद्र, जय भगवान, रणवीर, अमरजीत, बलवान उर्फ कालू, सुरेंद्र डीघल, नरेश, महेश (डम्पी) सरपंच डीघल, राज फौजी व जिले सिंह डीघल, विक्रम, रामकुमार धांधलान, जसबीर कादयान (बाघपुर), बिल्लू (चेयरमैन बेरी व प्रधान कादयान खाप), कामरेड प्रीत सिंह भम्भेवा, जयपाल सरपंच, रंजीत गोछी का भी मुख्य योगदान रहा। यहाँ कलाकारों ने दो बड़े भारी व लंबे चौड़े पलंग बनाकर रख रखे हैं जो कला का एक भव्य नमूना है। किसानों की सृजनता का प्रतीक है।

इस पलंग का वजन 12.5 मन, लम्बाई 12 फुट, चौड़ाई 6.5 फुट, बाही 4 इंच गुना 3 इंच, एक क्वन्टिल बाण (रस्सी) 15 रंगों में, हांसी के डाणा खुर्द गांव के मंगत राम यादव ने तैयार कयिा है। एक लाख से भी ऊपर खर्च आया है। एक हुक्का जिस का वजन 17 किलो है, तथा 13 किलो पीतल लगा है, इसकी कीमत 18 हजार रुपये है। भैंसवाल गांव (ज़िला सोनीपत) से बनवाया है। ये दोनों चीजें अहलावत खाप की तरफ से बनी हैं।

गंगायचा जाटान टोल

इस टोल के प्रधान जोगेंद्र धनखड़ (टाईगर) हैं। लगभग 25 लोगों की कमेटी है। शुरू में एक जनवरी से 26 जनवरी 2021 तक ये टोल बन्द रहा। परन्तु 26 जनवरी की घटना से लोगों को निराशा

हुई। दोबारा 25 सितम्बर 2021 से 15 दिसम्बर 2022 तक बन्द रहा। मुझे कामरेड राम चन्द्र यादव (किसान सभा नेता) ने बताया कि एक यह चर्चा थी की हरियाणा के मुख्यमंत्री अलवर के भूपेन्द्र सिंह यादव बनाये जा रहे हैं। इस चर्चा की प्रतिक्रिया के रूप में राव इन्द्रजीत सिंह ने अपने समर्थकों को किसान आन्दोलन में सक्रिय कर दिया। इससे काफी गांव में सभाएँ भी हुईं। दोबारा टोल बन्द होना इसी का परिणाम था। कामरेड राजेन्द्र सिंह ऐडवोकेट जो खुद यादव हैं ने इस बात से इन्कार किया। उन्होंने बताया कि हमारे संगठन के प्रयत्न से दोबारा टोल बन्द किया गया। जोगेंद्र सिंह टाईगर ने मुझे बताया कि प्रशासन व राजनैतिक डर से मुझे टोल प्लाजा का प्रधान बनाया गया। इस बात से लगता है कि राजनैतिक व सामाजिक विरोध के कारण ही टोल बन्द होने की धटना घटी। टोल पर वॉलीबाल के मैच करवाये गये। 20-25 टीमों ने भाग लिया। 1500 से 2000 युवकों ने मोटर साइकलों से जलूस निकाला। मुख्यमन्त्री को काले झंडे दिखाये गये। 50 किसानों कि गिरफ्तारी हुई। सैंकड़ों गुम नाम लोगों के खिलाफ मुकदमें दर्ज हुए। कामरेड राजेन्द्र सिंह के गांव निमोड़ से लगभग 25 ट्रैक्टरों का जुलूस निकाला जो शाहजहांपुर बॉर्डर तक गया। इस गांव से खाद्य सामग्री के अलावा दो गोसों (उपलो) की ट्राली शाहजहांपुर बॉर्डर पर पहुंचाई। टोल पर सक्रिय किसान समय सिंह (प्रधान किसान यूनियन चढ़ूनी) जिला रिवाड़ी, सुभाष चन्द लम्बरदार (रोजवास), रमेश लम्बरदार, रोहतास, आजाद सिंह, कृष्ण कुमार, राम कुमार (खेत मजूदर नेता), महावीर सिंह धनखड़, भूपेन्द्र सिंह राठी आदि थे। टोल पर कप्तान अजय सिंह यादव पूर्व मन्त्री, राव चिंरजीव (विधायक रेवाड़ी) आते थे। इन्होंने आर्थिक सहयोग भी दिया। योगेन्द्र यादव तथा इनकी बहन डा0

पूनम यादव ने आर्थिक सहयोग दिया तथा टोल पर आते रहे। ओम प्रकाश धनखड़ (प्रधान, धनखड़ खाप) सप्ताह में दो बार जरूर आते हैं।

सांसद दीपेंद्र हुड्डा 16 जनवरी फिर रोहतक-बावल राजमार्ग स्थित गंगायचा टोल धरने, गांव मसानी स्थित एनएच-8 के साहबी फ्लाईओवर के धरने और गांव जयसिंहपुर खेड़ा स्थित शाहजहांपुर बार्डर धरने पर बैठे किसानों के बीच पहुंचे और उनका हाल-चाल पूछा। इस दौरान उनके साथ विधायक राव दान सिंह, पूर्व विधायक यादविन्द्र, पूर्व विधायक रामेश्वर दयाल, पूर्व विधायक राव बहादुर सिंह, पूर्व मंत्री एम.एल. रंगा, राजस्थान जाट महासभा अध्यक्ष राजा राम मील, महाबीर मसानी, भरत सिंह टोंगर, प्रवीण चौधरी, बलबीर छिल्लर (चेयरमैन, जिला परिषद अलवर), वेदप्रकाश विद्रोही, कृष्णराव, नरेंदर जी, दीवान सिंह चौहान, डॉ. अनिल, बस्ती राम यादव सहित बड़ी संख्या में लोग मौजूद रहे।

गधोला टोल

यह टोल पलाजा युमनानगर से अंबाला रोड़ पर है। संयुक्त किसान मोर्चा की कॉल पर 25-26 दिसम्बर 2020 से 11 दिसम्बर 2021 तक लगातार बन्द रहा। इस टोल पर चार किसान संगठन (भारतीय किसान यूनियन चढूनी, भारतीय किसान यूनियन टिकैत, अखिल भारतीय किसान सभा, हरियाणा किसान सभा) सक्रिय थे। इस टोल पर अनेकों कार्यक्रम जैसे भगत सिंह बलिदान दिवस, छोटू राम जन्मदिन, गुरू गोविन्द सिंह, गुरू नानक देव, सन्त रविदास, गुरू तेग बहादुर, शहीद उधम सिंह दिवस व संविधान

दिवस मनाये गये। इस टोल पर किसान नेता गुरनाम सिंह चढ़ूनी, राकेश टिकैत, गौरव टिकैत, डी. पी. सिंह, चन्द्र पाल सिंह, कामरेड़ श्रद्धानन्द सोलंकी, कामरेड़ फूल सिंह श्योकन्द, सी. पी. आई. नेता अतुल अन्जान, एन. के. शुक्ला, कांग्रेस नेता दीपेन्द्र सिंह हुडडा (राज्यसभा सदस्य), कांग्रेस विधायक रेणु बाला और बिसन लाल सैनी, किसान नेता सतपाल कौशिक, सोमबीर सांगवान विधायक आदि ने दौरा किया व किसानों को सम्बोधित किया। कई वकील जब्बार पोसवाल, सतीश सांगवान, गुरमीत पूर्व प्रधान, साहब सिंह गूज्जर, आदि सक्रिय कार्यकर्ता थे। टोल पर सी. आई. टी. यू. व सर्वकर्मचारी संघ की विशेष भूमिका रही।

भारतीय किसान यूनियन चढ़ूनी से संजु गुदियाना (जिला प्रधान), मनदीप दप्पड़, गुरवीर सिंह, कृष्ण पाल, हरपाल सिंह, संजु, कश्मीरी लाल व सुरेन्द्र कौर, भारतीय किसान यूनियन (टिकैत) से सुभाष गुज्जर जिला प्रधान, संदीप संखेड़ा, सुभाष हरनोल, कर्मवीर, साहब सिंह गुज्जर एडवोकेट, कमिल हुसैन, विनोद दांगी, सुखवीर कौर आदि सक्रिय रहे। अखिल भारतीय किसान सभा से जरनैल सिंह (जिला प्रधान), महीपाल चमरोड़ी, प्यारे लाल तंवर, मान सिंह पजेटा, नैन सिंह, संजु चमरौड़ी, अजमेर सिंह संधू और सुरेन्द्र कौर आदि मुख्य हैं। किसान सभा हरियाणा से गुरभजन सिंह (राज्य प्रधान), विजय पाल (जिला प्रधान), धर्मपाल चौहान ऐडवोकेट (राज्य उपप्रधान), रामकरण शर्मा, ऐडवोकेट, हरभजन सिंह संधू व अरूण कुमार सक्रिय रहे। लंगर की व्यवस्था में गुरूद्वारा की विशेष भूमिका रही। बहुत से गांव ने लंगर में बढ़चढ़ कर भाग लिया। मुस्लिम भाइयों ने कई बार लंगर लगाये।

वकीलों का किसान आंदोलन में सहयोग

इस आंदोलन में भिन्न-भिन्न वर्गों जैसे व्यापारियों (विशेषकर आढ़तियों), दुकानदारों, मजदूरों (विशेषकर कारखाना मजदूरों), कर्मचारियों जैसे (आंगनवाड़ी वर्कर्स, आशा वर्कर्स, यूनिवर्सिटी टीचर्स) व विद्यार्थियों का सहयोग रहा है। इसी प्रकार तहसील, जिला, उच्च न्यायालय और उच्चतम न्यायालय के अधिवक्ताओं ने भी बढ़-चढ़कर अपनी आहुति इस यज्ञ में डाली है। मैं एक वकील होने के नाते अपने भाईचारे के सहयोग पर भी दो बातें लिखना अपना कर्तव्य समझता हूं। हरियाणा के जिला अदालतों व पंजाब एवं हरियाणा हाईकोर्ट अधिवक्ताओं के सहयोग का कुछ वर्णन करूंगा।

झज्जर जिला बार एसोसिएशन

झज्जर जिला बार एसोसिएशन ने सर्वसम्मति से प्रस्ताव पास कर किसान आंदोलन के प्रति अपना समर्थन व्यक्त किया। इन्होंने 51000 रुपये टिकरी बॉर्डर व 21000 रुपये ढांसा बॉर्डर पर नगद व दोनों जगह 100000 रुपये से ऊपर की खाद्य सामग्री व दूसरा सामान पहुंचाया। व्यक्तिगत तौर पर भी कुछ साथियों ने अलग

से आर्थिक सहयोग दिया है। कई बार वकील साथी बॉर्डर पर जाते रहे। बार में किसान आन्दोलन के समर्थन में कई दिन धरना दिया। उपायुक्त महोदय को ज्ञापन दिया गया। क्रमिक अनशन भी रखा गया। विनोद गुलिया काफी लंबे समय तक वकीलों की तरफ से गुलिया खाप के ढांसा बॉर्डर पर रहे। मुख्य तौर पर सक्रिय वकील राजपाल सुहाग, अजीत सिंह (पूर्व विधायक), राजेंद्र सोलंकी, प्रधान अजीत सिंह सोलंकी, चांदराम, राजेंद्र काद्यान नरेश शर्मा, दुष्यंत यादव, उदय भान यादव, ललित सैनी, अरविंद गुलिया, जितेंद्र खत्री, आदि हैं। महिला वकीलों में टीनीं चाहर, रजनी अहलावत, प्रीती, मीना कादयान, शीला ग्रेवाल, सोनिया सिंघल सक्रिय रहीं। जवान वकीलों में दीपक धनखड़ सरकारी नेताओं के विरोध में अग्रणी रहे चाहे वह मोदी द्वारा AIIMS के रिमोट द्वारा उद्घाटन के समय मुख्य मंत्री व अनिल विज का विरोध हो या झज्जर पॉलिटेक्निक में दुष्यंत चौटाला का विरोध हो। कई मुकदमे भी बने व लाठीचार्ज में पानी की बौछारें भी सहन कीं। किसानों के भारत बन्द के आह्वान पर कोर्ट हड़ताल रही।

हिसार जिला बार एसोसिएशन

तीन काले कृषि कानूनों के खिलाफ देशभर में चले ऐतिहासिक निर्णायक किसान आंदोलन में वकीलों का काफी अहम योगदान रहा। हरियाणा, पंजाब, चंडीगढ़, दिल्ली समेत सुप्रीम कोर्ट के वकील किसानों के समर्थन में सड़कों पर उतरे परंतु सबसे अहम योगदान हिसार बार के वकीलों का रहा। हिसार बार के वकीलों ने किसान आंदोलन के समर्थन में 310 दिन तक लगातार हिसार कोर्ट के परिसर में धरना लगाया।

26 नवंबर 2020 को जब पंजाब और हरियाणा के किसान बॉर्डर पर पहुंचे और केंद्र सरकार व हरियाणा सरकार ने तानाशाहीपूर्ण तरीके से उनको कुचलने का असफल दुस्साहस किया, उसी समय दिसंबर के पहले सप्ताह में हिसार बार के तत्कालीन प्रधान मनदीप बिश्नोई की अध्यक्षता में सर्वसम्मति से प्रस्ताव पास करके किसानों की मांगों का समर्थन किया गया और एक प्रस्ताव सरकार को भेजा। इसके साथ ही किसानों पर दर्ज मुकदमे वापिस लेने का प्रस्ताव भी सरकार को भेजा। बार ने किसानों पर दर्ज मुकदमे निःशुल्क लड़ने की भी घोषणा की।

8 दिसंबर के भारत बंद में हिसार बार ने महत्वपूर्ण भूमिका निभाते हुए सड़क पर आकर अपना रोष प्रदर्शित किया। हिसार बार के वकील अपने अपने स्तर पर बॉर्डरों व टोलों पर पहुंचे। वहां पहुंच कर किसानों को आर्थिक मदद देकर व निःशुल्क केस लड़ने का आश्वासन देकर किसान मजदूरों का हौसला बढ़ाया। हिसार बार ने आसपास के टोलों पर भी आर्थिक मदद पहुंचाई।

26 जनवरी के ऐतिहासिक ट्रैक्टर परेड को जिस ढंग से केंद्र सरकार ने कुचलने की साजिश की और किसान नेता राकेश टिकैत को जबरदस्ती उठाने की कोशिश की इससे हिसार बार के वकील काफी आक्रोशित हुए व 29 जनवरी को एक दिन का सांकेतिक धरना हिसार कोर्ट के परिसर में दिया तथा 3 फरवरी से लगातार धरना लगाने का फैसला किया। 3 फरवरी से लेकर 10 दिसंबर 2021 तक जब तक किसान आंदोलन वापिस नहीं हुआ तब तक हिसार बार के वकील लगातार हिसार कोर्ट में धरने पर बैठे रहे। संयुक्त किसान मोर्चे के हर आह्वान को वकीलों ने पूरा किया और इसी अनुसार वकीलों ने अपने कार्यक्रम आयोजित किए। हिसार

बार के धरने पर किसान नेता राकेश टिकैत, अभिनेत्री सोनिया मान, अभिमन्यु कोहाड़, युद्धवीर सिंह सहरावत, बलदेव सिंह सिरसा जैसे अनेक किसान नेता पहुँचे व वकीलों का हौसला बढ़ाया। इस पूरे आंदोलन के दौरान हिसार बार के ज्यादातर वकीलों का परोक्ष या प्रत्यक्ष समर्थन वकीलों के धरने को रहा।

संयुक्त किसान मोर्चे के निर्णयानुसार वकीलों ने हिसार बार में सरकार के किसी भी मंत्री को नहीं आने दिया। 19 नवंबर को किसान आंदोलन के सामने घुटने टेकते हुए प्रधानमंत्री ने कृषि कानूनों की वापसी की घोषणा की। उसके बाद 5 दिसंबर को हरियाणा के उपमुख्यमंत्री दुष्यंत चौटाला ने हिमाकत दिखाई। चूंकि संयुक्त किसान मोर्चे ने आंदोलन को वापिस नहीं लिया था, आंदोलनरत वकीलों ने दुष्यंत चौटाला के खिलाफ जमकर नारेबाजी की।

हिसार बार के आंदोलन का नेतृत्व हिसार बार के सीनियर वकील श्री जे एस मल्ली ने किया। एडवोकेट गंगाराम, कामरेड अजीत सिंह श्योराण (बार के पूर्व प्रधान), प्रदीप बाजिया, राजपाल मलिक, सतिंद्र घनघस, विक्रम मित्तल, राजेंद्र संधू, अर्जुन सिंह राणा, राजवीर पूनिया, सोमदत्त सिवाहा का अहम योगदान रहा। इसके अलावा हिसार बार के सीनियर एडवोकेट महेंद्र सिंह नैन, पी. सी. मित्तल, जगदीश राय बिश्नोई, लाल बहादुर खोवाल आदि ने वकीलों के आंदोलन को हौसला व दिशा देने का काम किया।

बार के वर्तमान प्रधान अनेंद्र लौरा, पूर्व प्रधान मोहित अरोड़ा, एडवोकेट देवीलाल गोदारा, मंजीत नैन, संदीप श्योराण, अजीत सिंह ढांडा, विनोद गोदारा, कमल सहरावत, अमला देवी, श्वेता

शर्मा, रामकुमार सोलंकी, फूल सिंह सांगवान, अनिल जलंधरा, बलवंत बौंदिया, अमरजीत बिश्नोई, छाजू राम, सुखपाल श्योराण, कपूर सिंह पन्नू, भूपेंद्र पन्नू, आदि भी धरने पर निरंतर उपस्थित रहे।

फतेहाबाद जिला बार एसोसिएशन

फतेहाबाद बार की किसान आन्दोलन में बहुत ही शानदार भागीदारी रही। जो धरने जिला स्तर पर चल रहे थे उनमें लगातार भागीदारी थी। 28 जनवरी की रात गाजीपुर बॉर्डर पर राकेश टिकैत पर हमले की प्रतिक्रिया यहाँ भी विद्युत गति से हुई। श्री धर्मपाल जाखल ने बताया कि उन्होंने एक नायाब तरीका निकाला। उन्होंने कामरेड देवीलाल के साथ मिल कर कोर्ट परिसर में नारे लगाने शुरू कर दिये और वकील बढ़ते चले गये। फिर बार की मीटिंग बुलाई गई व सर्व सम्मति से घटना की निन्दा और उस दिन हड़ताल का प्रस्ताव पास हुआ। उसी दिन सारे शहर में 5/6 किलोमीटर का रोष जलूस निकाला गया। जो वृद्ध वकील पैदल नहीं चल सकत थे वे भी अपनी गाड़ियों में जलूस में चले। उपायुक्त को ज्ञापन दिया गया। सभी बिरादारियों के वकील शामिल थे। महिला वकील व सीनियर वकील देवेन्द्र कस्वाँ व कामरेड चन्द्र भान ढाका नेतृत्व कर रहे थे।

एक बार पूरी बस भर टिकरी बार्डर पहुंचे। 80 हजार रूपये, गद्दे व दूसरा सामान लेकर गये। बॉर्डर पर बैठे किसानों ने सामान तो ले लिया परन्तु रुपये लेने से सविनय इन्कार कर दिया, जो बाद में फतेहाबाद बाई पास के लंगर में दे दिये। 02 फरवरी 2021 को महाराष्ट्र के किसान नेता अशोक धवले लाधड़ी टोल पर आये

तो इसमें बार से काफी वकील शामिल हुए। श्री अशोक धवले ने वकीलों के योगदान की प्रशंसा की। शाहजहांपुर बॉर्डर पर बिस्तर व गद्दे भेजे। 25000 रूपये फतेहाबाद के किसानों के स्थाई धरने पर दिये। वकील भी इसी धरने पर लगातार बैठते थे। धरनों पर वकील 3 कानूनों बारे प्रकाश डालते थे।

संयुक्त मोर्चा की भारत बन्द की काल पर कोर्ट में पूरी हडताल रही। आन्दोलन में सहयोग देने वालों में कामरेड चन्द्र भान ढाका, देवेन्द्र कस्वां, धर्मपाल जाखल, कामरेड देवी लाल, शाहनवाज खान, स्वर्गीय कामरेड राम सिंह, नरेश सोनी, मधुसूदन गोदारा, इन्द्र सिंह सिहाग, सुशील बिश्नोई, रोहतास बिश्नाई, सुरेन्द्र सांई, राकेश खर्वास, जोगेन्द्र सिंह कालीरमन, दयानन्द सिवाच, राजेन्द्र सिंह मीणा, हरपरीत सिंह गिल, अमनदीप (इन्होंने अपने मित्रों से विदेशों से पैसा मगंवाया, बाईपास पर चाय का लंगर चलाया, जेब से भी काफी पैसा लगाया) रहे। मोहबत पाल अयाल्की ने कैलिफोर्निया से पैसा भेजा। बरिन्द्र सिंह, अरूण खिचड़, सीताराम बेनीवाल, जिले सिंह वर्मा, महेन्द्र सिंह धारणिया, सुनील धारणिया, समीर सिहाग, गुरूविन्द्र सिंह पान्नू, परविन्द्र संधा, नवरंग सिंह, वीरेन्द्र मांजू कई दिनों तक बॉर्डर पर रहे। राजेन्द्र कुकरेजा (प्रधान बार), अनिल गोदारा, सुभाष कड़वासरा, हरजीत सिंह सन्धु, देवेन्द्र सिंह भट्टू, सुबे सिंह मरोठिया (प्रजापत), अजय झांझड़ा मुख्य रूप से सक्रिय रहे। महिला वकीलों में प्रेम, परमजीत कौर, सुमन लता सिवाच (पूर्व जिला पार्षद), पूनम जांडली, कमलेश वशिष्ठ सक्रिय रहीं।

कुरूक्षेत्र जिला बार एसोसिएशन

कुरूक्षेत्र के वकील पेहवा कैथल रोड़ के टोल पलाजा पर जाते हैं। इस का नेतृत्व राजविन्द्र सिंह चन्दी करते है। पेहवा में तीन रिलायंस के पैट्रोल पंपों को बन्द रखा गया। जीटी रोड़ के रामगढ़, उमरी लंगरों पर जाते हैं तथा काफी आर्थिक सहयोग भी करते रहे हैं। जब भी पंजाब से किसानों का विशेष जत्था आता है तो उसका स्वागत करने रामगढ़ लंगर पर जाते हैं। जत्थे के स्वागत के साथ तीन कानूनों के बारे में सम्बोधित करते हैं। तीन बार काफी साथी अपनी गाड़ियों में सिंघू बॉर्डर पर गये। एक बार पूरी बस भरकर गये। दिलावर सिंह एडवोकेट एक लकड़ी की ट्राली भर कर सिंघु बॉर्डर पर पहुँचा कर आया। बार की तरफ से 22000 रुपये सिंघु बॉर्डर पर दिये। एक बार जिला बार के वकील 50 गाड़ियां लेकर बॉर्डर पर गये। गांव-गांव जाकर कानूनों बारे जनता को जागरूक किया। अकेले राजविन्द्र सिंह चंदी ने करीब 150 गांव कवर किये। बार में संयुक्त किसान मोर्चा की काल पर हर बार धरना रहा। दोनों बार भारत बन्द की काल पर कोर्ट की हड़ताल रही।

सक्रिय वकीलों में गुरमेज सिंह, सुशील, योगेश, रजत, तरसेम सैनी, गुरदेव श्याम, हरजिन्द्र सिंहमार, संदीप मदान, जसपाल सिंह उदासी (पेहवा), गुरप्रीत सिंह, हीरा लाल जांगड़ा, गुरूदेव चड्ढा, भूपेन्द्र सिंह सांगवान, सुखविन्द्र सिंह मलिक, गुरतेज सिंह सेखों (बार प्रधान), कमलेश, सुमन, रितु शर्मा, मनजीत सिंह बेदी, जगमाल सिंह देसवाल, आशीष देसवाल, दिव्यदीप शर्मा, आर. जे. सिंह, अमरराज, जसप्रीत रंधावा, तिरलोचन सिंह, मनीष सैनी, गुलशन सैनी, कृष्ण सैनी आदि हैं।

किसानों पर बने मुकदमे जिला बार के प्रस्ताव के अनुसार बिना फीस लड़े। इन्टरनेट बन्द करने के खिलाफ मीटिंगें कीं। बाजार से काफी सहयोग रहा। किसान कानूनों पर 10 हजार बुकलेट बांटी, जो ऑल इण्डिया लायर्ज यूनियन हरियाणा के प्रधान गुरमेज सिंह ने छपवाई थी।

करनाल जिला बार एसोसिएशन

बार के सक्रिय वकील मनीष लाठर पर कई मुकदमे दर्ज हुये। कैमला में मुख्यमन्त्री का विरोध करने पर भी मुकदमें में लाठर का नाम था। बस्ताड़ा टोल पर लाठी चार्ज में इन्हें चोट लगी। कई बार बसताड़ा टोल पर वकील बैठे। जिस दिन वकील टोल पर जाते हैं उस दिन का सारा खर्चा वकील ही देते हैं। महीने में एक दिन वकीलों की बारी होती है। कानूनों के खिलाफ व्याख्या की एक हजार कापी बांटी। किसानों द्वारा सचिवालय के धेराव के समय सैकड़ों वकील शामिल हुए। शहर में ड्रेस में, बैनरों के साथ प्रदर्शन किया। बसताड़ा टोल प्लाजा पर लाठी चार्ज के बाद कोर्ट की हड़ताल रही। भारत बन्द के समय दोनों बार पूरी हड़ताल रही। उपायुक्त को लाठी चार्ज के खिलाफ ज्ञापन दिया।

सक्रिय वकील चांदवीर मढ़ांण (पूर्व प्रधान), सुनील दलाल, निर्मलजीत सिंह विर्क (पूर्व प्रधान), मांगे राम सांगवान, कर्ण सिंह मढ़ान, विरेन्द्र पहल (पूर्व प्रधान), जेपी धणघस शेखपुरा, कविता दत्त, दीपक संधु, महेन्द्र सिंह मान, सुकर्मपाल शेरा, जय प्रकाश, कवरप्रीत सिंह भाटिया (प्रधान), रणवीर सिंह चौहान (एस. सी.), अमृत लाल वीस्य (एस. सी.), दलित नेता सतीश, रोहित गुप्ता, संदीप दलाल, सुरेन्द्र सुखन आदि थे।

जींद बार एसोसिएशन

जींद जिले में आंदोलन जितना तेज था उसी तरह वकील भी अपनी हिस्सेदारी निभाते रहे। एक दिन का धरना कोर्ट परिसर में किसान आन्दोलन के समर्थन में दिया। शुगर मिल के लंगर पर लगातार जाते रहे। चंदा व खाद्य सामग्री देते रहे। अशरफ गढ़ लंगर (जींद रोहतक रोड) पर जाते हैं तथा सहयोग देते हैं। अशरफ गढ़ लंगर पर डॉक्टर गुरुदर्शन कौर व डॉ मंजू लगातार सेवाएं देते रहे। दोनों बार भारत बंद के समय कोर्ट में पूरा काम बंद रहा। टिकरी बॉर्डर पर कई बार व्यक्तिगत तौर पर जाते रहे। एक बार ट्रैक्टर पर जो यज्ञ दीप बूरा का था उसमें करीब 20 वकील बॉर्डरों पर गए। तीन दिन क्रमशः टिकरी बॉर्डर, गाजीपुर बॉर्डर व सिंघु बॉर्डर पर रहे।

विशेष सक्रिय साथी देवेंद्र लोहान, नवजीत मलिक, प्रदीप कुंडू, सुनील कारल, विनोद टिंडल, संजीव मलिक, नसीब घीमाना, प्रशांत साहू, जोगेंद्र देशवाल, राजकुमार सरोहा, ओम सिंह श्योकन्द, जसबीर ढुल, नरेश पंजेटा आदि हैं। सोशल मीडिया पर राजवीर लोहान नारनौंद भैणी सक्रिय रहे। ये आई. टी. सेल के माध्यम से किसान आन्दोलन की मदद करते रहे। फेसबुक चलाते हैं। फेसबुक पर इनके 5000 सदस्य हैं। 28 जनवरी की घटना को पूरा कवर किया। कूंगड व कंडेला का वीडियो इन्हीं ने डाला था। एक कंडेला का भी आईटी सेल था जिसको बलजीत रेढू (लक्ष्य मिल्क प्लांट वाले) चलाते थे जिनका एक लंगर टिकरी बॉर्डर पर चलता था, रवीश कुमार ने अपने प्राइमटाइम में इसकी विशेष प्रशंसा की थी।

भिवानी बार एसोसिएशन

भिवानी के वकीलों ने भी इस आंदोलन में बढ़चढ़कर हिस्सा लिया। किसानों के भारत बंद के समय दो बार पूरी हड़ताल रखी है व जुलूस निकाला। किसानों के मुकदमे बिना फीस लिए लड़े। लाखों रुपए का चंदा इकट्ठा किया। शाहजहां पुर बॉर्डर पर खाद्य सामग्री देकर आए। गाजीपुर बॉर्डर पर भी कई बार गए। सुमित श्योराण चंदा इकट्ठा कर हर सप्ताह बॉर्डर पर लेकर जाते हैं।

सत्यजीत पिलानिया (प्रधान) की भूमिका उल्लेखनीय रही, शाहजहांपुर बॉर्डर पर कई दिन गए व बैठ कर आए व 10000 रूपये दिए। कितलाना टोल पर भी सक्रिय रहे। वेदपाल ढिल्लों, ईश्वर सिंह पूनिया, वीरेंद्र सिवाच, सावित्री सिवाच, रघुवीर सिंह रंगा, कामरेड विजय पाल सांगवान, अनिल सबरवाल, ब्रह्मानंद, मुकेश गुलिया, अनिल साहू, जितेंद्र धारीवाल, वीरेंद्र दुहन, रघुवीर सिंह मलिक, कुलदीप भारद्वाज, पूनम सांगवान, सुरजीत सैनी, रोशन लाल श्योरान, भूपेंद्र सिंह ढांडा, पीयूष वर्मा विशाल नागर, राम कुमार मंढाना व जितेंद्र सिंह सुपुत्र चौधरी जगन्नाथ पूर्व मंत्री विशेष सक्रिय रहे।

रोहतक बार एसोसिएशन

शुरू में नरेश सिवाच, अरविंद श्योराण, मंजीत सिंधु, जयपाल शर्मा (पूर्व सचिव), दीपक हुड्डा (सचिव), अजय दुआ ,विक्रम ओहलान, नरेंद्र प्रताप शर्मा ने 3,50,000 रुपये चन्दा किया। लोकेंद्र फौगाट पूर्व व हाल प्रधान का विशेष योगदान रहा। दूसरी बार 2,50,000 रुपये चंदा किया। नकद व खाद्य सामग्री टीकरी बॉर्डर पर भेजी। एक रात जब बहुत सर्दी थी तो कोयला भिजवाया। एक महीना

बार की तरफ से मीठे पानी का टैंकर रोज भिजवाया। जरूरत का सामान, झाड़ू ,बर्तन साफ करने के जूणे, नेल कटर, टुथपेस्ट, टूथबुरश, दो गाड़ी वीटा दूध, ब्रेड, सरसों का तेल, वगैरा पहुंचाया। नरेश सिवाच व मनजीत सिंधु ने बताया कि एक भी वकील ने चाहे वह किसी पार्टी या किसी जाति का था, चंदे से इनकार नहीं किया। मनजीत सिंधु ने एक कैंटर आटा व अन्य सामान अपने गांव से पहुंचाया। आटा तो सधन्यवाद वापिस कर दिया परंतु दूसरा सामान ले लिया। दोनों बार भारत बंद की काल पर कोर्ट बंद रहे। कई दिन परिसर के अंदर व बाद में बाहर धरना चलाया। बाद में सैकड़ों वकीलों ने एक दिन का व्रत रखा। एक बार आयुक्त को ज्ञापन दिया। एक दिन टिकरी बॉर्डर पर वकीलों ने ड्रेस में जुलूस निकाला। संसद मार्च के समय लगभग 20 गाड़ी व ट्रैक्टर जिसे हरि स्वरूप हुड्डा व अनिल हुड्डा चला रहे थे मार्च में पहुंचे। कई साथी मोटर साइकिल पर थे। तनवीर तंवर भी मोटर साइकिल पर थे।

नवीन सिंगल ने धरने पर तीनों कानूनों के किसानों, व्यापारियों व आम जनता पर पड़ने वाले दुष्प्रभाव पर प्रकाश डाला। सभी वर्गों से सहयोग की अपील की। किसान मोर्चा की हड़ताल पर रोहतक के वकील शामिल रहे। किसानों के मुकदमे बिना फीस लड़े।

उपरोक्त के अतिरिक्त उमेद सिंह (पूर्व विधायक व लेखक), भगत सिंह मलिक (पूर्व प्रधान व बार काउंसिल सदस्य), राजकुमार हुड्डा, सुंदर पाल धनखड़, सतवीर नेहरा, भूपेंद्र फोगाट, सज्जन बिश्नोइ, समीर, गंभीर, सुशील जुनेजा, पंकज शर्मा, मंजीत जांगड़ा, प्रदीप चौहान, सुमित बुधवार (पूर्व सचिव), प्रदीप मलिक, संजय पाल

हुड्डा, कर्नल अशोक रांगी, दलसिंह सिवाच, राज सिंह अहलावत, संजय सहारण, सुमेश मलिक, किरण श्योराण (पूर्व सचिव), सविता सैनी, सरिता रावत व राम भतेरी आदि विशेष सक्रिय रहे।

दादरी बार एसोसिएशन

सुरेंद्र सिंह मेंहड़ा (सांगवान) प्रधान बार एसोसिएशन ने बताया कि वकीलों ने भारत बंद के समर्थन में पूरी हड़ताल की व सारे शहर में जुलूस निकाला। एक बस भर कर कुंडली बॉर्डर पर गए व समर्थन किया। कितलाना टोल पर बार की तरफ से चंदा दिया व वहां सक्रिय भागीदारी रही। कई साथी लगातार जाते रहे हैं। बाद में भी धरना चलता रहा। कारी गांव व हिंडोखला धाम पर किसानों के धरने पर कई बार गए। मुकदमे मुफ्त लड़ने का फैसला किया। कुछ मुकदमे अभी चल रहे हैं।

सभी पदाधिकारी - कुलदीप सांगवान (उपप्रधान), मंजीत श्योराण (सचिव), मंदीप फोगाट (सहसचिव), सोमवीर सांगवान चंदेनी (कोषाध्यक्ष) सक्रिय रहे। बाबू दरियाव सिंह (सीनियर वकील), आनंद बिजारणियां, सुखवंत सिंह दांगी, रमेश शाहू, भीम सिंह सांगवान, सतीश जटराणा, विरेंद्र फोगाट, राजेश गोदारा, आनंद गोदारा, विनोद, संजीव तक्षक, वेद प्रकाश श्योराण, राजेश बादल, दीपक श्योराण, राजवीर वर्मा, बलजीत सांगवान, धर्मवीर श्योराण, अनुराग, पवन जांगड़ा अन्य सक्रिय वकील थे।

अंबाला बार एसोसिएशन

दिलबाग सिंह दानीपुर (प्रधान) ने बताया कि अंबाला के वकील शंभू बॉर्डर के टोल पर जाते रहे हैं। कई बार उपायुक्त को ज्ञापन दिए। सैणी माजरा टोल पर भी जाते हैं। चार बार बस लेकर सिंघू बॉर्डर पर गए। सबने व्यक्तिगत तौर पर चंदा दिया। दोनों बार भारत बंद के समय हड़ताल रही। पुलिस लाइन के किसानों के धरने में काफी वकील शामिल रहे। केस चाहे अंबाला के किसी थाने के हों, मुफ्त में जमानत करवाई व लड़े। गांव के स्तर पर चंदा व सामान भेजने में सक्रिय रहे।

बलदेव सिंह चहल, मनजीत रोलां, परमजीत लोहचब, सुभाष सहगल, सुशील उपलाना, गुरप्रीत अंटाल, हरप्रीत सिंह, नीतू बाला मल्होत्रा, विकास राठी (सचिव बार), जसविंदर सिंह अधोही आदि वकील विशेष सक्रिय रहे। अमरजीत पंजखोरा (सरपंच) को सरकार ने काफी तंग किया। देवेन्द्र सिंह मान, धर्मवीर ढींढसा (नारायणगढ़), रणवीर सिंह चौहान, आर. के. विज सोशल मीडिया पर सहयोग रहा। अपनी आई. डी. चलाते थे, संदीप चौहान, मनप्रीत बॉबी, रोहित जैन (पूर्व प्रधान), कई बार बॉर्डर पर गये। अजय त्रेहन, इकबाल राणा प्रधान बार, सुख दर्शन सैणी, अश्विनी कालड़ा, इंद्रजीत गिल, रणधीर सिंह, हरमन सिंह, विनय आर्य व कमलदीप लोचब भी सक्रिय रहे।

पंचकूला बार एसोसिएशन

संजीव बखतुआ नारायणगढ़ से ट्रैक्टर लेकर दिल्ली गए व टिकरी बॉर्डर पर भी कई बार गए। संदीप सैणी, सतीश चौधरी, धर्मवीर धीमान, मुकेश सैणी, जहार सिंह आदि सारे दो क्विंटल देसी घी

की पीनी बॉर्डर पर लेकर गए, इस के अलावा गेहूं व आटा भी ले कर गये। फ्री मुकदमे लड़े। कुछ अभी चालू हैं। भाजपा नेता व मन्त्री नायब सिंह सैणी द्वारा नारायणगढ़ में कानूनों के विरोध में की गई ट्रैक्टर रैली का जोरदार विरोध किया गया, नायब सिंह सैणी ने रजत उर्फ जैंटी एडवोकेट पर 302 का पर्चा दर्ज करवाया। बाद में नारायणगढ़ के गुरुद्वारे में वकीलों को सम्मानित किया गया। किसान मोर्चा की काल पर वकील जलौली टोल पर जाते रहे।

कैथल बार एसोसिएशन

नफे सिंह बेरवाल (पूर्व प्रधान) शुरू से ही किसान आंदोलन में सक्रिय रहे। एक बस लेकर 60 के करीब वकील सिंघु बॉर्डर पर गए। 29 जनवरी को संदीप बेरवाल कैथल से पानी लेकर गाजीपुर बॉर्डर गया। कई बार सिंघु बॉर्डर पर गए। संयुक्त किसान मोर्चा की भारत बंद की काल पर दोनों बार वकीलों की हड़ताल रही। न्यायिक परिसर में लंबा धरना चला। शहर में कई बार ड्रेस में प्रदर्शन किया। उपायुक्त को ज्ञापन दिया। तितरम मोड़ के धरने पर लगातार जाते रहे।

कृष्ण लाल भारद्वाज, जिवानन्द कौशिक (गुहला चीका), बी एल भारद्वाज, विक्रम नैन, अमृत मलिक, सुरेंद्र मलिक, बलविंदर (गांव खुराना), हरपाल दूहन, मनीष राठी, विनोद ढुल, सुरेंद्र रांझा (बाल्मिकी) व मीना शर्मा आदि सक्रिय रहे।

सोनीपत बार एसोसिएशन

बार की तरफ से शुरू में 80 हजार रूपये देकर आये और एक बस भर कर सिंधु बॉर्डर पर गये। बार के प्रधान संदीप शर्मा नेतृत्व कर रहे थे। नरेन्द्र बलहारा की 20-25 नवयुवकों की टीम विशेष सक्रिय रही है जो बार बार बॉर्डर पर जाते रहे हैं। इनके सहयोगी मुकेश खत्री, आनन्द कटारिया, अंशुल खत्री, रमेश सैनी, बुध सिंह, विक्रम डागर, रणवीर सिंह मलिक, मनोज दहिया, विरेन्द्र पावड़िया, जोगिन्द्र सिंह, भारत, जयवीर सिंह गहलावत आदि विशेष सक्रिय रहे। 4 अक्तूवर 2021 को सोनीपत से उपरोक्त वकील व इन्डियन एसोसिएशन आफ लॉयर्स (हरियाणा) से कम से कम 100 वकीलों ने सिंघु बॉर्डर पर जलूस निकाला। सप्ताह में दो दिन बॉर्डर पर जाते रहे व कानूनों बारे बताया। 23 मार्च 2021 को शहीदी दिवस पर जुलूस निकाला। 26 जनवरी की घटना के बाद 27 व 28 जनवरी अपने साथियों के साथ सिंघु बॉर्डर पर पूरी हाजरी दी ताकि काई अनहोनी घटना न घटे। अपने साथियों विशेष कर संजय करेटा, के साथ गांव में कृषि कानूनों व आन्दोलन के बारे में जानकारी दी। चन्दा करके काफी सामग्री पहुँचाई। नाथूपूर गांव के नजदीक एक स्थाई टैंट/हट बनाई जो आन्दोलन के आखिर तक रही। महिला वकील मन्जु मलिक व कमलेश पांचाल सक्रिय रहीं। बार में दो बार हड़ताल रखी। एक बार गोहाना रोड़ को जाम किया। एक दिन उपायुक्त कार्यलय में धरना दिया व ज्ञापन दिया। कामरेड़ श्रद्वानन्द सोलंकी पर 26 जनवरी को अलीपुर थाने में केस दर्ज हुआ। रेल रोको अन्दोलन में किसान मोर्चा ने श्रद्वानन्द के नेतृत्व में रेल रोकी। ब्रहम सिंह दहिया व हरिप्रकाश रेल के आगे लेट गये, तब रेल रुकी। मोदी के

पुतले फूके। ब्रह्म प्रकाश त्यागी व उसके लड़के लक्ष्य त्यागी का बड़ा योगदान रहा। उसने गांव में भी समर्थन जुटाया।

पानीपत बार एसोसिएशन

शेर सिंह खरब (प्रधान बार) ने बताया कि वकील चार बार बस लेकर सिंघु बॉर्डर पर गये और पैसे भी देकर आये। पानीपत टोल प्लाजा पर जाते हैं। उग्रा खेडी के लंगर पर पैसे देकर आते थे। बार में कई बार बंध रहा। दो बार धरना दिया व एक बार कोर्ट के सामने जाम लगाया। नवयुवक गुरविरन्द्र विर्क पानीपत टोल पर रहा व लंगर चलाने में मुख्य था। स्वर्गीय जितेन्द्र रूहिल बहुत सक्रिय रहा। मुख्त्यार सिंह गुलिया, सुरेश छोकर, नकुल छोकर, धर्मवीर शर्मा अशोक ग्रोवर (दलित), नरेन्द्र बजाज (दलित), जितेन्द्र जागलान, जितेन्द्र खरब, सुनील वधवा, सुमित आर्य, मोहित नरवाल, सूबे सिंह मलिक, सुमन छोकर, अजब सिंह तंवर, नरेश रावल, कुलदीप सिंह, इश्वर सिंह जागलान, अमित खरब, गौरव वर्मा व विश्वचरण कश्यप आदि सक्रिय रहे।

फरीदाबाद बार एसोसिएशन

प्रधान कृष्ण पाल तेवतिया ने बताया कि उपायुक्त को किसानों के समर्थन में ज्ञापन दिया व काम सस्पेंड किया। पलवल बॉर्डर पर चार-पांच बार 100 के करीब वकील गये। एक दो बार गाजीपुर बॉर्डर पर गये। पलबल बॉर्डर पर चंदा भी दिया। बार में धरना चला। किसानों पर लगे मुकदमे फ्री लडे। 26 जनवरी को किसानों पर लाठी चार्ज हुआ। काफी मुकदमे बने, सबकी जमानत फ्री करवाई। नरेन्द्र अत्री मुख्य संचालक, रवि कालीरामण, धर्मवीर

डागर, योगेन्द्र चौहान (पूर्व प्रधान), संजय, ओम वीर धनखड़ व कुलदीप चौहान आदि वकील विशेष सक्रिय रहे।

पलवल बार एसोसिएशन

सुनील डागर (प्रधान) व राज कुमार तेवतिया द्वारा बताया गया कि पलवल के नजदीक के. एम. पी. बॉर्डर पर पहले दिन से ही धरना जमाने में वकीलों की विशेष भूमिका रही। आन्दोलन के समर्थन में एक दिन काम स्थगित रहा। दोनों बार भारत बंध की काल पर कोर्ट में हड़ताल रही। शुरू में 11000 रुपये बॉर्डर पर पहुंचाये, 50 से 100 वकील धरने पर जाते रहे। गांव से व निजी तौर पर चंदा दिया। इन्होंने बताया कि धरने पर सक्रिय साथी मंशा सिंह को कोई जरूरत पड़ती थी तो हमें टेलीफोन करते थे और हम गैस, दूध व अन्य ज़रूरत की सामग्री पहुँचाते रहे। राज कुमार तेवतिया ने बताया कि शुरू में जाट धर्मशाला पलवल से लगभग 50 आदमी पैदल दिल्ली के लिए चले। रतन सिंह सोरोत एडवोकेट नेतृत्व कर रहे थे। पहले दिन पिरथला ठहरे, दूसरे दिन झाड़सेतली व तीसरे दिन फरीदाबाद के सूरज कुण्ड चौक पर ठहरे। कुछ स्रोतों से पता चला कि सोरोत ने कमजोरी दिखाई तो धरना समाप्त हो गया। परन्तु वहीं से मध्य प्रदेश से आने वाले किसानों के साथ के. एम. पी. पर आ जमे। वकीलों ने लगभग 150000 रूपये चन्दा पहुंचाया। 26 जनवरी को के. एम. पी. पर धरना समाप्त होने के बाद कुछ लोग सिंघु बॉर्डर पर चले गये। बाद में कर्ण सिंह दलाल व रघुवीर सिंह तेवतिया (पूर्व विद्यायकों) व अरूण सोरोत जैलदार (प्रधान बावन पाल) के प्रयत्न से धरना फिर शुरू कर दिया। पलवल के आस पास के गांव के मेव किसान धरने पर लगातार आते रहे।

रवीन्द्र चौहान (पूर्व प्रधान), दीपक चौहान, धर्मेंद तेवतिया, शेर मोहम्मद, नासीर खान, अमीर खान, अजय कूंडू, शिवनारायण तेवतिया, ज्ञानेन्द्र राठी, नरवीर चौहान (सरपंच) अटोहवा का सहयोग अधिकतम रहा। रतन सिंह सोरोत, प्रियकां तेवतिया (बॉक्सर) धरने पर आते रहे।

सिरसा बार एसोसिएशन

सिरसा के वकीलों का भी इस आंदोलन में महत्वपूर्ण योगदान रहा। तत्कालीन प्रधान गुरूरतन पाल सिंह किंगरा व सचिव सौरभ नागपाल के नेतृत्व में एक बस भर कर सिंघु बॉर्डर पर गई। 26 जनवरी को भी कई वकील गये। हरबिन्द्र थिन्द कई दिन टिकरी बॉर्डर पर रहकर आये। 23 जनवरी को खुद ट्रैक्टर चलाकर गये व 26 जनवरी के जुलूस के बाद वापिस आये। थिन्द ने बताया उनके गांव के कुल 24 ट्रैक्टरों में से 22 ट्रैक्टर दिल्ली पहुंचे। बाकी 2 ट्रैक्टर के मालिकों ने पांच-पांच हजार रूपये का खर्चा दिया। प्रधान गुरूरतन पाल सिंह किंगरा, हरविन्द्र थिन्द व सुरेश मेहता पूर्व प्रधान ने किसानों के मुकदमों में निशुल्क सेवाएँ दीं। तरलोक सिंह गिल और वसन्त सिंह गिल को निःशुल्क सेवाएँ देने के लिए भारतीय किसान एकता संगठन ने सम्मानित किया। सिरसा में जब भी कोई किसानों का प्रोगाम होता था तो वकील काफी संख्या में शामिल होते थे। बार के वकील भावदीन टोल व खुंईया मलकाना टोल पर जाते रहे और कानूनों के बारे में समझाते रहे।

सतबीर गोदारा, गुरूमंगत सिंह चहल, गुरमीत सिंह मान, नरेन्द्र सिंह यादव, अजायब सिंह कोडा, जसविन्द्र सिंह सिद्ध,

मनताज सिंह, गुरदीप सिंह चहल, तिलक राज विनायक, धर्मचन्द सोलंकी (एस. सी.), सुरजीत सिंह चौहान (एस.सी.), बलवीर कौर गांधी सक्रिय रहे।

रेवाड़ी जिला बार एसोसिएशन

यहां के मुख्य संचालक कामरेड राजेन्द्र सिंह एडवोकेट (जो एस. यू. सी. आई. पार्टी से सम्बन्ध रखते रहे हैं) वास्तव में रेवाड़ी जिले के संयुक्त किसान मोर्चा के संयोजक थे। सारे जिले व बार में ये आन्दोलन के आधार थे। किसान मोर्चा की कॉल पर काम बन्द किया गया। दो-तीन बार 15 से 20 वकील सिंघु बॉर्डर पर गये। सैकड़ों वकील शाहजहांपुर बॉर्डर पर कई बार गये। वहां वकीलों की तरफ से 15 हजार रुपये चन्दा दिया। रेवाड़ी शहर से किसान मोर्चा की तरफ से चन्दा किया। डॉकटरों ने भी अच्छा सहयोग दिया। शाहजहांपुर बॉर्डर पर डॉक्टर धनश्याम मित्तल (ललिता ममोरियल होस्पीटल) ने स्वास्थय सेवाएँ दीं। अभी श्यौराण ऐडवोकेट (जो कि मनोचिकित्सक भी है), ने बॉर्डर पर स्वास्थय कैम्प लगाया। ओम प्रकाश (पूर्व प्रधान टाइपिस्ट्स यूनियन) गांव देवलावास ने शाहजहांपुर बॉर्डर पर लगातार लस्सी पहुंचाई।

मनीन्द्र सिंह सोहलोत, प्रवेश शर्मा, कुलदीप चौधरी, राज यादव, रणवीर (SC), अजीत सिंह, सुरेन्द्र सिंह रोहिल्ला, अभी श्यौराण, कमान्डेंट शंकर सिंह आदि सक्रिय रहे। रेवाड़ी के काफी वकील गंगायचा टोल पर जाते रहे व चन्दा भी देते रहे।

गुरूग्राम जिला बार एसोसिएशन

गुरूग्राम में वकीलों की किसान आन्दोलन में भूमिका नेतृत्वकारी रही। यहां के अन्दोलन के मुख्य संचालक संतोख सिंह (पूर्व प्रधान जिला बार) रहे हैं। उन्होंने वकीलों समेत सभी वर्गों का सांझा धरना राजीव चौक के पास जो जिला न्यायालय के पास है, जयपुर हाईवे के साथ में लगाया। यह मोर्चा लगातार 353 दिन चला। लगभग 200 वकील इस धरने पर रोज आते रहे। धरने का सारा खर्चा संतोख सिंह ने खुद अपनी जेब से या अपने निकट मित्रों के सहयोग से किया। आम चन्दा कभी नहीं किया। संयुक्त किसान मोर्चा के हर कॉल पर कोर्ट बन्द रहे। 4-5 बार ट्रैक्टर यात्रा शहर में निकाली। 26 जनवरी को लगभग 400 ट्रैक्टर, मोटर साईकल व कारों की रैली निकाली और फिर कई घंटे तक एम. डी. चौक पर धरना दिया। धरने पर राकेश टिकैत व गुरनाम चढ़ूनी भी आये थे। काफी वकील शाहजहांपुर बॉर्डर पर कई बार गये। धरने पर पगड़ी सम्भाल जट्टा दिवस मनाया गया जिस को आज तक, एन. डी. टी. वी., तहलका यू ट्यूब व दूसरे चैनलों ने भी दिखाया। एक दिन शहर में 'मण्डी बचाओ, खेती बचाओ' रैली निकाली। भगत सिंह, राज गुरू व सुखदेव का शहीदी दिवस मनाया। भारत बन्द के समय बाज़ार बन्द किया गया। चक्का जाम भी किया गया। अडानी के रेलवे ट्रेक को पातली गांव में रोका। अनिल पवार के नेतृत्व में ट्रेड यूनियनों ने भी काफी मदद की। जनवादी महिला समिति, उसकी नेता उषा सरोहा व धर्मवीर परवाल (नेता भीम आर्मी) की सक्रिय भागीदारी लगातार रही। एक दिन शहर में केन्डल मार्च भी निकाला। मुख्य सक्रिय वकील अभय सिंह दाहीमा (प्रधान, बार एसोसिएशन), प्रवेश यादव (बार काउंसिल सदस्य), ब्रहम प्रकाश सहरावत, राहुल धनखड़, दीपक, राहलावत,

अरूण शर्मा, सलीम, अमित नेहरा, सतवीर नेहरा, देविका सिवाच विशेष सक्रिय रहे।

जगाधरी जिला बार एसोसिएशन

जगाधरी के वकीलों का योगदान सारे जिला के किसान आन्दोलन में रहा है। सीनियर वकील धर्मपाल चौहान संयुक्त किसान मोर्चा के मुख्य नेता के रूप में भूमिका निभाते रहे। किसान मोर्चे की हर काल पर कोर्ट का काम स्थगित रहा। वकीलों ने उपायुक्त को ज्ञापन दिया। कोर्ट परिसर के समीप मण्डी गेट के धरने पर रोज जुलूस के रूप में वकील जाते रहे। कई बार काफी वकील सिंघु बॉर्डर पर भी गये। विशेष कर 26 जनवरी को परेड में शामिल हुये। इस बार एसोसिएशन का मुख्य कार्य था मुख्यमन्त्री के जलसे के विरोध की घोषणा जिससे कार्यक्रम के संयोजकों को बेबस होकर मुख्यमन्त्री के कार्यक्रम को कैन्सल करवाना पड़ा।

एडवोकेट जबार पोसवाल ने नुक्कड़ नाटकों के द्वारा लगभग 40-50 गांवों में प्रोग्राम किये। इन्होंने खिजराबाद में किसान सभा के तत्वावधान में बड़ी रैली की। रैली से जुलूस निकाल कर गधोला टोल पलाजा तक गये। पूर्व प्रधान गुरमीत सिंह, साहब सिंह गूज्जर, राजवीर पीरमाजरा (SC) अरूण सकरवार (SC) सुनील कम्बोज, सतीश सांगवान, गुरप्रीत मानीपुर, विशाल अग्रवाल, सुखवीर सिंह धनखड़, मनीषा बांगा, रेणू शर्मा व रीतिका गर्ग आदि वकील सक्रिय रहे।

पंजाब हरियाणा हाई कोर्ट चंडीगढ़

हाई कोर्ट के वकील बहुत ही सक्रिय रहे। लगातार गेट नं0 एक पर कुलवीर सिंह धालीवाल पूर्व प्रधान व बूटा सिंह वैरागी के नेतृत्व में धरना चला। दो बस हर सप्ताह सिंघु बॉर्डर पर जाती थीं। एक बार 1,15,000, दूसरी बार 70,000, तीसरी बार 1,00000 रूपये देकर आए। व्यक्तिगत गाड़ियों में जाते थे। अलग से भी चंदा देते थे। टिकरी बॉर्डर पर सवा दो लाख का सामान, पंखे कूलर, पानी व राशन पहुंचाया। तीन चार बार कार व साईकिल रैली किसान भवन से सुखना लेक तक निकाली। भारत बंद की काल पर दोनों बार हड़ताल रही। जोगेंद्र सिंह तूर ने किसान कानूनों पर 10 हजार बुकलेट्स बाँटीं। तीनों भाषाओं (अंग्रेजी, हिंदी व पंजाबी) में सभी बॉर्डरों पर बांटी। एडवोकेट गोपाल सिंह महल चंदा एकत्रित करने व जनरल संचालक थे। आर एस ग्रेवाल (प्रधान), हरविंदर, ईश्वर, डी. पी. एस. रंधावा, जी एस संधू, राजविंदर सिंह बैंस, शौकीन वर्मा (प्रजापति), रविंद्र मलिक, हरविंदर संधू, विकास लोचब, संदीप बेरवाल, अमित खटकड़, विरेंद्र बांगड़, बलराज सिंह ढूल व बलराज सिंह राठी आदि वकील विशेष सक्रिय रहे।

लवलीन धालीवाल ट्रैक्टर में पूरा सामान भरकर सिंघू बॉर्डर पर गई थी। महिला दिवस पर कई जवान वकीलों व दूसरी महिलाओं के साथ बॉर्डर पर समारोह में शामिल हुई। ये अपनी छोटी बेटी रीडा, महिला वकील सोनिया सांभर व प्रभजोत कौर को भी साथ लेकर गई।

उच्चतम न्यायालय

उच्चतम न्यायालय के वकीलों का योगदान भी अहम रहा है। यहां एक लायर्ज फ़ोरम है जिसके माध्यम से हरियाणा, पंजाब व उत्तरप्रदेश के वकीलों ने किसान आन्दोलन में अपनी भागीदारी डाली है। इन में भूतपूर्व जज (पंजाब व हरियाणा उच्च न्यायालय) श्री रामेश्वर सिंह मलिक मुख्य थे। यह केवल बॉर्डरों पर ही न गये, बल्कि वहां किसानों को संबोधित भी किया। मेरे एक प्रश्न के उत्तर में उन्होंने बताया कि वो एक वकील व न्यायाधीश से पहले एक किसान पुत्र भी हैं। उन्होंने अपने हाथों से बैलों का हल चलाया है। उन्होंने बताया कि पंजाब, हरियाणा के कई जजों का बधाई संदेश मिला। नाम बताना उचित नहीं समझा।

ये किसानों को नगद पैसा व बहुत सा जरूरत का सामान भी देकर आये। वकीलों में विशेष सक्रिय सोमवीर सिंह देशवाल, जय भगवान मुदगिल, राजकुमार राठोड़, सतीश हुड्डा, बलराज मलिक, सुरेन्द्र देसवाल, शिशपाल ललेर, कुलवीर मलिक थे। एक लीगल टीम भी बनाई, मुफ्त मुकदमे लड़ने की ऑफ़र दी थी।

वरिष्ठ अधिवक्ता प्रशान्त भूषण भी बॉर्डरों पर किसानों को सम्बोधित कर के आये थे। प्रशान्त भूषण, दुश्यन्त दवे अध्यक्ष सुप्रीम कोर्ट बार एसोसिएशन, सीनियर अधिवक्ता कोलिन गॉन्ज़ाल्वेज़ व के. टी. एस. तुल्सी उच्चतम न्यायालय में सयुंक्त किसान मोर्चा की तरफ से केस लड़ते रहे। लखीमपुर खीरी काण्ड में तो इन के द्वारा केस डालने से सुप्रीम कोर्ट के आदेश पर ही आशीष मिश्रा गिरफ़्तार हुआ। बाद में एक साक्षात्कार में योगेंद्र यादव ने मुझे बताया कि यह सभी वकील बिना फीस के केस लड़ते हैं।

गायकों का योगदान

पंजाब व हरियाणा में आन्दोलन को उत्साहित करने में गायकों का बड़ा योगदान रहा है। पंजाब में तो संगीत इण्डस्ट्री शुरू से ही किसान आन्दोलन में सहयोग करने का निर्णय ले चुकी थी। 8 दिसम्बर 2020 के ललनटॉप चैनल के एक साक्षात्कार में कंवर ग्रेवाल, हरफ चीमा व गालव वड़ैच ने बताया कि यह मसला मिट्टी व रोटी से जुड़ा था इसलिए उन्होंने इसमें भागीदार बनने का फैसला लिया। गायकों की जड़ें भी वास्तव में खेती से जुड़ी हैं। उन्होंने लगभग 70-80 कार्यक्रम दिल्ली मार्च से पहले गांव देहात में किये। महसूस किया कि अब कारपोरेट हमारे चुल्हे तक आ पहुँचा है। छोटे किसानों, छोटे दुकानदारों व गरीबों के जीवनयापन पर सीधा हमला है। राज्यों के अधिकारों व फेडरलिज्म पर भी हमला है। उन्होंने बताया कि स्टुडियो या स्टेज पर गाने से फील्ड में गाने का अलग ही अनुभव है। उन्होंने कहा कि उन्हें यह एहसास हो रहा है कि वे अब असल में गायक हैं। उन्होंने अनुभव किया कि इस आन्दोलन में पंजाब का युवक नशे की दुनिया से वापिस आना शुरू हो गया है। उन्हें हरियाणा के सहयोग से भी बहुत सन्तुष्टि हुई है। हरियाणा ने वास्तव में छोटे भाई का फर्ज निभाया है। रोज-रोज के नदी, पानी व क्षेत्र

के झगड़े भी पीछे चले गये हैं। इनमें इतना आत्मविश्वास दिखाई दिया कि वे इस चुनौती को स्वीकार करने के लिए तैयार थे कि बिलों के नेगेटिव प्रभाव बारे वे किसी सरकारपरस्त विद्वान या अधिकारी से बहस करने को तैयार हैं। यह पंजाब के गायक दिल्ली में आन्दोलन शुरू होने पर बार्डरों पर ही आ गये और लोगों में जोश भरने का काम किया।

हरियाणा में भी गायकों की उपस्थिति आन्दोलन में रही है। हर टोल पर गायक अपना कार्यक्रम देते थे। मैंने टोलों पर गायकों के नाम व सहयोग का ज़िक्र किया है। हरियाणा के गायकों में अजय हुड्डा, लीलू बुडनपूर, कलयाणी आर्य, विधि देसवाल (राष्ट्रपति अवार्डी), राकेश श्योराण आदि रहे। पंजाब से कंवर ग्रेवाल, हर्फ चीमा, गालव वड़ैच, वीर सिंह, एमी विर्क, कर्मजीत, अनमोल रत्न, जस्सी गिल, जस बाजवा, अरविन्द ग्रेवाल, गुरतेज अख्तर, सतविन्दर विट्टी, सतविन्दर सत्ती (गायक व एक्टर), तरसेम जस्सड़, युद्धवीर मान, हरजीत मेहता, कानू प्रिया, निहंग सिंह व राजवीर जवान्दा आदि ने इस आन्दोलन में मुख्य रूप से हिस्सा लिया। कुछ गाने नीचे दिए गए हैं।

कंवर ग्रेवाल और हरफ़ चीमा का एक गीत

वेला आगी जाग किसाना.......

खिचले जट्टा खिच तैयारी पेचा पड़ गया सेन्टर नाल........

बढ़ के तेरे खेत चों पीपल हिकतेरी नू लाण नू फिरदे ....

बट तो तेनू कोई चढण ना दित्ता, बट तेरी नू ढाण नू फिरदे ....

पिंड- पिंड विचों भरो ट्राली गल नी बणणी केन्टर नाल ....

असी खण्डया तो सोंदे ठण्डी तार कि करू ....

इंना छातियों नू पानी दी बौछार कि करू.......................

होई पई लाचार इह सरकार की करू...............

असी करांगे किसान मजदूर एकता जिन्दाबाद बोल के.................

जीतूगा पंजाब जीतूगा, मसला है रोटी दा

साढे लई किले बण गिया सडकां ने बादशाह

कोई खण्डे चके कोई कृपाण करू गा

तैनू दिल्ली ए परेशान करू गा, तेरे फायदे तो ज्यादा नुकसान करूगा

फसला दे फैसले किसान करूगा

जिन्दाबाद!   जिन्दाबाद!!   जिन्दाबाद!!!

अजय हुड्डा के गाने

अजय हुड्डा का निम्न गाना बहुत हिट हुआ।

नही लुटांगे नही पिटांगे पाछे भी नही हटांगे

किसान भगत सिंह होया फिरै कमजोर थे लागे

फसल रेट पर मरे पडे सां मारदो गोली लाश खडे सां

संसद में तम बैठ किसान ने नोच खागे।

मोदी जी तेरी तोप कड़ै हम दिल्ली आगे.....

डिजिटल होगी दुनिया सारी अन्नदाता यो होया बिखारी

सिस्टम आले सिस्टम तै म्हारा फायदा ठागे,

मोदी जी तेरी तोप कड़ै हम दिल्ली आगे.....

हुया किसान यो कड्डा सारा जय हो जय हो भाई चारा

अजय हुड्डा तेरे बोल रै भाई दिल पै छा गे।

मोदी जी तेरी तोप कड़ै हम दिल्ली आगे.....

जा खेती बाडी पुरखां की निसानी

फसल रेट पर जै बात आगी तो देंदागे कुर्बानी

मेरा नाम किसानी, मेरी कोम किसानी

जिन्दाबाद जवानी जिन्दाबाद किसानी,

दिल्ली के बॉर्डर तीर्थ बणगै, बणगै तम्बू मन्दिर

अनदाता यू भगवान म्हारा बैठा इनके अन्दर

देश यू भूखा मर ज्यागा जै बात ना इनकी मानी

जिन्दाबाद जवानी जिन्दाबाद किसानी,

हरियाणा पंजाब रै यूपी और गैल्या राजस्थान

काले कानून वापिस ले लो कहरया हिन्दुस्तान

महारे खेत में पैर धरणकी करीयो ना नादानी

जिन्दाबाद जवानी जन्दा बाद किसानी,

कलमां के लाईसैन्स नही बनदे सुनले रै सरकार

सच बोलणा और सच लिखणा सब का सै अधिकार

अजय लिखणा बन्द कर दे अब बन्द करो बदनामी।

लीलू बडनपूर के गाने

महिलाओं पर गाना

मर्दा तै भी आगै बढके करया आन्दोलन मैं काम

गिणाद्यूं उन बीरां के नाम

डा0 सिक्कम, शीला छातर घाल गई घाणीं रैं

छो शेरणी शीला कमला जिनका गाम जुलाणी रै

पूमन रेढू कविता सरपंच दोनो वक्ता स्याणी रै

गीता, अनिता, बबीता खटकड बणी झाँसी की राणी रै

पनमेश्वरी भारती कमला खटकड बोलें मीठी वाणी रै

सुदेश कण्डेला और कृष्णा ताइयाँ की उमर पुराणी रै

निर्मला ढंढेरी आली तनैं हाथ जोड़ प्रणाम।

बिमला, पूनम पतासो बडनपूर बणरी तकड़ी योद्धा रै

बिमला डिम्पल सुमन रीना इनका गाव दनौदा रै

सुषमा सन्नी बैलर खां पागी ऊंचा ओहदा रै

सन्तोष और राम प्यारी काम करा ना बोदा रै

सन्तोष सच्चा खेड़ा भतेरी ढाकल करती तैयार मसोदा रै

कमलेश सच्चे खेडे की नै जाणै जिला तमाम

उन्न बच्चा का जिक्र करूं 12-10 साल

सन्ध्या छातर सृष्टि जीन्द बोलणे में करया कमाल

गुरमेल बड़नपुर ने सेवा करकै बुढया का राख्या ख्याल

रीमन नैन मन्जु गोयत करगी रै ये पेश मिसाल

पूजा, मुस्कान खटकड़ आली कविताई सै निहाल

खरक रामजी की प्रियकां उसका भी सुणादूं हाल

सुदेश गोयत संघर्षो में भारत मे सरनाम।

रोशनी, नैना, मनीषा बिश्नोई जाणें सै हरियाणा रै

अन्नू सूरा पूनम पातड राजपती भगाणां रै

सुदेश गोरखपुर चन्द्रो ताई गुड्डी का गाम न्याणा रै

नीलम बड़नपूर सुमन हुड्डा पहरैं मर्दाना बाणारै।

सरोज बिचपड़ी सीमा जुगलाण त्हारा चहिए जिक्र चलना रै

अरे दुर्गा शक्ती पै गाण लागरया लीलू बड़नपुर गाणा रै

दूसरा गाना

बहन अपने भाई से आन्दोलन का हाल पूछती हैं...

किसान युनियन अग्राहां का झण्डा रे जोगिन्द्र सरदार दिखा

दलाल खाप रे सेवा करती पंजाब हरियाणा का प्यार दिखा

बालु खाप, उझाणा, छातर, सिसाय जिला हिसार दिखा

किसान मोर्चा का दपतर रे जड़ै सलाहा मशिवरा करते हों

गुरनाम चढ़ूनी सुरेश कौथ रंग आन्दोलन में भरते हों

हनान मौला, राजेवाल रे सारे करते धरते हों

निहगं सिंह भाई मैने दिखा घोड़ियां की टाप सुना दे।

फेर गाजीपुर बार्डर जा के राकेश टिकैत ते मिलके आईये।

मुज्जफर नगर बाल्यण भाई गांव सिसोली मे तु जाइये

बिल्लू काका, हरेन्द्र ताउ ने राम राम करके आईये

किसान सभा का मनैं बता भाई कैसां रहा रोल रे

एक साल तक बार्डरों पर बाज्या उन का ढ़ोलरे

तगडे से प्रचार करन में समझागे एक - एक बोल रे

मोदी खट्टर ने पूछऐ जाकै खोदी गहरी खाई क्यों

बडे बडे बेरीकेड लगा के उन में कील गडाई क्यों

किसान जबान आमने - सामाने कर दिये दोनो भाई क्यों

भाई फैर जिला रोहतक में आज्या दिखा गढ़ी सांपला गांम

किसान कोमका हीरा सैं रे, मनैं दिखा वो छोटू राम,

बाबा साहब भीम राव को देना भाई मैरी राम राम

सविधान की चर्चा रचा गया रे लिख के कानून कायदे

पौली का भण्डारा दिखा फेर भाई लिजवाने आला भूरे और
निगाहये का हतिहास सुणाजा

फेर कन्डेले आईये भाई हतिहास रचा रे हाल मै ताजा

सूगर मिल भण्डारा दिखा चाल्या भाई एक साल

बलवीर मास्टर, इन्द्रजीत, फूल सिंह का सुणा जो हाल

बद्दोवाला, खटकड़ टोल आन्दोलन की बने मिसाल

उस लीलू बड़नपुरिये नें कहदे छन्द 4 कली का गादे।

हरियाणा के पलवल बॉर्डर पर नरदेव बैनीवाल गाते थे, उन का गाना है

होंस में आ जा मोदी ना तो तेरी ईट से ईट बजायेंगे....

हरियाणा की लोकप्रिय विधा ऊपरातली में ऋषि पाल खटाना व तरुण बाल्याण की रागनी बहुत ही लोकप्रिय हुई। राकेश टिकैत व जयन्त चौधरी के संवाद के रूप में गाई है...

भेजा श्री अजीत सिंह ने थारी धीर बंधावण नै

भेज दिये गुंडों ने गुंडे नींचा मुझे दिखावन नै

जब तक दम मे है दम बिलकुल आंच तेरे नही आने देंगे

हम आवाज किसानों की अब नही दबाणे देंगे।.....

गायक नरेश श्योराण व बबली वर्मा......

धरने पर जा सूं गौरी खेत क्यार ने थाम लिऐ

धर की चिंता छोड पिया सही फसल का दाम लिए

जमीन हडपना चाहवं सं रै यो तीन काले कानून ला रहा सै

सारा देश खड़ा तेरे पीछे क्यों जी में घबरा रहा सै

धरती पुत्र पड़ा रोड़ पर गर्मी सर्दी झेल रहा

तीनो कानून वापिस होंगे मनवा मेरा बोल रहा..........

गायक कमलेश सिवाच (गोयत)

सन् 2021 में किसान आंदोलन अपने चरम पर था और गणतंत्र दिवस पर दिल्ली में किसानों ने तिरंगा फहराने और ट्रैक्टर परेड करने का अभूतपूर्व फैसला लिया था। उस दृश्य पर कवयित्री की कल्पना देखिए। किसानों ने सरकार के कृषि कानूनों को काले कानून कहकर अपना विरोध जताया था।

टैक्टर ऊपर प्यारा तिरंगा, देख्या ना इसा सीन भाई।

राजपथ पै लेवैं सलामी, गम लाग्या रंगीन भाई। टेक।

हक की खातिर बैठे थे वैं, ना उल्टी जिद्दी लाई,

म्हारे देश के अन्नदाता नै, उड़ै नाड़ ना झुकाई,

थी कोन्या गात समाई, यू कानून करै बदीन भाई।

राजपथ पै------------

भाषणबाजी पेट भरै ना, समझे सियासी चाल नै,

क्रांति आळी लहर जरूरी, ना रोकैं थे झाल नै,

करगे मोटी खाल नै, करया अपणां पै यकीन भाई।

राजपथ पै------------

छत्तीस जात का साथ मिल्या वैं कति नहीं घबराए,

मर्द एकबै मरया करै सै, न्यू सोच खून बहाए,

छाती पै गोळी लठ खाए, ना करी पांच तीन भाई।

राजपथ पै-----------

टैक्टर चाल्ले चाल टैंक की, कमलेश मन उमंग घणी,

इसा काफिला देख्या कोन्या, थी वा दुनिया दंग घणी,

होई सरकार तंग घणी, लिया चैन कति छीन भाई।

राजपथ पै-----------

गाजीपुर बॉर्डर पर एक महेन्द्र सिंह किसान बिना किसी बाजे या तबले के अपनी माचिस पर गाना गाते थे। गाना.....

मिटण लाग रही आज बचालो भारत की पहचान।

आज सड़क पर रोण लागरहा जोड़ै हाथ किसान।

तु म्हारा दोस बता दे, है क्यों खामोस बता दे।

यह गाना मोदी को सम्बोधित करके गाया।

अन्त में पाकिस्तान के गायकों द्वारा किसान आन्दोलन के समर्थन में एक गीत का उल्लेख करना आवश्यक समझता हूं जो बहुत ऐतिहासिक कदम है। गायक शहज़ाद सिद्धू, ए. आर. बद्दू, मंसूर अहमद चिश्ती। इस गाने में 1947 के विभाजन की पीड़ा, किसानों की वीरता, पंजाबी भाईचारे व किसान आन्दोलन से सहानुभूति व सहयोग की इच्छा झलकती है। वे गाने की भूमिका में कहते हैं कि पंजाब के किसाना तू लाये दिल्ली बार्डर पर डेरे। ऐ कौम ना धक्का करदी ना धक्का सहन्दी ऐ ना वेहले (निठल्ले) रहिंदे, जट्टा तू सड़काँ दे डिवाइडराँ ते ला दित्ती गण्डे दियाँ पनीरियाँ।

आई सी जो बंद 1947 वेले दी, दसी जो गल साडे बाबे नू

रची पईयां हड्डा बीच चीस बणके, निकलूगी वो अज रिझ तन के

नवा जो किसानी वाला मुदा छेड़ दिता, दुनिया आखे सुता शेर छेड़ दिता

चढता पंजाब आवाज मारे लेहंदे नू चढता पंजाब सोच लो आवेगा जवाब लेहंदे तो

साढे खून बीच पंजाब बोलदा......

लायलपुर वाले लुधियाणे बोलदे

खुल जाण हदां असी धरणे तो बहण नू तैयार बेठे हां।

जांदे जांदे लेहन्दे दा ये स्नेहा चड़दे नू लेंदा जा।

एक गाना पाकिस्तानी पंजाब के गायक ए. बी. चड्ढा ने गाया है जिसमें दोनो पंजाब की एकता व किसान आन्दोलन का समर्थन करते हुए गाया है...

तख्त उखड़े ताज रूलगे फिर भी रहा बाकी पंजाब

डर उस वेले तो जालीम सरकारे कीथे हो ना जावे बागी पंजाब

दिल्ली दीयां हिक उते झंडा गडया, सरकार दां तां देख के आ मूंह अडेयां

12 लाख ने जो वक्त सवा अरब नू पाया देख तीर निसाने दे सिधा लगया।

हले चौप ने ते समझी ना हांणा कख नही, चडदे तो लहंदा कदे होया वख नही

एक- एक जुलम दा होगा हिसाब, इना बी नी चलदा आ वो वक्त खराब

दूर नही वेला होगा वागी पंजाब, सांमया नही जाणा तेथो बागी पंजाब

गायक कादिर हांजरा

ना में हिन्दू ना मै सिंख इसाई ना मै मुसलमान

करण लगा हक दी गल बन के इक किसान

आऐ मनया पिंडा वाले भला मानस होंदे हां,

पर तेरे काले बिल ना समझ सकीये दिल्ली ये असी एडे भी ना अणजाण

दिल्ली ये ओ सुन दिल्ली ये विना हक तो ना असी इंथो हिलीये

गायक सिधूं शबीर व शम्मी जट्ट

मेंनू करदा खेती रहन दे तू रख अपना राज सम्भालिए ओऐ

मेरे हथों दाती खो के विखा ना रफलदी नाल ओऐ

सुऐ आली पलेन (नोक) नाल मै झोटे कीते हाली ओऐ

कइयो नू लेके नाल जांउं जे सोंह मरण की खाली ओऐ

कन खोल सुन दिल्ली सरकारे जटट भूतरे है मांड़े

गायक भारत के किसानों के साथ एकजुटता दिखाते हुए उनकी मदद करने के लिए अपनी दिली इच्छा दिखा रहा है और साथ में दिल्ली सरकार को चेतावनी दे रहा है कि किसान तो नर भैंसों को भी सीधे कर लेते हैं और किसान जब लड़ाई पर तैयार हों तो बड़े खतरनाक होते हैं।

गालव वड़ैच का हरियाणवी गाना

मोदी जी तीन पांच ना करीये गाड़ैया तले देलांगे।

चौदहवां अध्याय

लंगर

लंगर का अर्थ है जरूरतमन्द को मुफ्त भोजन खिलाना। वैसे तो यह प्रवृत्ति किसान संस्कृति का भाग ही है। आज भी इस युग में रात के समय कोई अनजान आदमी किसी गांव में आता है तो उस को भोजन व आश्रय देना हर ग्रामीण अपना कर्तव्य व धर्म समझता है। परन्तु संस्थागत रूप देने में सिख गुरूओं को इस का श्रेय जाता है। इस का पहला बीज गुरु नानक ने बोया था। उनके पिता कालू मेहता ने 20 रुपये व्यापार चलाने के लिए उनको दिये। गुरू ने उस पैसे से साधुओं को भोजन करा दिया और कहा कि वे इस से ज्यादा लाभ का व्यापार नहीं कर सकते। फिर इस परम्परा को दूसरे गुरू अंगददेव की पत्नी माता खीवा देवी ने आगे बढ़ाया। वे हर उस व्यक्ति को जो गुरू से मिलने आता था भोजन कराये बिना नहीं जाने देती थीं।

इस परम्परा को आगे बढ़ाने के लिए संस्थागत रूप तीसरे गुरू अमरदास ने दिया जिन्होंने अपने स्थान पर निरन्तर लंगर चलाना आरम्भ कर दिया। इसमें बिना जात पात, धार्मिक व बड़े छोटे के भेद भाव के नीचे जमीन पर पंगत (पंक्ति) में सब को भोजन दिया जाता था। कहा जाता है कि एक बार अकबर बादशाह गुरू अमरदास के दर्शनों के लिए आया। गुरू ने उनसे

लंगर छकने की प्रार्थना की। अकबर ने पंगत में बैठकर भोजन किया और बहुत प्रभावित हुआ। बादशाह ने गुरू को 1574 में एक बहुत बड़ा भूभाग दान में दिया। इसी स्थान पर आज का स्वर्ण मन्दिर अमृतसर, पंजाब में बना है। इस परम्परा का प्रभाव किसान आन्दोलन में पंजाब की सीमा व सिख धर्म की सीमा को पार करके सारे हरियाणा से लेकर दिल्ली के बॉर्डरों तक पहुँच गया और हर जगह लंगर चलने लगे। कुछ का वर्णन दिया जाता है।

झांझ शुगर मिल लंगर

यह लंगर सारे हरियाणा के लंगरों से बड़ा है। सबसे बड़ी विशेषता इसकी यह है कि यहां हलवा रोज बनता है। इसकी भी एक कहानी है। जनवरी के शुरू में एक दिन अच्छी कड़ाके की सर्दी थी और संयोगवश ही हलवा बनाया था। उस रात कुछ गन्ना किसान कई घंटे से शुगर मिल में गन्ना उतारने की अपनी बारी का इंतजार कर रहे थे। वे लंगर में विश्राम करने आ गये। वहां उन्हें गरम-गरम हलवा खाने को मिला। अगले दिन वे 4 टीन वीटा घी लेकर लंगर पहुंचे और कहा कि लंगर पर हलवा रोज बनना चाहिए। इसके खर्च की जिम्मेवारी गन्ना उत्पादकों की होगी। उस दिन के बाद रोज हलवा बनता है। गन्ने का सीजन खत्म होने पर एक नई प्रक्रिया अपना ली। आस पास गांव से जिसके बच्चे का जन्मदिन या शादी विवाह क्रायक्रम हो वह एक दिन के हलवे का प्रबंध करता है और लंगर पर उत्सव मनाता है।

शुरू में लंगर शुगर मिल पर 12 दिसंबर चाय पिलाने के लिए शुरू हुआ। इसे बिजली कर्मचारियों ने शुरू किया। फिर टोल पर फैसला हुआ कि मिल के सामने हल्का नाश्ता शुरू किया जाए।

सुरेश राठी, भरत सिंह पूर्व सरपंच खटकड़, रामफल दलाल, कपूर सिंह व अध्यापक नेता सत्यपाल सिवाच की एक संचालन कमेटी बना दी गयी। सत्यपाल सिवाच लेखा-जोखा का काम संभालने में हैं। 14 दिसंबर को ही लंगर शुरू कर दिया। बाद में खटकड़ व बदोवाल टोलों पर भी लंगर शुरू कर दिया गया।

जिस दिन 24 अगस्त 2021 हम टोल पर गए, उस दिन लंगर में स्वचालित रोटियों की मशीन, जनरेटर सैट, सोलर सिस्टम, पंखे, कूलर, तख्त, कुर्सी, लंगर के बर्तन आदि इस लंगर की अपनी धरोहर बन चुके हैं। बाद में सत्यपाल सिवाच ने बताया कि लंगर पर 32,85,000 नकद खर्च, 1.50 करोड़ से ऊपर की कीमत की खाद्य सामग्री, दूध, घी, सब्जी, आटा, दाल, चीनी, गुड़, दान में मिले। गांव में कर्मचारियों के सहयोग के अलावा जींद शहर के सैनी मोहल्ला, उचाना मंडी, जुलाना मंडी व जींद मंडी से काफी सहयोग रहा। साधन जुटाने में बलविंदर चीमा व वीरेंद्र घोघड़िया, जो कांग्रेस के सक्रिय नेता हैं, ने सहयोग किया। बाद में इन्हीं की इच्छा अनुसार सामान गुरुद्वारे व दूसरी संस्थाओं को दे दिया गया। कुछ गाड़ी शेल्टर बनाने के लिए कबाड़ी से ले रखी थी, उसको वापस कर दी। इस लंगर पर पंजाब से आने वाले किसानों की संख्या 10,000 से 25,000 प्रति दिन तक भी पहुंची है। यह लंगर सर्वजातिय एक जुटता का प्रतीक रहा। नियमित वालंटियर्स में सीटू के मजदूरों कर्मचारियों व आस के पास किसानो की मुख्य भूमिका रही।

कल्हावड़ लंगर

राजवीर सिंह मलिक, कप्तान जगबीर मलिक, सरपंच विजेंद्र मलिक, दीपक मलिक वकील व समाजसेवी, ठेकेदार संजय कल्हावड़ (खरावड़) के द्वारा लंगर 26 नवंबर 2020 को पंजाब के किसानों को चाय पान से शुरू हुआ। 30 नवंबर से नियमित लंगर शुरू किया गया। 200 मीटर के अंतर से दो लंगर चला दिए। एक लंगर सारे गांव का था व दूसरा दो जनों ने शुरू किया। बाद में सारे गांव ने दोनों लंगरों पर मदद शुरू की। सारे गांव में सभी बिरादरियों ने चंदा दिया। तीन बार चंदा हुआ। कमेटी के मुख्य सक्रिय व्यक्ति कप्तान प्रताप सिंह, अजीत सिंह (इंस्पेक्टर दिल्ली पुलिस), कदम सिंह, मुकेश कुमार, गुरु मलिक, रमेश कुमार, नितिन भारद्वाज व रॉकी (रविदास समाज से) आदि लगातार लंगर पर आ रहे हैं। नोनंद गांव से जसवंत, विजय, आजाद सिंह, रणजीत सिंह व राज सिंह सिंधु आदि सक्रिय हैं। आस पास के गांव जैसे गांधरा, अटायल, कारोर, चुलाना, बोहरगढी व नोनंद से काफी मदद मिली। रोहतक सीनियर सिटीजन क्लब (सेक्टर 3), सीनियर सिंटजन एसोसिएशन के एस.एस. माथुर बहुत सक्रिय थे। डी.एस. पी. रणधीर सिंह मलिक, धर्मपाल मलिक, सेवानिवृत्त डायरेक्टर आकाशवाणी (गांव रबड़ा), राघवेंद्र मलिक लोक कलाकार, कृष्णा चौधरी, पूर्व प्रिंसिपल किशोरी कॉलेज आदि ने काफी मदद की। चौधरी भूपेंद्र हुड्डा पूर्व मुख्यमंत्री ने भी काफी सामान व घी आदि पहुंचाया। डॉ सुरेश नांदल ने खाप नांदल की तरफ से मदद की। रोहतक खाप चौरासी व हुड्डा खाप ने भी मदद की। बाद में गांव के 100 कर्मचारियों से हर महीने 500/-देने को कहा। कप्तान रामशेर मलिक एडवोकेट (गांव मिर्जापुर खेड़ी) ने भी काफी मदद की।

हर विवाह से लंगर पर मिठाई पहुंचाते थे। यहां यह उल्लेखनीय है कि पहले भी जब हरियाणा बन्द के आन्दोलन में कल्हावड़ में रेल रोको प्रोग्राम में रेल रोकी तो सारे गांव ने खाने पीने की व्यवस्था की थी। पंजाब के नेता बलवन्त सिंह रामुवालिया ने जो रेल में बैठे थे, इस की बहुत सराहना की थी। कल्हावड़ का लंगर बहुत बड़ा था। यह सख्त हिदायत थी कि पंजाब के किसी आदमी से चन्दा नहीं लेना। जनवरी 24, 2021 को हमने चाय पीने के बाद चन्दा देना चाहा तो मेरी दाढ़ी देखकर मना कर दिया, जब मेरे पंजाबी न होने का मेरी भाषा से पता चला तभी चन्दा लिया। डॉक्टर बलजीत अहलावत, प्रवीण क्लीनिक (खेड़ी साध) द्वारा दोनों लंगरों पर फ्री दवाइयों से मदद की गई।

लाखन माजरा का लंगर

लाखन माजरा एक ऐतिहासिक गांव है जो रोहतक व जीन्द के बीच में है। गुरू तेग बहादुर जब सन् 1675 में दिल्ली शहादत के लिए जा रहे थे तो 17 सितम्बर या 2 आश्विन 1732 सवंत में लाखनमाजरा गांव में 13 दिन रुके थे। पहले उनकी याद में एक कुटिया बनाई, फिर धीरे-2 यहां एक विशाल गुरूद्वारा आज के दिन बना हुआ है। गांव में एक भी सिख न होते हुए भी गुरूद्वारे के प्रति आदर भाव व उसके कार्यकर्ताओं के साथ गांव का जीवन्त सम्बन्ध है।

26.11.20 से ही जब पंजाब के किसानों को रोहतक की पुलिस ने नहर पर रोक लिया तो गांव के लोगों ने क्रेन व मशीनें लेकर सड़क पर खोदे हुए गढ़ों को मिट्टी से भर कर जत्थे को नहर पार करवाई। उसी दिन गांव में चाय पानी का प्रबन्ध किया गया।

अगले दिन से ही भोजन का लंगर शुरू कर दिया। शुरू में डाक्टर सतपाल दहिया जिन का गांव में अपना कलीनिक है, रामपाल सुपुत्र पृथ्वी, मेदा सुपुत्र धनवीरा, मालचा सुपुत्र तारे व गल्लू सुपुत्र रामेहर ने अपने प्रयत्न से शुरू किया। फिर गांव इकट्ठा होकर एक विधिवत् कमेटी बनाई। इसमें प्रकाश सुपुत्र रामकिशन प्रधान, मास्टर सतवीर सिंह सुपुत्र कवंर सिंह कोषाध्यक्ष व ठाठ सिंह सचिव बने। गांव में चंदा शुरू किया।

चन्दा अपनी हैसियत के अनुसार दिया। गांव में सभी जातियों के लोगों ने चन्दा दिया। लंगर आन्दोलन समाप्त होने तक अर्थात 12 जनवरी 2022 तक चला। प्रतिदिन खाना खाने वालों की औसत लगभग 300 रही व एक लंगर गांव की तरफ से टिकरी बार्डर पर जहां से धरना शुरू होता है (अर्थात के. एम. पी. से दिल्ली की तरफ) चलता था। यहां का संयोजक संदीप मोटा (जो बाद में सरंपच बन गया) था। लंगर पर सक्रिय कार्यकर्ता पण्डित गुलाब सिंह सुपुत्र जोगे, नफे सिंह चौहान (चमार बिरादरी से), मनोहर नाई, राजेन्द्र सिंह धानक व हिम्मत मिरासी आते थे। 20-25 लोग लंगर पर बैठते थे। गांव की कई महिलायें, जिन में निर्मला राठी, लाडो पत्नी महेन्द्र सिंह, सुरेश पत्नी राजवीर, मूर्ति पत्नी राजू, राजबाला पत्नी लीलू फतिया, रोज खाना बनाने में मदद करती थीं। रात को रुकने के लिए बिस्तरों का भी प्रबन्ध था। ज्यादा लोग होने पर मंजी साहब गुरूद्वारे में भेज देते थे।

लंगर पर लगभग 35 लाख रुपये खर्च हुए। चौधरी भुपेन्द्र सिंह हुड्डा पूर्व मुख्यमन्त्री व आनन्द सिंह दांगी ने आपने बेटे बलराम द्वारा चन्दा भिजवाया। आतेजाते लोग भी चन्दा देते थे। लेखक ने भी एक बार लंगर जा कर चन्दा दिया था। पंजाब के लोगों से

चन्दा नहीं लिया जाता था। परन्तु कई बार सब्जी व दूसरी खाद्य सामग्री दिल्ली जाते हुए डाल जाते थे। गांव से दूध, लस्सी, आटा व दूसरी सामग्री लोग काफी पहुंचाते थे।

फतेहाबाद का लंगर

यह लंगर गुरू के लंगर के नाम से फतेहाबाद हिसार बाईपास पर ढाणी बीकानेरी के नजदीक 26.11.2020 को शुरू हुआ। पहले दिन पंजाब से आने वाले किसानों के लिए चाय पकौड़े गुड़ व चने से शुरू हुआ जो धीरे-धीरे पूरे लंगर मे तब्दील हो गया। यहां किसानों को भोजन, चाय, कूलर के ठंडे पानी की सेवा 24 घंटे दी जाती थी। साथ ही साफ़-सुथरे बाथरूम, आराम करने के लिए टेंट, कूलर, पंखे व 500 के करीब बिस्तर उपलब्ध थे। लंगर पर आस पास के गांव माजरा ढाणी, बस्ती भीवा, ढाणी बिकानेरिया, बीसला, बरसीन, बिधड़, सालमखेड़ा, नकटा, अयालकी, नखारिया, अहरवां, हमजापूर, रजाबाद, बनगांव, मुत्तेवाली, लालवास, जाण्डवाला सोत्र, लोहारखेड़ा (पंजाब), राजराणा (पंजाब) से चंदा लगातार आता था। गांव में 100 रुपये प्रति एकड़ के हिसाब से कई बार चंदा हुआ। कई गांव से रोजाना, दूध, लस्सी आती थी। इस के सिवाये फतेहाबाद अनाज मण्डी, सब्जी मण्डी, करियाणा संघ, अनाज मण्डी रतिया व सामाजिक व प्राईवेट शिक्षण संस्थाओं व फतेहाबाद बार एसोसिएशन से भी काफी चन्दा आया। एक आधा आदमी ने विदेश से भी चन्दा भेजा, जिनमें कैलिफ़ोर्निया निवासी मोहब्बत पाल अयाल्की का नाम प्रमुख है।

लंगर पर गुरूदेव सिंह सारा हिसाब किताब रखते थे। समय समय पर ऑडिट होता था। बाबा राम सिंह ने जिन के पास बोने

की कोई जमीन नहीं है, निरन्तर लंगर पर अपनी सेवाएं दीं। लंगर पर सेवा पर सरदार जगप्रीत सिंह, सतनाम सिंह, गुरप्रीत सिंह, गुरमुख सिंह, हरजीत सिंह, चौ0 भजन लाल, राकेश कम्बोज, रणजीत सिंह ढिल्लों, हरपाल सिंह संधु (अहरवां), गोरा सिंह संधू, गरजा सिंह, मंगल सिंह चौपड़ा, तरसेम सिंह, इकबाल सिंह पूर्व सरपंच, मनजीत सिंह बिट्टू, रणजीत सिंह संधु, रणजीत सिंह गिल, अमनदीप सिंह, हरजिन्द्र सिंह, गुरमुख सिंह, गेजु सिंह सभी अहरवां गांव, राकेश सिंह सांघा, बलजिन्दर काला, दीपक बजाज, रामनिवास झांझड़ा, ढाणी भोजापुर, विक्की चीम्मा, स्वर्गीय हरपाल सिंह सैनी, हरजन्ट सिंह पूर्व चेयरमैन, स्वर्गीय बिल्लू सिंह ढिल्लों, बिटट्टू सिंह ढिल्लों, ईश्वर सिंह, हरनाम सिंह (सभी फतेहाबाद), हरदयाल सिंह पूर्व सरपंच बरसीन, राजेश खिलेरी भुथनकलां, उमेद भाम्भु, सरवरपूर व संदीप काजलां, हरप्रीत सिंह गिल एडवोकेट फतेहाबाद मुख्य थे। लंगर पर किसान नेता राकेश टिकैत, गुरनाम सिंह चढ़ूनी, सुमन हुड्डा, जगतीज सिंह दल्लेवाल व रलदू सिंह आये थे। रणजीत सिंह ढिल्लों, आयलकी को बाद में विशेष सेवा के लिए सरोपा भेंट किया गया।

फलों व जूस का स्टाल

ये स्टाल आनन्द वीर सुपुत्र चौ0 प्रहलाद सिंह पूर्व विधायक फतेहाबाद ने सिरसा हिसार रोड़ पर बड़ोपल से हिसार की तरफ लगाया था। श्री आनन्द वीर ने बताया कि हमने सोचा की अमरूद व कीनू हमारे खेत की पैदावार, क्यों न किसानो को सेवा में दी जाये। स्टाल का नाम था किसान भाइयों के लिए-किसान भाइयों द्वारा। अमरूद, किन्नू तो अपने खेत से लाते थे। केला बाजार से

मोल लेते थे। फलों के दो व तीन किलो के पैकट देते थे। किसान इतनी ईमानदारी दिखाते थे कि जरूरत से ज्यादा नहीं लेते थे। जीप ट्रैक्टर व बस वाले आपनी संख्या के हिसाब से पैकट लेते थे। कोई छिना झपटी व लोभ नहीं था। साथ में चाय व ब्रेड पकौड़ों का भी स्टाल था। वहीं सड़क पर एक एन. एच. ए. आई. की टॉयलेट बहुत दिनों से खराब पड़ी थी। उस को भी साफ करवा के चालू किया और लगातार सफाई के साथ चालू रखा।

राम सिंह राणा - गोल्डन हट

राम सिंह राणा करनाल जिले के साम्भली गांव से हैं और राजपूत बिरादरी से सम्बन्ध रखते हैं। इन की गोल्डन हट नाम से एक होटलों की चेन है। इनका एक होटल जी. डी. रोड़ पर राई थाना के पास चल रहा था। राम सिंह राणा ने पहले दिन से ही किसानों के लिए मुफ्त भोजन का प्रबन्ध शुरू कर दिया था। इनके होटल पर टॉयलेट, स्नान घर व विश्राम करने का प्रबन्ध था। राम सिंह राणा ने मुझे बताया कि 5000 से लेकर 40,000 तक किसान रोज खाना खाते थे। सरकार ने इनके होटल के सामने बड़े-बड़े बोल्डर लगाकर उस का रास्ता बन्द कर दिया था। इनके कर्मचारी देवेन्द्र पानीपत, रविष गोन्दर, सचिन करनाल ने विशेष रुचि लेकर रात दिन काम किया। ये सभी बॉर्डरों पर दूध करियाणा का सामान, आटा और पानी भी पहुंचाते थे। सरकार के अनेक विभागों ने इनको किसी न किसी बहाने बहुत तंग किया। श्री राम सिंह राणा ने राजपूती जिद्द और बहादुरी के स्वभाव के चलते अपना सब कुछ दांव पर लगाकर किसानों की सेवा की। इन्होंने बताया करोड़ों रुपये सेवा में खर्च किये। 421 दिन के बाद इनके होटल को

दोबारा चालू किया जा सका। इन्होंने अपने होटल पर नो कस्टमर, ओन्ली (केवल) फारमर का बोर्ड लगा दिया था। आन्दोलन समाप्त होने के बाद पंजाब के किसानों ने इन्हें राजपुरा में सम्मानित किया और थार गाड़ी भेंट की। खन्ना के पास पंचरोखां गांव में सम्मान में इन्हें एक ट्रैक्टर भेंट किया।

पंदरहवां अध्याय

बॉर्डरों पर हस्पताल और अन्य सुविधाएं

दिल्ली की सीमाओं पर किसानों के अच्छे स्वास्थ्य को बनाए रखने में अस्पतालों ने बहुत महत्वपूर्ण भूमिका निभाई है। मैंने उनमें से कुछ का उल्लेख करने का प्रयास किया है।

कैलिफोर्निया पिंड

डॉक्टर सवाई मानसिंह का अस्पताल देखने की कई दिन से इच्छा थी। तेरह अक्तूबर 2021 को आजाद सिंह (फार्मासिस्ट) जो स्वयं टिकरी बॉर्डर पर कई डॉक्टरों के साथ शुरू से ओ.पी.डी. चलाते हैं, के साथ उनके हस्पताल में गया। वहां गुरुसिमरन बुटर मिले। यह बी. टेक. मास कम्युनिकेशन एंड जर्नलिज्म में पास हैं और हस्पताल में एक ऐच्छिक व अवैतनिक कार्यकर्ता (वॉलिंटियर) हैं। उन्होंने निम्न ब्योरा अस्पताल के बारे में दिया।

डॉक्टर सवाई मानसिंह आंदोलन के शुरू से ही अमेरिका के न्यूजर्सी से अपनी प्राइवेट प्रैक्टिस छोड़ कर यहां बहादुरगढ़ आ गए थे। यहां नवनिर्मित बस अड्डे की इमारत में अपना

अस्पताल चलाने लगे। डॉ सवाई मानसिंह एमडी कार्डियोलॉजी हैं। सब परीक्षाओं में टॉपर रहे हैं। वे 'Five River Association' के नाम से यह अस्पताल चला रहे हैं। डॉक्टर सवाई मानसिंह ने एक संवाददाता से बातचीत में बताया था कि अस्पताल के लिए अमेरिका के मित्रों से चंदा ले लेता हूं। एक मित्र से 1 महीने का खर्चा ले लेता हूं। उन्होंने बताया कि उनके 100-150 डॉक्टर मित्र अमेरिका में हैं तथा एक मित्र से 2000 डॉलर मांग लेता हूं। आजाद सिंह ने बताया कि डॉ रणवीर खासा एक लाख रुपये इस अस्पताल में देने गए तो डॉक्टर सवाई मानसिंह ने बड़ी मुश्किल से लिए और डॉक्टर खासा से सेवाएं मांगी। डॉक्टर खासा ने बताया कि वह तो स्वयं टिकरी बॉर्डर पर ओपीडी चलाते हैं। इस अस्पताल में निम्न स्टाफ है:

1. डॉक्टर सुखमण ढिल्लों, अमृतसर

2. डॉक्टर कमलप्रीत कौर, संगरूर

3. डॉक्टर हरमन सिंह, करनाल

4. डॉक्टर प्रनीत कौर, मानसा

5. डॉक्टर सवाई मानसिंह

6. नर्स: गुरप्रीत व बलतेज

डॉक्टर सवाई मानसिंह इसी हस्पताल में लाईब्रेरी, डेंटल क्लीनिक, योग केंद्र, मूवी थिएटर व ग्रॉसरी स्टोर चलाते हैं। उन्होंने पाच हजार फ्री साइकिल बांटे हैं। इसके अलावा 2500 से 3000 लोहे के घर और 2000 से 2500 बांस के घर बना

कर किसानों को दिए हैं। इस अस्पताल में 25 वालंटियर काम करते हैं।

Hospital's Life Care Foundation

यह अस्पताल श्री अवतार सिंह, फार्मासिस्ट, गुरिंदर सिंह फार्मासिस्ट व एक स्टाफ नर्स ने एक टेबल से सिंघू बॉर्डर पर 28 नवंबर 2020 से शुरू किया था। अब तीन डॉक्टर काम करते हैं। मरीजों को दाखिल करने का वॉर्ड भी है। शुरू में शुगर व उच्च रक्तचाप के केस आते थे। बाद में सभी प्रकार के मरीजों का इलाज होने लगा। इसको खालसा एड की तरफ से मदद मिलने लगी। अब इस अस्पताल में तीन डॉक्टर वैतनिक हैं और कई नर्स हैं। इलाज मुफ्त होता है।

जन स्वास्थय अभियान मेडिकल कैम्प

यह कैम्प टिकरी बॉर्डर पिलर न. 795 पर पूरे वर्ष निशुल्क चलता रहा। इसमें डॉ रणबीर सिंह दहिया, रिटायर्ड प्रोफेसर सर्जरी, पी.जी. आई. रोहतक, डा. ओपी लठवाल रिटायर्ड मेडिकल सुपरिटेंडेंट पी.जी.आई. रोहतक, डॉक्टर बलराम कादयान, सेवानिवृत्त जिला स्वास्थ्य अधिकारी, डॉ रणवीर खासा पूर्व एस. एम. ओ. ने अपनी सेवाएँ लगातार दीं। आजाद सिंह सिवाच फार्मासिस्ट, रणबीर कादयान, प्रेम सिंह जून, बलवान सिंह जांगड़ा, धर्मवीर राठी, महेन्द्र सिंह सिवाच, विरेन्द्र सहारण, सी. पी. वत्स सभी फार्मासिस्टों ने अपनी सेवाएँ लगातार दीं। जे. एस. ए. कार्यकर्ता मधुमेहिरा, कर्ण सिंह, डॉ. सतनाम सिंह, संयोजक जे. एस. ए. हरियाणा, सुरेश कुमार सहसंयोजक इस कैम्प में लगातार सेवाएँ

देते रहे। ड्राइवर महावीर करौंथा का योगदान रहा। दवाइयां मुफ्त देते थे। इसमें उल्लेखनीय है कि डॉक्टर ओपी लठवाल, व डॉ. रणवीर खासा ने अपनी जेब से भी काफी पैसे लगाए है। बाकी लोगों के चंदे से चलता था। इसमें एक और बात का उल्लेख करना चाहता हूं कि बीच में कुछ डॉक्टर निराश हो गए थे तो मैंने उनसे प्रार्थना की कि आपको पैसे की कमी नहीं पड़ेगी आप चालू रखो और इन्होंने आखिर तक अपना अस्पताल चालू रखा। मेरे जिम्में भी जो लगाया वह मैंने भी मदद की। मैंने जिस आदमी से भी पैसे मांगे और उसे यह कहा कि कम से कम पैसे दो, कई बार मांगना पड़ सकता है उन्होंने ज्यादा से ज्यादा पैसे दिए और मैंने एक मित्र सतवीर धतरवाल के पास दवाइयों की रसीद भेजनी चाही तो उन्होंने कहा कि हमने रसीद के लिए पैसा नहीं दिया है। मेरा व्यक्तिगत अनुभव यह रहा है कि इस आंदोलन में पैसा और आंदोलनकारी लोग इकट्ठा करने में कोई मेहनत नहीं करनी पड़ी। लोग अपनी मर्जी से पैसा देते थे और अपनी मर्जी से आन्दोलन में हिस्सा लेते थे। अपनी मर्जी से ही खाद्य सामग्री भेजते थे। किसी भी गांव में, या संस्था में कोई पैसे के हिसाब बारे कोई शिकायत नहीं आई। इस शिविर में कुल 17,570 मरीजों का इलाज हुआ।

श्री अभय सिंह चौटाला द्वारा संचालित अस्पताल

एक हस्पताल श्री अभय सिंह चौटाला सिंघू बॉर्डर पर चलाते थे। यहां एक लोक दल का कार्यालय था जिसको हस्पताल में बदल दिया गया था। मैं यहां 10 जनवरी 2021 को गया था। यहां दो नर्सें मिलीं जिन्होंने बताया कि वह अवैतनिक हैं। केवल आने

जाने का किराया लेती हैं। डॉक्टर मुझे नहीं मिले। दवाइयां यहां भी मुफ्त दी जाती हैं। उल्लेखनीय है कि अभय सिंह ने 27 जनवरी को विधानसभा की सदस्यता से त्याग पत्र दे दिया था। उस के बाद सारे प्रान्त में ट्रैक्टर यात्रा निकाल कर आन्दोलन में योगदान दिया। बॉर्डर पर किसानों को मच्छरदानी, वाटर कूलर व दूसरा सामान दिया। श्री नफे सिंह राठी पूर्व विधायक ने मुझे बताया कि चौ0 अभय सिंह चौटाला दूसरा हस्पताल टिकरी बॉर्डर पर चलाते हैं। 40-40 बैड के दो हस्पताल चला रहे हैं। दोनों हस्पतालों में नि:शुल्क इलाज होता है। टिकरी बॉर्डर का हस्पताल डा. सवाई मान सिंह के हस्पताल के दूसरी तरफ एक खाली पार्क में चलता था। डा. रणबीर सिंह दहिया ने बताया कि हस्पताल में मरीजों के लिए बैड तो थे, परन्तु संख्या के बारे नहीं कह सकते।

कोलकाता हॉस्पिटल

एक हस्पताल कोलकाता हॉस्पिटल के नाम से सिंघु बॉर्डर की स्टेज के पीछे चलता है जिसे एस. यू. सी. आई. पार्टी चलाती है। इसमें डॉक्टर सारे भारतवर्ष से बदल-बदल कर आते रहते हैं। इलाज यहां भी मुफ्त होता है।

मिट्टी एड सेवा

अजीत पाल सिंह, आनंदपुर साहब ने 20 दिसंबर 2020 को अपना काम सिंघु बॉर्डर पर शुरू किया। मिट्टी एड नाम की संस्था बनाई। सभी लंगरों पर अचार बांटने का काम किया। उन्होंने आम, निंबू, लहसुन, देउ व अदरक आदि के 158 क्विंटल अचार बाँटे।

इसके अलावा मसाज सेवा शुरू की। घुटनों का दर्द, डिस्क, सर्वाइकल, मानसिक तनाव, हाथ पैर सुन्न होने जैसे 18900 लोगों का उपचार किया जिन्होंने आराम महसूस किया। अजीत पाल सिंह सुबह 4 बजे चाय का लंगर लगाते थे। रोज 8 बजे खिचड़ी, खीर, व हलवा बनाते थे। इसके साथ-साथ उन्होंने जूतों का हस्पताल भी खोल रखा था जहां जूते रिपेयर व पालिश किये जाते थे। एक आध को फ्री जूते भी दे देते थे। वे खुद शू मेंटेनेंस ऑफिसर व नछत्तर पाल सिंह सी. एम. ओ. के तौर पर काम कर रहे थे।

शौचालय और स्नान घर

विरेन्द्र सिंह नरवाल सुपुत्र बलवीर सिंह नरवाल गांव खेड़ी नरू जिला करनाल पिछले 40 साल से बंगलौर में अपना कारोबार करते हैं। वे किसानों को कम्बल वगैरह बांटने के लिए अपनी माता श्रीमती प्रकाशवती जो जिला परिषद् की चैयरमेन रही हैं और अपने भाई सुरेन्द्र नरवाल जो जिला कॉग्रेस करनाल के प्रधान हैं, के साथ बॉर्डरों पर गये तो महसूस किया कि महिलाओं को शौच जाने व स्नान करने की असुविधा है। उन्होंने यह सुविधा प्रदान करने का निर्णय लिया। इन के साथ भरपूर सिंह विर्क, गुरजीत सिंह वड़ैच और गुरबाज सिंह ढिल्लों के साथ मिलकर बाथरूम सेवा देने की योजना बनाई। इनको अमरदीप अंतिल सुपुत्र धर्म सिंह गांव मुरथल सोनीपत ने अपना एक प्लाट जो रोड़ के साथ लगता है, इन्हें दे दिया। बीजेपी सरकार ने इस अपराध में अमरदीप के कार्य व अहाते का बिजली का कनेकशन काट दिया। इन्होंने अढाई लाख रूपये भर कर दोबारा लगवाया। आस पास

के पैट्रोल पम्प वाले जो किसानों को यह सुविधा दे रहे थे उन्हें भी लाखों रूपये का जुर्माना लगा दिया। इन्होंने खुद अपने हाथों से स्नानागार के ढाँचों का निर्माण किया। कुल 1100 शौचालय व स्नानागार बनाये जिन का साईज 4x4 फुट से लेकर 10x15 तक का था। इन की मदद के लिए सुरेश नरवाल व नरेश नरवाल जो इटली में रहते हैं, ने 1,50,000 रुपये भेजे। भरपूर सिंह विर्क के छोटे भाई गगन सिंह विर्क, प्रिथपाल सिंह, मनप्रीत सिंह, साहब सिंह वड़ैच, पवनदीप सिंह चीमा, अतर सिंह विर्क, जसपाल सिंह नट आदि नौजवान सिंघु बॉर्डर पर सफीदों के लंगर के नाम से चलाते थे। विरेन्द्र सिंह की वर्कशॉप पर खाना लगातार इसी लंगर से आता था। सब स्नानागारों पर नम्बर लगाकर भेजते थे। अमरदीप अंतिल अपने ट्रकों में मुफ्त सेवाएँ देकर इनको बॉर्डरों पर पहुंचाते थे। सरकार ने इनके ट्रकों का चलान करके जुर्माना किया। फिर भी इन्होंने अपनी सेवाएँ जारी रखीं।

लाईब्रेरी सेवा

मैं 9 व 10 दिसम्बर 2021 को सिंघु बॉर्डर पर गया। वहां निम्न सूचनाएं प्राप्त की। मुझे वहां एक नौजवान जिया उररहमान (एम. ए. राजनीति शास्त्र) मिले जो नौजवान न तो गांव से है और न किसान है। यह हैदराबाद से 2 दिसम्बर 2020 को किसान आन्दोलन देखने आया था। उसने यह लाइब्रेरी शुरू की। इसने तीन अन्य नौजवानों जसवीर सिंह कंग मोगा, किरण प्रीत सिंह, गुरशरण सिंह से फेसबुक पर दोस्ती की और अपने साथ मिला लिया। चारों ने जेब से तीन लाख पचास हजार रुपये खर्च किये। लाईब्रेरी में उपलब्ध किताबों में क्रान्ति व आन्दोलनों का इतिहास तथा भारत की आजादी का इतिहास आदि शामिल

थीं। अपने अधिकारों के बारे में किसानों को सिखाना अपनी दिनचर्या का मुख्य हिस्सा बना लिया था।

फिल्मकारों की टोली

मुझे वहां एक पंजाबी फिल्मकार कुलबीर सिंह मुश्काबाद मिले। उन्होंने मेरा विधायक रहने वाला एक विडियो बनाया। उसने सारे भारतवर्ष में किसान आन्दोलन के पर्चे हवाई जहाजों व रेलों में तथा फिल्म अभिनेताओं को बांटे हैं। सनी देओल के घर भी पर्चे दे कर आया। परन्तु उस ने अपने घर में अन्दर नहीं आने दिया। वह रजनीकान्त को पर्चे देने गया तो उसने बड़ा स्वागत किया व खाना भी खिलाया। उन्होंने बताया कि निम्न फिल्मकारों ने धरने पर शामिल होकर सहयोग दिया: दलजीत दोसांझ ने एक करोड़ रूपये शुरू में ही नकद दान दिया तथा लंगरों पर बिना रिकार्ड के ही बहुत पैसा देकर गए; सोनिया मान व गुल पनाग धरने पर आईं और सोनिया मान तो सारे आन्दोलन में ही लगी रही।

राज सिंह जलालाबाद, मुरादनगर 40 ट्रैक्टर के साथ आया। 1 जनवरी 2022 को 100 साल का हो जाएगा लगातार धरने पर है। राकेश टिकैत के कहने पर भी घर नहीं गया और कहा कि महेंद्र सिंह टिकैत के जमाने से धरने पर आने के बाद जीत के बाद ही घर गया हूं।

सोहलवां अध्याय

परिणाम व विशेषताएं

यह संसार का सबसे लंबा चलने वाला आंदोलन है। शायद माओत्से तुंग के लंबे मार्च के बाद। आंदोलन ने गांधीजी की अहिंसा का भाव व नीति, भगत सिंह के आत्म बलिदान की भावना व डॉक्टर बाबा साहेब अंबेडकर की न्यायिक व्यवस्था व समरसता के भाव को पराकाष्ठा तक पहुंचा दिया। महात्मा ज्योतिबा फूले, सावित्रीबाई फूले व चौधरी छोटू राम को फिर से जीवित कर दिया। कम्युनिस्टों से जुड़े संगठनों जैसे अखिल भारतीय किसान सभा, सर्व कर्मचारी संघ, जनवादी महिला समिति आदि संगठनों से जुड़े कार्यकर्ताओं व नेताओं के व्यवहार, अनुशासन व मिलकर चलने की भावना ने सबको प्रभावित किया। हरियाणा, उत्तर प्रदेश व राजस्थान की खाप पंचायतों ने सकारात्मक भूमिका निभाई। चंदा देने, लंगर लगाने व खाद्य सामग्री पहुंचाने में विशेष योगदान दिया।

महिलाओं की भागीदारी

किसान आंदोलन ने महिलाओं में विशेष चेतना पैदा की है। पंजाब से तो महिलाओं की भागीदारी बहुत दमदार रही है। हरियाणा में भी बहुत भागीदारी बढ़ी है। सब टोल प्लाजों पर रोजाना महिलाएं

काफी संख्या में आती रही हैं। श्री जोगेंद्र सिंह उग्राहां के संगठन की हजारों महिलाएं लगातार टीकरी बॉर्डर पर रही हैं। उनके पीले दुपट्टों की रौनक दर्शनीय रही है। बसंत उत्सव की छटा दिखाई देती थी। हरियाणा में कई महिलाओं में विशेष रचनात्मकता पैदा हुई। तीन कानूनों की भाषणों व गानों में आलोचना एक सृजनात्मक क्षमता का परिचय देती है। उग्राहां जी के आंदोलन में तो महिलाओं को विशेष पदों की जिम्मेदारी भी सौंपी गई है। टीकरी बॉर्डर पर सप्ताह में एक दिन मंच का संचालन केवल महिलाएं ही करती थीं।

सामूहिक नेतृत्व

यह किसान आन्दोलन दुनिया में सामूहिक नेतृत्व की अद्वितीय मिसाल है। संयुक्त किसान मोर्चा में विधिवत तौर पर 40 संगठन थे। इसके अलावा सैंकड़ों सामाजिक संगठन, व्यक्ति व खाप पंचायतें आदि आन्दोलन का सक्रिय हिस्सा थे। राजनैतिक पार्टियों के नेता व कार्यकर्ता भी मंच को छोड़ हर गतिविधि में शामिल रहे। लेकिन फैसला सिर्फ और सिर्फ संयुक्त मोर्चा लेता रहा है। इन सब की अलग अलग विचारधारा, अलग-अलग झंडे, अलग-अलग सामाजिक पृष्ठभूमि, फिर भी असहमति होते हुए भी सामूहिक निर्णय लेना व इसका पालन करना, यह भी इस आन्दोलन की एक नायाब विशेषता थी। बीच-बीच में कुछ नेताओं पर अनुशासनात्मक काररवाई भी हुई, जैसे चढ़ूनी, योगेंद्र यादव व दलजीत सिंह दल्लेवाल को निलंबित किया गया। सभी ने अनुशासित ढंग से पालन किया। अंत में सरकार ने 40 संगठनों के नेताओं की जगह पांच नाम मांगे तो सर्वसम्मति से पांच नाम

(1) युद्धवीर सिंह सहरावत (टिकैत यूनियन) (2) बलबीर सिंह राजेवाल पंजाब (3) डा0 अशोक धावले, महाराष्ट्र (4) गुरनाम सिंह चढूनी, हरियाणा व (5) शिवकुमार कक्का मध्य प्रदेश के नाम सर्वसम्मति से दे दिए। अंत में सर्वसम्मति से सरकार द्वारा मांगों बारे प्रस्ताव को स्वीकार कर आंदोलन को 9 दिसंबर 2021 से स्थगित कर दिया। 11 दिसंबर से धरने समाप्त कर दिए। बाद में खुशी का उत्सव मनाकर घर वापिसी हो गई जनरल विपिन रावत व दूसरे आफिसरों व सैनिकों की हेलीकोपटर हादसे में मौत की वजह से दो दिन खुशी मनाना टाल दिया था।

संयुक्त किसान मोर्चा का जन्म

इस आंदोलन से संयुक्त किसान मोर्चा का जन्म भी हुआ और आंदोलन के दौरान यह मोर्चा अपने यौवन पर पहुंच गया जो भविष्य में संघर्ष की आशा की किरण बन गया है।

शांतिपूर्ण सत्याग्रह की प्रासंगिकता को पुनर्स्थापित करना

महात्मा गांधी के शांतिपूर्ण सत्याग्रह को इस आन्दोलन ने फिर से प्रासांगिक बना दिया है। मैं तो यहां तक कहूंगा गांधी जी के आंदोलन से भी ज्यादा शांतिमय रहा। सरकारी बल प्रयोग का प्रतिवाद नहीं किया गया। किसानों ने संयम से सरकारी लाठीचार्ज व पानी की बौछारों का मुकाबला किया। गांधीजी को तो चौरीचौरा कांड के बाद, जिसमें थाने में 21 पुलिसवालों को जिंदा जला दिया था आंदोलन वापस लेना पड़ा था।

लोकतंत्र को शक्ति प्रदान करना

इस आन्दोलन ने प्रजातंत्र को मजबूत करते हुए लोक शक्ति में आत्मविश्वास पैदा किया। श्री नरेंद्र मोदी के निरंकुश व डिक्टेटराना अभिमान को ध्वस्त कर दिया। जनता का प्रजातंत्र की ताकत पर विश्वास फिर से मजबूत किया और यह स्थापित किया कि लोक शक्ति, एकता व शांतिपूर्ण संघर्ष से बड़े से बड़े तानाशाह को झुकाया जा सकता है।

गुरु साहिबान के भाईचारे के संदेश व लंगर परंपरा का प्रभाव

पंजाब अर्थात गुरु साहिबान के भाईचारे के संदेश व लंगर परंपरा का प्रभाव सारे देश में पड़ा। हरियाणा, उत्तर प्रदेश व दूसरी जगह हिन्दू धार्मिक स्थानों या धार्मिक संस्थाओं द्वारा लंगर लगाने में रुचि नहीं दिखाई गई। परन्तु गुरुद्वारों ने सारे देश में तथा कुछ मस्जिदों ने दिल्ली में लंगर लगाए। आम लोग लंगर भावना का भाग बन गए। लोगों ने किसी धार्मिक भावना से प्रेरित न होकर सामाजिक भाईचारे, लोक सेवा भावना व धर्मनिरपेक्ष भावना से प्रेरित होकर लंगर चलाए व आत्म तुष्टि महसूस की। दिल्ली के बार्डरों पर, सभी टोल प्लाजों पर, मुज़फ़्फ़रनगर रैली में तो अनेकों लंगर मुसलमान भाइयों ने अलग से लगाये। हरियाणा के युवकों व दूसरे किसानों में पंजाब के किसानों को देख कर अनुशासन व सामूहिक कामों में सेवा का भाव जैसे सफाई, लंगर में सेवा आदि का भाव पैदा हुआ। जाट आंदोलन में युवकों में स्वच्छंदता ने जो नुकसान किया था उसको दूर करते हुए काफी हद तक अनुशासित किया।

भाजपा की सांप्रदायिक नीति, निजीकरण, जात पात व बेरोजगारी आदि मुद्दे उभर कर आए।

कॉरपोरेट के विरुद्ध वर्गीय चेतना

इस आंदोलन ने देश में एक वर्गीय चेतना पैदा की है। भाजपा सरकार की निजीकरण व कॉरपोरेट हितैषी नीतियों के विरोध में जबरदस्त भावना देश की साधारण जनता की मानसिकता का हिस्सा बन गई है। गांव का साधारण किसान, महिला व मजदूर भी कह रहा है कि मोदी देश बेच रहा है। यह भावना घर कर गई है कि सरकारी संपत्ति बेचने के बाद मोदी व कारपोरेट जगत की नजर किसान की जमीन पर है।

सांप्रदायिक भाईचारा

2013 में भाजपा की साजिश द्वारा मुजफ्फरनगर उत्तर प्रदेश के दंगों के बाद देश में हिंदू मुसलमान में जो सांप्रदायिक विद्वेष पैदा हुआ था और जाट-मुसलमान दंगों के आधार पर भाजपा ने जो जहर घोला था उस जहर को उतारने का काम इस आंदोलन ने काफी हद तक किया है। आज जाट व मुसलमान किसान साथ-साथ आंदोलन में भाग ले रहे हैं। मुजफ्फरनगर की महापंचायत में मुसलमानों द्वारा अनेक स्थानों पर लंगर लगाना व बढ़-चढ़कर रैली में हिस्सा लेना इसके सबूत हैं। पंचायत में हर हर महादेव अल्लाह हू अकबर के टिकैत द्वारा लगाये नारे पर पंडाल का गूंज उठना इसका जीता जागता सबूत है। आने वाले उत्तर प्रदेश विधानसभा चुनाव में इसकी परीक्षा हो जाएगी। मेरा अनुमान है कि लगभग सारा मुसलमान और 80 प्रतिशत जाट साथ मिलकर लड़ेगा। मैं

जाट समाज से होने के नाते कह सकता हूं कि 20 प्रतिशत जाट खासकर शिक्षित मध्यम वर्ग जाट के जहन को भाजपा मारने में सफल हो गई है। मैं तो अपने पूर्वजों चौधरी चरण सिंह, महाराजा सूरजमल व महाराजा रणजीत सिंह आदि के सेकुलर दृष्टिकोण को याद रखते हुऐ इस बात को समझता हूं कि देश का भविष्य सामाजिक जोड़ के साथ सुरक्षित है न कि अलगाववाद के साथ। मैं यहां पाठकों को याद दिला दूं कि महाराजा सूरजमल दिल्ली के मुगलों के साथ लड़ते हुए भी मुसलमान विरोधी नहीं थे। जब मराठा सेनापति पेशवा चितपावन ब्राह्मण सदाशिव राव भाऊ ने कहा कि मथुरा की यह मस्जिद क्यों नहीं गिराई गई तो उन्होंने कहा यह हमारी संस्कृति नहीं है। मैं एक मस्जिद गिरा कर सैकड़ों मंदिर गिराने का अवसर प्रदान नहीं करना चाहता। चौधरी चरण सिंह कभी भी प्रधानमंत्री के पद तक नहीं पहुंच सकते थे यदि पश्चिमी उत्तर प्रदेश का मुसलमान उनके साथ नहीं होता। महाराजा रंजीत सिंह की सेना में मुसलमान बड़े-बड़े पदों पर थे। श्री खिजर हयात टीवाना जो संयुक्त पंजाब के प्रीमियर (प्रधानमंत्री) थे, आखिर तक पाकिस्तान बनने के विरुद्ध लड़े। उन्होंने जिन्ना की मुस्लिम लीग को दरकिनार कर कांग्रेस व अकाली दल के साथ मिलकर मंत्रिमंडल बनाया जबकि श्री मोहम्मद अली जिन्ना ने उनको कोरा चेक दे दिया था और कहा था कुछ भी लिख लो। श्री खिजर हयात टीवाना के परदादा फतेह खां टिवाना व दूसरे टिवाना सरदार अहमद यार खान, साहिब आलम खान, महाराजा रणजीत सिंह की सेना में बड़े पदों पर थे। महाराजा रणजीत सिंह ने सभी धर्म स्थलों को ग्रांट प्रदान की। पाक पटन का बाबा फरीद का धर्मस्थल उनमें से एक था। मैं यहां एक और उदाहरण देना आवश्यक समझता हूं। महाराणा संग्राम सिंह और जहीरूद्दीन बाबर

की लड़ाई में अमर शहीद हसन खां मेवाती 12000 मेवाती वीरों के साथ राणा सांगा के साथ लड़ा था, और यह वीर हसन खां मेवाती बाबर से आखरी तक लड़ते हुए शहीद हो गया था। यहां एक और तथ्य का उल्लेख करना जरूरी समझता हूं कि बाबर ने हसन खां के पास एक मौलवी को दूत बनाकर भेजा और दीन के नाम पर बाबर का साथ देने को कहा। उस वक्त हसन खान मेवाती ने उससे कहा कि दीन से वतन बड़ा होता है। यह उदाहरण मैंने विस्तार दोष के बावजूद इसीलिए दिए हैं ताकि अंध भक्त यह समझ सके कि राष्ट्र भक्त राष्ट्रीय स्वयंसेवक संघ के नेता जो कभी अंग्रेज़ों के साथ नहीं लड़े देश भक्त थे या खिजर टिवाना या हसन खां मेवाती राष्ट्रवादी थे?

एक विशेष घटना 30 जुलाई 2023 को मेवात के नूंह में घटी। इस घटना का जिक्र किसान आंदोलन से जोड़ कर भी करना बहुत जरूरी समझता हूं चाहे ये घटना बाद की है परन्तु किसान आंदोलन के प्रवाह ने इस घटना का परिदृश्य ही बदल दिया। हिन्दू सांप्रदियिक ताकतों ने 2024 के चुनाव से पहले, 2013 के मुजफ्फर नगर के दंगो की तरह अब भी देश में दंगे भड़काने का षडयंत्र रचा। एक मोनू मानेसर नाम का लड़का जो गौतस्करी रोकने के नाम पर पुलिस से मिलकर अपना धंधा चलाता है और दूसरा व्यक्ति बिट्टू बजरंगी नाम का है। इस मोनू मानेसर पर मेवात के एक युवक मोहम्मद जुनैद और नासीर का अपहरण करके गाड़ी समेत उसको जिंदा जलाने का आरोप है। इन्होंने पंचकोसी यात्रा का एलान किया और एक विडियो डाली जिसमें कहा की मेवातियों तुम्हारा दामाद नूंह आ रहा है तुम उनके स्वागत या दर्शन से वंचित न रह जाओ। इस पोस्ट ने बहादुर मेवों में आग में घी का काम किया। ये जुलूस नूंह के नल्लहड़

के शिव मंदिर में पानी चढ़ाने के बहाने तोड़-फोड़ करता हुआ पहुंचा। मेवाती लड़कों से मुठभेड़ हुई। इसमें पांच हिन्दू लोग मारे गये। इस घटना को साम्प्रदायिक रंग देने की कोशिश बजरंग दल व R.S.S. ने पूरे जोर-शोर से की, रात को गुरूग्राम की एक मस्जिद के नौजवान मौलवी का कत्ल भी कर दिया। हरियाणा के हर शहर में उत्तेजित नारों के साथ जुलूस निकालने की भरपूर कोशिश की। परन्तु हरियाणा के किसानों ने इनके नापाक इरादों को समझ लिया और इस गंदे खेल में मिलने से इंकार ही नहीं किया बल्कि उल्टे पंचायतें करके इसके विरुद्ध मुसलमान भाइयों के साथ एकजुटता दिखाई। लेखक स्वयं, वकीलों का एक प्रतिनिधिमंडल तनवीर तंवर व दल सिंह सिवाच के साथ नूंह की बार में वकीलों में भाईचारे का संदेश लेकर गया था। वहां के विधायकों इलियास खान, मामन खान व आफ़ताब अहमद से मिलकर आपसी एकजुटता दिखाई थी। कांग्रेस पार्टी की तरफ से दीपेन्द्र सिंह हुड्डा, सांसद, चौधरी उदयभान कांग्रेस प्रधान, कप्तान अजय यादव पूर्व मंत्री भी नूंह पहुंचे और एकजुटता दिखाई। बाद में राजस्थान के अलवर के गांव बडौदा मेव एक पंचायत में हरियाणा के किसान नेता पूर्व गवर्नर सतपाल मलिक, जाट सभा के नेता राजा राम मिल और अनेक खाप नेता भाईचारा दिखाने पहुंचे। स्वयं लेखक भी इस पंचायत में सम्मिलित हुआ। इन सारे प्रयत्नों से साम्प्रदायिकता की चिंगारी जड़ से समाप्त हो गई। ये सब किसान आंदोलन की उपलब्धि ही कही जाएगी।

अपनी आपसी रंजिश मिटाने के उदाहरण

डॉ विजय (सहायक प्रोफेसर, चौधरी रणबीर सिंह विश्वविद्यालय, जींद) ने मुझे बताया कि इनके ताऊ रामभक्त सैनी का विवाद

पड़ोसी सरदार सतनाम सिंह के साथ ट्रैक्टर से इयौल (बंद) काटने के कारण था जो झगड़े में तब्दील हो गया था। फिर सरदार जी किसान आंदोलन में टिकरी बॉर्डर चला गया। पीछे से रामभक्त के परिवार ने उसके खेतों में पानी लगाने का काम किया। बाद में इनका जो डोल का झगड़ा था, नाप कर खुशी खुशी सतनाम सिंह को दे दी। यह सब किसान आंदोलन की वजह से भाईचारे की भावना के तहत हुआ। 2 किले (एकड़) लंबी 7-8 फुट लंबी पट्टी निकली जो रामभक्त व उसके भतीजे अजय सैनी की तरफ निकली। उन्होंने खुशी-खुशी सतनाम सिंह को दे दी।

कुछ इस तरह की सूचनाएं भी मिली हैं कि दो पार्टियों का झगड़ा था और दोनों पार्टी आंदोलन में शामिल हो गईं और उन्होंने बॉर्डर पर ही आपस में फैसला कर लिया कि आगे हम कोर्ट में केस नहीं चलाएंगे। पहले एक पक्ष दूसरे पक्ष को सुबह चाय पिलाने के लिए उसके कैंप में गया और चाय पिला कर वापस आ गया तो दूसरा पक्ष उसके पास आया और नम्रता से कहा कि यहां से वापस जाकर मैं सारे मुकदमे उठा लूंगा।

एक 9 साल का लड़का अंगद सिंह जिसका पिता एक डॉक्टर है सभी बॉर्डरों पर जाता है। उसकी भाषण कला अद्वितीय है। वह एम.एस.पी. व तीनों कानूनों की जटिलता के बारे फर्राटे से भाषण भी देता है तथा संवाददाताओं को भी संबोधित करता है। उसने लगभग 8-10 प्रांतों का दौरा किया है। वह बताता है उसने अपने पिता डॉक्टर नरेंद्र सिंह के साथ "इसी दौरान कानूनों के किसानों पर दुष्प्रभाव बारे ज्ञान प्राप्त किया है"। यह राजस्थान के भरतपुर से है। नरेंद्र तोमर व दूसरे भाजपा नेताओं को कानूनों के कालेपन बारे न पता हो परंतु मुझे तो 'महाभारत के अभिमन्यु

की तरह मां के गर्भ में ही ज्ञान प्राप्त हो गया था' वैसे ही इस जन आंदोलन से किसानों के जहन में काले कानूनों व सरकार का किसान विरोधी होना अंकित हो गया है।

राष्ट्रीय एकता व समन्वय के वातावरण का निर्माण

आंदोलन में सारे भारतवर्ष के लोगों की भागीदारी से अलग-अलग धर्म, सांस्कृतिक पृष्ठभूमि व भिन्न-भिन्न प्रांतों के लोगों का एक साथ धरने पर बैठने, सोने, अपनी-अपनी धार्मिक आस्थाओं द्वारा क्रियाकलाप व अलग-अलग पूजा पद्धति के अनुष्ठान से एक दूसरे को समझने व सहयोग करने की भावनाएं पैदा हुईं। मुझे मोहतरिम मौलाना अरशद मील, जो मेवात के किसान आंदोलन के नेता थे, ने बताया कि शाहजहांपुर बॉर्डर पर मुसलमान भाइयों का रमजान में रोजा खुलवाने के लिए इफ्तार अर्थात व्रत खोलने का भोजन दूसरे हिंदू किसान करते थे और साथ मिलकर रोजा खोलते थे अर्थात साथ मिलकर इफ्तार खाते थे। हरियाणा के किसानों व मुसलमान भाइयों को सत श्री अकाल का अर्थ समझ में आया। इसका अर्थ है ईश्वर ही सच्चा है, अर्थात ईश्वर ही सर्वशक्तिमान है। सर्व इदम् खलु ब्रह्म व अल्लाह हू अकबर का मतलब एक ही है अर्थात सत श्री अकाल, अल्लाह व ईश्वर एक हैं। केवल बोलने का ढंग व पूजा पद्धति भिन्न है। कितनी समरसता, समन्वयता है। आशा करता हूं, यह समरसता चिर स्थाई हो और एक स्वस्थ राष्ट्र का निर्माण हो। बाबा साहेब आंबेडकर की "हम भारत के लोग" की भावना जो भारतीय संविधान की प्रस्तावना में वर्णित है, आगे बढ़े व सुदृढ़ हो। श्री जोगेंद्र सिंह उग्राहां ने एक साक्षात्कार में मुझे बताया कि हमने हरियाणा के लोगों से बहुत कुछ सीखा है।

जैसे हुक्का एक सभ्याचार का हिस्सा है न कि कोई नशा। सिख धर्म में हुक्का पीना बुरा माना जाता है फिर भी वह हरियाणा के लोगों साथ बैठकर हुक्का पीते थे। इस तरह की बातों से किसी का अपना धर्म कमजोर नहीं होता बल्कि आपसी मेल व भाईचारा बढ़ता है। इसी का नाम राष्ट्रीय एकता है।

शहीद किसानों की सूची

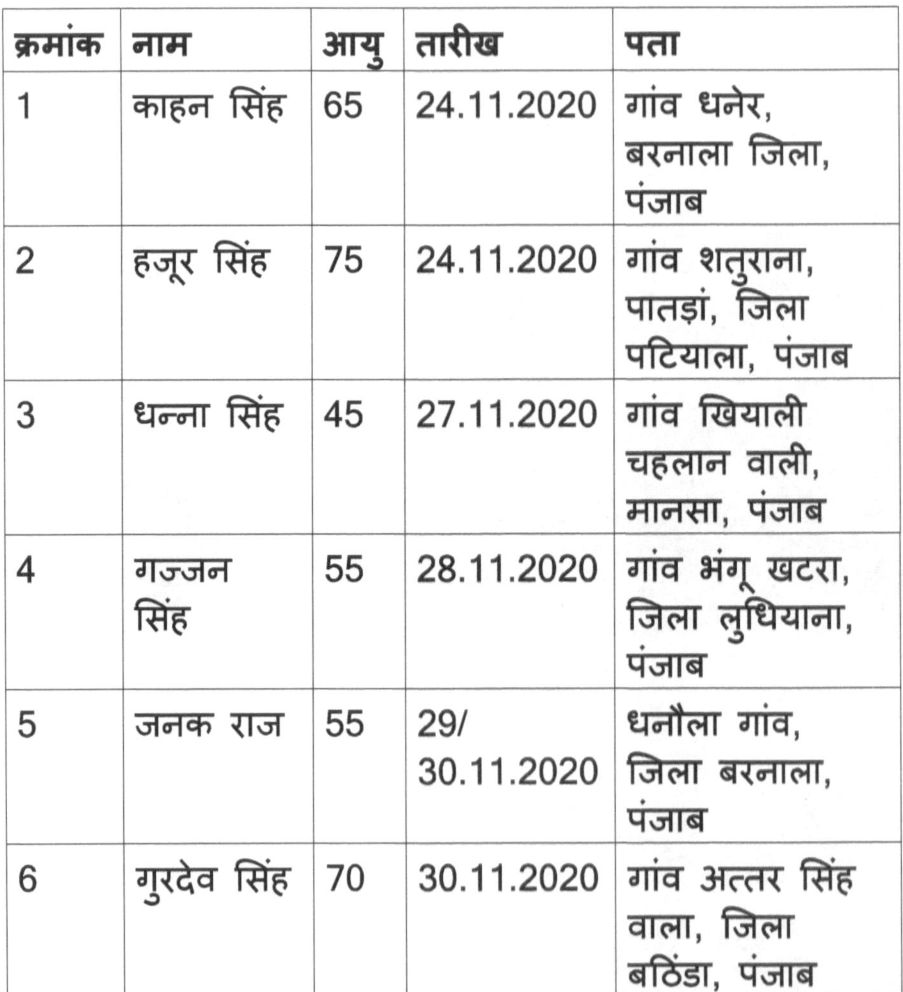

क्रमांक	नाम	आयु	तारीख	पता
1	काहन सिंह	65	24.11.2020	गांव धनेर, बरनाला जिला, पंजाब
2	हजूर सिंह	75	24.11.2020	गांव शतुराना, पातड़ां, जिला पटियाला, पंजाब
3	धन्ना सिंह	45	27.11.2020	गांव खियाली चहलान वाली, मानसा, पंजाब
4	गज्जन सिंह	55	28.11.2020	गांव भंगू खटरा, जिला लुधियाना, पंजाब
5	जनक राज	55	29/ 30.11.2020	धनौला गांव, जिला बरनाला, पंजाब
6	गुरदेव सिंह	70	30.11.2020	गांव अत्तर सिंह वाला, जिला बठिंडा, पंजाब

क्रमांक	नाम	आयु	तारीख	पता
7	गुरबचन सिंह सीबिया	80	30.11.2020	गांव भिंडर खुर्द, जिला मोगा, पंजाब
8	बलजींदर सिंह गिल	32	01.12.2020	गांव झम्मट, जिला लुधियाना, पंजाब
9	गुरजंट सिंह	60	02.12.2020	बछोआना गांव, जिला मानसा, पंजाब
10	लखबीर सिंह	57	02.12.2020	ललिना गांव, जिला बठिंडा, पंजाब
11	बलविंदर सिंह गौशाल	68	03.12.2020	जिला मोहाली, पंजाब
12	सुरिंदर सिंह	55	04.12.2020	गांव हसनपुर खुर्द, जिला गुरदासपुर, पंजाब
13	कमलजीत पाल सिंह	-	05.12.2020	गांव हैबुआना, मंडी डबवाली, सिरसा, हरियाणा
14	रविंदरपाल	70	05.12.2020	इकोलाहा, खन्ना, लुधियाना जिला, पंजाब
15	जसप्रीत सिंह	18	05.12.2020	जिला कैथल, हरियाणा

क्रमांक	नाम	आयु	तारीख	पता
16	करनैल सिंह	75	06.12.2020	गांव शेरपुर, संगरूर जिला, पंजाब
17	राजींदर कौर	55	07.12.2020	गांव गंगोहर, बरनाला जिला, पंजाब
18	मेवा सिंह	48	07.12.2020	गांव खोटे, जिला मोगा, पंजाब
19	राममेहर	42	07.12.2020	गांव छान्ना, जिला हिसार, हरियाणा
20	अजय मोर	32	08.12.2020	बरोदा, सोनीपत, हरियाणा
21	संजय सिंह	-	08.12.2020	सोनीपत, हरियाणा
22	गुरमेल कौर	65	08.12.2020	गांव गरछो, संगरूर जिला, पंजाब
23	किताब सिंह चहल	60	08.12.2020	उझाना गांव, जींद जिला, हरियाणा
24	लखवीर सिंह	-	08.12.2020	गांव झरोन, संगरूर जिला, पंजाब
25	बलदेव सिंह	77	09.12.2020	पट्टी बठल, गांव बालियां, धुरी, संगरूर, पंजाब

क्रमांक	नाम	आयु	तारीख	पता
26	जुगराज सिंह	22	09.12.2020	गांव गरिड़ां, अमृतसर जिला, पंजाब
27	भाग सिंह	76	11.12.2020	भधोवाल, जिला लुधियाना, पंजाब
28	बलबीर सिंह	-	11.12.2020	गांव बग्गा कलां, राजासांसी, अमृतसर, पंजाब
29	कृष्णलाल गुप्ता	65	11.12.2020	धूरी, जिला संगरूर, पंजाब
30	हरफुल सिंह		दिसंबर 2020	फतेहगढ़ साहिब, पंजाब
31	देवेन्द्र सिंह	43	13.12.2020	नांदल, जिला रोहतक, हरियाणा
32	मक्खन सिंह	45	14.12.2020	भिंडर कलां, मोगा जिला, पंजाब
33	सुखदेव सिंह	-	14.12.2020	गांव डंडियाना, ज़िला फ़तेहगढ़ साहिब, पंजाब
34	सुखबीर सिंह	52	14.12.2020	गांव गोबिंदपुरा नगरी, जिला संगरूर, पंजाब
35	दीप सिंह	60	14.12.2020	गांव पोपना, मोहाली जिला, पंजाब

क्रमांक	नाम	आयु	तारीख	पता
36	गुरमीत सिंह	67	15.12.2020	गांव कुंडला, जिला मोहाली, पंजाब
37	लाभ सिंह	68	15.12.2020	गांव सफेरहा, जिला पटियाला, पंजाब
38	गुरप्रीत सिंह	21	15.12.2020	गांव सफेरहा, जिला पटियाला, पंजाब
39	बाबा राम सिंह	65	16.12.2020	गांव सफेरहा, जिला पटियाला, पंजाब
40	कुलविंदर सिंह	-	16.12.2020	गांव बाघपुर सातौर, जिला होशियारपुर, पंजाब
41	पाल सिंह	62	16.12.2020	गांव सहौली, जिला पटियाला, पंजाब
42	गुरप्रीत सिंह	21	16.12.2020	गांव मकोवाल, जिला होशियारपुर, पंजाब
43	दर्शन सिंह	-	16.12.2020	गांव डोडरा, बुढलाडा, मानसा, पंजाब
44	भीम सिंह	38	17.12.2020	गांव फतेहगढ़ छन्ना, संगरूर जिला, पंजाब

क्रमांक	नाम	आयु	तारीख	पता
45	जतिंदर सिंह	25	17.12.2020	गांव फत्ता मलौका, मानसा जिला, पंजाब.
46	गुरविंदर सिंह	16	17.12.2020	गांव ठाणे, गढ़शंकर के पास, होशियारपुर, पंजाब
47	जय सिंह	37	17.12.2020	गांव ड़ूंगावली, बठिंडा जिला, पंजाब
48	जसबीर सिंह	57	17.12.2020	थरवा माजरा, जिला करनाल, हरियाणा
49	रणधीर सिंह	40	17.12.2020	गांव हुसैनपुरा, फतेहगढ़ साहिब, खन्ना, पंजाब
50	गुरप्रीत सिंह	21	17.12.2020	जिला होशियारपुर, पंजाब
51	गुलाब सिंह	-	-	दयालपुरा भाईका, रामपुरा फूल, बठिंडा, पंजाब
52	हरजीत सिंह	51	18.12.2020	गीता कॉलोनी पानीपत शहर, पानीपत, हरियाणा
53	राजकुमार	-	19.12.2020	जिला नवांशहर, पंजाब

क्रमांक	नाम	आयु	तारीख	पता
54	बलबीर सिंह	-	दिसंबर 2020	मोगा जिला, पंजाब
55	हाकम सिंह	70	20.12.2020	गांव बालद कलां, जिला संगरूर, पंजाब
56	कुलबीर सिंह	50	20.12.2020	गांव कारी कलां, गुरुहरसहाय, फिरोजपुर, पंजाब
57	बलबीर सिंह गोलू	-	-	लुधियाना जिला, पंजाब
58	सुरिंदर सिंह वड़ैच	60	20.12.2020	गुमथला गढू, पिहोवा ब्लॉक, कुरूक्षेत्र, हरियाणा
59	अमरजीत सिंह ग्रेवाल	65	21.12.2020	गांव गुज्जरवाल, जिला लुधियाना, पंजाब
60	मनप्रीत सिंह काका	42	21.12.2020	गांव अलीपुर, छिंटांवाला, नाभा, पटियाला, पंजाब
61	हरमिंदर सिंह	31	21.12.2020	गांव जंगपुर, मुल्लांपुर दाखा, लुधियाना पंजाब
62	बलविंदर सिंह	67	दिसंबर 2020	गांव रासांहेड़ी, एस.ए.एस. नगर, मोहाली, पंजाब

क्रमांक	नाम	आयु	तारीख	पता
63	सरदारा सिंह	60	23.12.2020	लोंगोवाल, जिला संगरूर, पंजाब
64	अमरजीत सिंह	-	24.12.2020	जलालाबाद, जिला फाजिल्का, पंजाब
65	मेजर सिंह खालसा	68	25.12.2020	रमिना, कोट कपूरा, फरीदकोट, पंजाब
66	गुरमिंदर सिंह राय	-	दिसंबर 2020	लुधियाना जिला, पंजाब
67	अमरीक सिंह	75	25.12.2020	गांव गिल्लां, जिला गुरदासपुर, पंजाब
68	गुरप्यार सिंह	61	25.12.2020	गांव बाघीबांदर, तलवंडी साबो, बठिंडा, पंजाब
69	हरबंस सिंह	68	25.12.2020	गांव टोडरपुर, तहसील समराला, जिला लुधियाना
70	अमरपाल सिंह	32	25.12.2020	गांव सेरडा, जिला कैथल, हरियाणा
71	भूपिंदर सिंह	43	25.12.2020	गांव राडा, टांडा उमाध, होशियारपुर, पंजाब

क्रमांक	नाम	आयु	तारीख	पता
72	सुखविंदर सिंह	64	26.12.2020	लुथोरा (121), बहामावाला, फतेहाबाद, हरियाणा
73	मलकीत कौर	70	27.12.2020	मानसा जिला, पंजाब
74	गुरचरण सिंह	70	27.12.2020	गांव बखोपीर, भवानीगढ़ पंजाब
75	सतबीर राठी	65	27.12.2020	गांव जिंदरान, कलानौर, रोहतक, हरियाणा
76	सुखदेव सिंह	63	27.12.2020	गांव गुर्म, बरनाला जिला, पंजाब
77	प्यारा सिंह	75	28.12.2020	गांव धर्मपुरा, जिला मानसा, पंजाब
78	गुरलाभ सिंह	22	28.12.2020	गांव दयालपुरा, जिला बठिंडा पंजाब
79	रतन सिंह	83	28.12.2020	गांव रायपुर खुर्द अजनाला, अमृतसर, पंजाब
80	अज्ञात	-	29.12.2020	राजासांसी, जिला अमृतसर, पंजाब

क्रमांक	नाम	आयु	तारीख	पता
81	बलदेव सिंह	64	29.12.2020	गांव गंगा अबुल, जिला बठिंडा, पंजाब
82	अमरजीत सिंह	-	29.12.2020	गांव दसुआ, होशियारपुर जिला, पंजाब
83	जगसीर सिंह	31	29.12.2020	गांव भादरा जिला मानसा, पंजाब
84	इकबाल सिंह	-	30.12.2020	तरनतारन साहिब जिला, पंजाब
85	चौधरी राम कुमार	56	30.12.2020	गांव भाना, जिला कैथल, हरियाणा
86	सुरजीत कौर	56	30.12.2020	बरनाला जिला, पंजाब
87	निरंजन सिंह	-	30.12.2020	तरनतारन साहिब, पंजाब
88	तेज सिंह	43	31.12.2020	कटवाड़ा, रोहतक जिला, हरियाणा
89	यशपाल शर्मा	68	31.12.2020	बरनाला, पंजाब
90	सुरिंदर सिंह	-	दिसंबर 2020	मोहाली जिला, पंजाब
91	गुरप्रीत सिंह	-	दिसंबर 2020	तहसील बलाचौर, ज़िला नवांशहर, पंजाब

क्रमांक	नाम	आयु	तारीख	पता
92	गलतान सिंह	57	01.01.2021	गांव भगवानपुर नागल, बागपत, यूपी
93	गलन सिंह तोमर	65	01.01.2021	मोजिदाबाद गांव, जिला बागपत, यूपी
94	कश्मीर लाल	65	01.01.2021	महमू जोइयां, जलालाबाद, फाजिल्का, पंजाब
95	हरजींदर सिंह जिंदू	28	01.01.2021	गांव बाघीवांदर, तलवंडी साबो, बठिंडा, पंजाब
96	कश्मीर सिंह	69	01.01.2021	गांव कुहाड़ियांवाली, फाजिल्का जिला, पंजाब
97	सुरजीत सिंह	70	02.01.2021	गांव लांधर, जिला संगरूर, पंजाब
98	सतनाम सिंह	48	02.01.2021	गांव महिमा चक्क, बटाला, गुरदासपुर पंजाब
99	जगबीर सिंह	60	02.01.2021	जिला जींद, हरियाणा
100	जशनप्रीत सिंह	18	02.01.2021	गांव चौके, बठिंडा जिला, पंजाब

क्रमांक	नाम	आयु	तारीख	पता
101	कश्मीर सिंह	71	02.01.2021	गांव पशियापुर, बिलासपुर, रामपुर, यूपी.
102	अमर सिंह	45	03.01.2021	गांव बुगरा, तहसील धूरी, जिला संगरूर, पंजाब
103	सुरिंदर सिंह सिद्धू	45	03.01.2021	गांव मायना, जिला ग्वालियर, मध्य प्रदेश
104	शमशेर सिंह	45	03.01.2021	गांव लिधरान, संगरूर जिला, पंजाब
105	कुलबीर सिंह	52	03.01.2021	गांव गंगाना, जिला सोनीपत, हरियाणा
106	जगबीर सिंह	60	3.01.2021	गांव ईटल कलां, जिला जींद, हरियाणा
107	मंगल सिंह	56	04.01.2021	गांव रूपोवाली खुर्द, जिला अमृतसर, पंजाब
108	गुरदर्शन सिंह	-	-	फतेहगढ़ साहिब, पंजाब
109	गुरजंट सिंह	63	05.01.2021	जिला पटियाला, पंजाब
110	प्रताप सिंह	68	05.01.2021	-

क्रमांक	नाम	आयु	तारीख	पता
111	जंगीर सिंह प्रतापगढ़	68	05.01.2021	गांव प्रतापगढ़, सनौर, जिला पटियाला, पंजाब
112	सुरिंदर सिंह	-	05.01.2021	-
113	केसर सिंह	-	06.01.2021	लंग गांव, पटियाला
114	मनप्रीत सिंह	24	06.01.2021	गांव मंडी कलां, जिला बठिंडा, पंजाब
115	राम सिंह	-	06.01.2021	गांव बटरियाना, भवानीगढ़, संगरूर, पंजाब
116	नाजर सिंह	50	06.01.2021	लालू पट्टी, गांव ढिलवां, पटियाला, पंजाब
117	गुरदीप सिंह	24	06.01.2021	जिला बठिंडा, पंजाब
118	जोगिंदर	-	06.01.2021	गांव लंडे, जिला मोगा, पंजाब
119	लखविंदर सिंह	40	07.01.2021	जिला पटियाला, पंजाब
120	अजीत सिंह	-	08.01.2021	गांव पातड़ां, जिला पटियाला, पंजाब
121	गरीब दास	-	-	गांव अकालपुर, फिल्लौर, जालंधर, पंजाब

क्रमांक	नाम	आयु	तारीख	पता
122	अमरेंद्र सिंह	40	09.01.2021	गांव मछराई खुर्द, जिला फतेहगढ़ साहिब, पंजाब
123	जी पेरुमल	60	09.01.2021	अशोक नगर, चेन्नई, तमिलनाडु
124	लाल चंद	67	09.01.2021	चांदवाला कलां, जलालाबाद, फिरोजपुर, पंजाब
125	निर्मल सिंह	45	10.01.2021	गांव धौला, जिला बरनाला पंजाब
126	नसीब सिंह	50	10.01.2021	गांव महेमा, गुरुगरसहाय, पंजाब
127	रामपाल सिंह	58	10.01.2021	गांव सहजरा, जिला बरनाला, पंजाब
128	जगदीश सिंह	61	11.01.2021	लुंडेवाला, श्री मुक्तसर साहिब जिला, पंजाब
129	जसप्रित सिंह कूनर	42	11.01.2021	गांव उचा, जिला जालंधर, पंजाब
130	लवप्रीत सिंह	26	11.01.2021	सवाई के, ममधोत के पास, फिरोजपुर, पंजाब

क्रमांक	नाम	आयु	तारीख	पता
131	हरपिंदर सिंह	60	11.01.2021	गांव अबुलखुराना, श्री मुक्तसर साहिब, पंजाब
132	अवतार सिंह	62	12.01.2021	गांव लोहारा, जिला श्री मुक्तसर साहिब, पंजाब
133	जगतार सिंह	62	12.01.2021	गांव बरकंदी, जिला श्री मुक्तसर साहिब, पंजाब
134	लाभ सिंह	49	12.01.2021	गांव सिरथला, जिला लुधियाना, पंजाब
135	सुच्चा सिंह	65	12.01.2021	गांव खोखर, जिला गुरदासपुर, पंजाब
136	करमजीत सिंह	43	13, 14.01.2021	गांव रायपुर, मलेरकोटला, संगरूर, पंजाब
137	ठंडिया राम	76	13.01.2021	गांव केथना, कैथल जिला, हरियाणा
138	इकबाल सिंह	48	14.01.2021	गांव गांदर, जिला श्री मुक्तसर साहिब, पंजाब
139	जंगीर सिंह	68	15.01.2021	गांव छाजली, जिला संगरूर, पंजाब

क्रमांक	नाम	आयु	तारीख	पता
140	हरदेव सिंह	-	15.01.2021	गांव बालेवाला, जिला फिरोजपुर, पंजाब
141	दलजीत सिंह कंडोला	27	15.01.2021	गांव सुल्तानपुर, फिल्लौर, जालंधर, पंजाब
142	बोहर सिंह	35	16.01.2021	गांव भाटीवाला, श्री मुक्तसर साहिब, पंजाब
143	तीरथ सिंह	51	16.01.2021	गांव नौशेरा, तरन तारन जिला, पंजाब
144	भूपिंदर सिंह	52	16.01.2021	गांव सालनी, जिला फतेहगढ़ साहिब, पंजाब
145	बहादर सिंह	38	16.01.2021	गांव चौके, तहसील रामपुरा, बठिंडा, पंजाब
146	जगदेव सिंह	60	16.01.2021	गांव छीनीवाला कलां, जिला बरनाला, पंजाब
147	ज्ञानीराम	65	16.01.2021	गांव जेवरा, जिला हिसार, हरियाणा
148	पवन उर्फ पोमी	25	16.01.2021	गांव डहोला, जिला जींद, हरियाणा

क्रमांक	नाम	आयु	तारीख	पता
149	जोगिंदर सिंह	65	17.01.2021	गांव तेरां, तहसील समाना, पटियाला, पंजाब
150	परविंदर सिंह	22	17.01.2021	गांव औलख, मलोट, श्री मुक्तसर साहिब, पंजाब
151	भगैल सिंह	25	17.01.2021	गांव चौंदा, मलेरकोटला, संगरूर, पंजाब
152	प्रितपाल सिंह	20	17.01.2021	गांव सेखू, जिला बठिंडा, पंजाब
153	निर्मल सिंह	37	19.01.2021	गांव रंधावा, दसुआ, होशियारपुर, पंजाब
154	दर्शन सिंह	-	19.01.2021	हिम्मतपुरा, निहाल सिंह वाला, मोगा, पंजाब
155	भगवान राणा	42	20.01.2021	गांव पाकस्मा, जिला रोहतक, हरियाणा
156	सोहन लाल	-	20.01.2021	श्री चमकोर साहिब, जिला रूपनगर, पंजाब
157	धन्ना सिंह	60	20.01.2021	गांव तुंगा, नाभा, पटियाला, पंजाब

क्रमांक	नाम	आयु	तारीख	पता
158	बलदेव सिंह	65	20.01.2021	गांव भुगरा, धूरी, संगरूर, पंजाब
159	जगजीत सिंह	35	20.01.2021	गांव धत्त जिला लुधियाना, पंजाब
160	दिलबाग सिंह	-	20.01.2021	जिला फतेहगढ़ साहिब, पंजाब
161	हरिंदर सिंह	-	21.01.2021	मोहाली जिला, पंजाब
162	बलदेव ढुल	62	21.01.2021	गांव भाणा, पूंडरी कैथल, हरियाणा
163	लखविंदर सिंह	60	20, 22.01.2021	गांव मीरपुर, सहावर, कासगंज, उत्तर प्रदेश
164	करण बिश्नोई	22	22.01.2021	गांव बिशनपुरा, सीतोगुन्नो, अबोहर, पंजाब
165	हरविंदर सिंह	48	23,01.2021	गांव खुडाल कलां, बुढलाडा, मानसा, पंजाब
166	रतन सिंह	75	23.01.2021	गांव कोटली दोले शाह, मजीठा, अमृतसर, पंजाब
167	मक्खन सिंह	55	23.01.2021	गांव धौन कलां, जिला पटियाला, पंजाब

क्रमांक	नाम	आयु	तारीख	पता
168	रणजीत सिंह	72	23.01.2021	गांव सुनेयारहेड़ी, जिला पटियाला, पंजाब
169	संदीप सिंह सोना	22	23.01.2021	गांव कोठे वारिंग, कोटकपुरा, फरीदकोट, पंजाब
170	बलदेव सिंह बराड़	76	23.01.2021	गांव बीर बोलूवाला, जिला फरीदकोट, पंजाब
171	गुरसिख उघर सिंह	54	24.01.2021	गांव ढाडे, जिला बठिंडा, पंजाब
172	मलकीत सिंह	30	24.01.2021	गांव खुडी खुर्द, बरनाला, बठिंडा, पंजाब
173	सरैन चंद	75	24.01.2021	महमू जोइया, जलालाबाद, फाजिल्का, पंजाब
174	गुरदेव सिंह	82	24.01.2021	गांव रामूवाला, एमसी जैतू, फरीदकोट, पंजाब
175	गुरमीत सिंह	50	25.01.2021	गांव डिंगर, जिला मानसा, पंजाब
176	जयवीर सिंह	-	25.01.2021	गांव बगला, जिला हिसार, हरियाणा

क्रमांक	नाम	आयु	तारीख	पता
177	जोगिंदर सिंह	-	25.01.2021	गांव मिर्चपुर, जिला हिसार, हरियाणा
178	बहादुर सिंह	65	25.01.2021	अलीपुर वजीर साहिब, देवीगढ़, पटियाला, पंजाब
179	भूपिंदर सिंह	-	25.01.2021	गांव बोलीना दोआबा, आदमपुर, जालंधर
180	बलविंदर सिंह	31	25.01.2021	गांव बड़ी भुजिया, सेरामऊ क्षेत्र, पीलीभीत, यूपी
181	सिमरनजीत कौर	58	26.01.2021	वल्लाह, अमृतसर जिला, पंजाब
182	नरिंदर कौर	65	26.01.2021	वल्लाह, अमृतसर जिला, पंजाब
183	नायब सिंह	36	26.01.2021	गांव राम निवास, जिला बठिंडा, पंजाब
184	यादविंदर सिंह	24	26.01.2021	गांव बरकंदी, श्री मुक्तसर साहिब जिला, पंजाब
185	नवरीत सिंह हुंदल	26	26.01.2021	बाजपुर, उदम सिंह नगर जिला, उत्तराखंड

क्रमांक	नाम	आयु	तारीख	पता
186	सुखविंदर सिंह	26	26.01.2021	गांव नंदगढ़, सरदूलगढ़, जिला मानसा, पंजाब
187	प्रेम सिंह	71	26.01.2021	गांव मानपुरा, बल्ला, जिला करनाल, हरियाणा
188	सीताबाई तड़वी	56	27.01.2021	अम्बाबाड़ी, नंदुरबार जिला, महाराष्ट्र
189	मलकीत सिंह घोगा	45	27.01.2021	फतेहगढ़ चुहड़ियां, गुरदासपुर जिला, पंजाब
190	करणबीर सिंह	22	27.01.2021	गांव घुर्कविंड, तरनतारन जिला, पंजाब
191	प्रेम सिंह	-	27.01.2021	गांव कारी कलां, फिरोजपुर जिला, पंजाब
192	गुरशेर सिंह	40	27.01.2021	गांव चरणरथल कलां, फतेहगढ़ साहिब, पंजाब
193	लीलू सिंह खालसा	65	27.01.2021	गांव तामकोट, जिला मानसा, पंजाब

क्रमांक	नाम	आयु	तारीख	पता
194	जसविंदर सिंह गिल	-	27.01.2021	गांव गालिब हाल, जंगपुरा, लुधियाना, पंजाब
195	शमशेर	43	27.01.2021	समैण, टोहाना, फतेहाबाद हरियाणा
196	गगनप्रीत सिंह दाखा	-	28.01.2021	गांव दाखा, मुल्लांपुर, जिला लुधियाना, पंजाब
197	कामरेड तरसेम सिंह	-	28.01.2021	गांव दालम, बटाला, पंजाब
198	जगसीर सिंह	50	28.01.2021	गांव पखोके, बरनाला जिला, पंजाब
199	कुलवंत सिंह	-	28.01.2021	गांव गगडेवाल, जिला तरनतारन, पंजाब
200	शेरा सिंह	30-40	28.01.2021	ग्राम पखोके, तरनतारन, पंजाब
201	निर्मल सिंह	45	29.01.2021	गांव मंदौर, नाभा, जिला पटियाला, पंजाब
202	बचन सिंह	65	29.01.2021	गांव ढिबीपुर, तरनतारन जिला, पंजाब
203	अजय ढुल	19	29.01.2021	गांव पाई, जिला कैथल, हरियाणा

क्रमांक	नाम	आयु	तारीख	पता
204	गज्जन सिंह	-	30.01.2021	हजारा सिंह वाला, ममधोत, फिरोजपुर, पंजाब
205	बलविंदर सिंह	41	30.01.2021	गांव बिलासपुर, जिला पटियाला, पंजाब
206	मिंदू सिंह	65	30.01.2021	गांव ताजो, बरनाला जिला, पंजाब
207	कश्मीर सिंह	65	30.01.2021	शिकार माचियां, डेरा बाबा नानक, गुरदासपुर, पंजाब
208	हरमिंदर सिंह मिंदू	70	30.01.2021	गांव लखमीर वाला, जिला मानसा, पंजाब
209	रेशम सिंह बाजवा	38	30.01.2021	गांव इना बाजवा, शेरपुर, संगरूर, पंजाब
210	अजायब सिंह	50	30.01.2021	गांव मिर्जापुर, राजपुरा, पटियाला, पंजाब
211	जंग सिंह दाखा	53	30.01.2021	गांव दाखा, मुल्लांपुर, जिला लुधियाना, पंजाब

क्रमांक	नाम	आयु	तारीख	पता
212	हरफूल सिंह	32	31.01.2021	गांव बिरकलां, सुनाम, संगरूर, पंजाब
213	रणधीर सिंह	67	31.01.2021	गांव घग्गा, जिला पटियाला, पंजाब
214	वरुण अटारी	24	31.01.2021	गांव धौंकलां, जिला पटियाला, पंजाब
215	कृष्ण सिंह	26	31.01.2021	गांव भवानीगढ़, जिला संगरूर, पंजाब
216	बूटा सिंह	70	01.02.2021	गांव टिब्बी हरि सिंह, सरदूलगढ़, मानसा, पंजाब
217	दिलीप सिंह	75	01.02.2021	गांव जुलानी खेड़ा, कलायत, जींद, हरियाणा
218	संदीप कुमार	30	02.02.2021	गांव रामपुर चन्ना, जिला संगरूर, पंजाब
219	बंत सिंह	65	02.02.2021	गांव भारी पनेचा, तहसील नाभा, पंजाब
220	गुरजंट सिंह	60	02.02.2021	चीमा मंडी, जिला संगरूर, पंजाब

क्रमांक	नाम	आयु	तारीख	पता
221	कुलवरण सिंह	36	02.02.2021	गांव मननहना, जिला होशियारपुर, पंजाब
222	दिलबाग ढुल	52	02.02.2021	गांव बढ़सीकरी, जिला कैथल, हरियाणा
223	जोगिंदर सिंह	65	03.02.2021	गांव ढाल, पट्टी, तरनतारन, पंजाब
224	सुरजीत सिंह	42	03.02.2021	गांव चीमा शुकर चक चीमा, तरनतारन, पंजाब
225	तरसेम सिंह	64	03.02.2021	गांव भटौली, ब्लॉक नूरपुरबेदी, रूपनगर, पंजाब
226	जसमेल सिंह	50	03.02.2021	गांव चाननवाल, जिला बरनाला, पंजाब
227	सुखदेव कौर	70	03.02.2021	गांव महेसरी संधुआंए जिला मोगा, पंजाब
228	गुरजंट सिंह	55	03.02.2021	गांव कोट धरमू, जिला मानसा, पंजाब
229	रणधीर सिंह	-	04.02.2021	गांव मोहनगढ़ छापड़ा, जिला जींद, हरियाणा

क्रमांक	नाम	आयु	तारीख	पता
230	गुरजंट सिंह	45	05.02.2021	गांव भादरा, जिला मानसा, पंजाब
231	अंग्रेज सिंह	35	05.02.2021	गांव मनूके, निहाल सिंह वाला, मोगा, पंजाब
232	रोशन सिंह	58	06.02.2021	गांव छुआरपुर, जिला जींद, पंजाब
233	लाखासिंह	66	07.02.2021	गांव कलौदी, जिला संगरूर, पंजाब
234	सतगुर सिंह	-	-	गांव शेरों, जिला संगरूर, पंजाब
235	सुखमंदर सिंह	60	07.02.2021	गांव दुरकोट, जिला मोगा, पंजाब
236	करमबीर	52	07.02.2021	गांव सिंघवाल, जिला जींद, हरियाणा
237	कर्मवीर	48	07.02.2021	गांव गुड्डां, जिला झज्जर, हरियाणा
238	गमदूर सिंह	65	07.02.2021	गांव लेहल कलां, लेहरगग्गा, संगरूर, पंजाब
239	मनमोहन सिंह घुदानी	65	08.02.2021	गांव घलोटी, खन्ना जिला, पंजाब

क्रमांक	नाम	आयु	तारीख	पता
240	बलवीर सिंह	60	08.02.2021	शहर भदौड़, बरनाला जिला, पंजाब
241	दीपक	-	08.02.2021	गांव निंदाना, महम, रोहतक, हरियाणा
242	बिजेंदर दलाल	57	08.02.2021	गांव छारा, जिला झज्जर, हरियाणा
243	हरपिंदर सिंह	24	09.02.2021	गांव कंदीला, बटाला जिला, पंजाब
244	हरेन्द्र सिंह	38	09.02.2021	गांव सिवाह, जिला पानीपत, हरियाणा
245	गुरचरण सिंह	-	09.02.2021	मुल्लांपुर दाखा, जिला लुधियाना, पंजाब
246	दर्शन सिंह	70	09.02.2021	गांव रौली, जिला मोगा, पंजाब
247	सतनाम सिंह	-	09.02.2021	गांव भिखारीवाल, जिला गुरदासपुर, पंजाब
248	रणजीत सिंह	-	09.02.2021	गांव जलालाबाद पूरबी, धर्मकोट, मोगा, पंजाब

क्रमांक	नाम	आयु	तारीख	पता
249	सतपाल सिंह	45	10.02.2021	गांव मौड खुर्द, मौड मंडी, जिला बठिंडा, पंजाब
250	कश्मीर	-	11.02.2021	चन्नो के पास ग्राम राजपुरा, संगरूर, पंजाब
251	नायब सिंह	63	11.02.2021	गांव ढांडे, समराला, जिला लुधियाना, पंजाब
252	हंसा सिंह	72	12.02.2021	गांव सैद मोहम्मद, ढोलेवाला, मोगा, पंजाब
253	कुलवंत सिंह	35	12.02.2021	हलवारा, लुधियाना जिला, पंजाब
254	मंजीत सिंह	-	12.02.2021	नगर खनौरी, जिला संगरूर, पंजाब
255	मलकीत सिंह	55	14.02.2021	गांव डेमरू कलां, बाघा पुराना, मोगा, पंजाब
256	परविंदर सिंह	45	14.02.2021	गांव गवारा, कोटली सूरत मल्ही, डेरा बाबा नानक, गुरदासपुर, पंजाब

क्रमांक	नाम	आयु	तारीख	पता
257	मक्खन सिंह	42	15.02.2021	पखोके, बरनाला जिला, पंजाब
258	पोमी	25	15.02.2021	डौहला, जींद जिला, हरियाणा
259	जगदेव सिंह जग्गा	52	16.02.2021	कोटला मेहर सिंह वाला, बाघा पुराना, मोगा, पंजाब
260	अजित सिंह	65	16.02.2021	गांव गोलियाँ, गढ़शंकर, होशियारपुर, पंजाब
261	शमशेर सिंह	-	16.02.2021	गांव जोहलां, रायकोट, जिला लुधियाना, पंजाब
262	प्रताप सिंह	-	16.02.2021	भिकीविंड, तरनतारन जिला, पंजाब
263	मेजर सिंह	59	17.02.2021	मीरपुर कलां, सरदूलगढ़, मानसा जिला, पंजाब
264	गुरदास सिंह	68	17.02.2021	गांव घुडा, संगत मंडी, जिला भटिंडा, पंजाब
265	अजायब सिंह	68	17.02.2021	गांव घुडा, संगत मंडी, जिला भटिंडा, पंजाब

क्रमांक	नाम	आयु	तारीख	पता
266	राजेंद्र सरोहा	70	17.02.2021	गांव बैयापुर, खरखौदा, सोनीपत, हरियाणा
267	रणजीत सिंह	-	17.02.2021	गांव जोधपुर पाखर, तलवंडी साबो, बठिंडा, पंजाब
268	मलकीत सिंह	47	18.02.2021	गांव दौन कला, सनौर, पटियाला, पंजाब
269	जगतार सिंह	70	20.02.2021	गांव महेंदीपुर, दसूया, होशियारपुर, पंजाब
270	कृपाल सिंह	42	20.02.2021	गांव मुहादीपुर दसूया, होशियारपुर, पंजाब
271	राम सिंह	-	20.02.2021	गांव रोरेवाल, जिला पटियाला, पंजाब
272	दरबारा सिंह	-	20.02.2021	चक्क बाजां मराड, मंडी बरीवाला, मुक्तसर, पंजाब
273	गुरनाद सिंह	38	21.02.2021	वडाला बांगर, कलानौर, गुरदासपुर, पंजाब

क्रमांक	नाम	आयु	तारीख	पता
274	जागीर सिंह	55	21.02.2021	गांव नारपुर, जिला गुरदासपुर, पंजाब
275	मास्टर दातार सिंह	-	21.02.2021	अमृतसर, पंजाब
276	करमजीत सिंह	35	21.02.2021	गांव कपियाल, भवानीगढ़, संगरूर, पंजाब
277	संदीप कुमार	28	22.02.2021	गांव तलवंडी संगेरा, शाहकोट, जालंधर, पंजाब
278	कुलवंत सिंह	48	22.02.2021	गांव नंदगढ़, झुनीर, जिला मानसा, पंजाब
279	तरसेम सिंह	-	22.02.2021	गांव भोमा, तहसील मजीठिया, अमृतसर, पंजाब
280	मंगल सिंह	40	22.02.2021	गांव नदोहर, पट्टी, तरनतारन, पंजाब
281	गमदूर सिंह	65	23.02.2021	गांव लद्दा, धूरी, जिला संगरूर, पंजाब
282	निर्भय सिंह	-	23.02.2021	घोलिया खुर्द, मोगा जिला, पंजाब

क्रमांक	नाम	आयु	तारीख	पता
283	मलकीत सिंह	65	24.02.2021	होशियारपुर जिला, पंजाब
284	नवजोत सिंह	18	25.02.2021	गांव खेड़ी जट्टां, भादसों, पटियाला, पंजाब
285	सतवंत सिंह	30	25.02.2021	गांव जयमल सिंहवाला, तपा, बरनाला, पंजाब
286	सुखमिंदर सिंह मोही	68	26.02.2021	गांव मोही, जिला लुधियाना, पंजाब
287	जगसीर सिंह	29	28.02.2021	गांव किशनगढ़ उर्फ फरवाली, मानसा, पंजाब
288	जगतार सिंह	55	01.03.2021	गांव रायपुर, मलेरकोटला, संगरूर, पंजाब
289	जीत सिंह	75	01.03.2021	नथुवाला गरबी, मोगा जिला, पंजाब
290	सुरिंदर कुमार	37	02.03.2021	गली नंबर 1, बसंत विहार, करनाल, हरियाणा
291	हरजीत सिंह	45	03.03.2021	मियाल खुर्द, समाना मंडी, पटियाला, पंजाब

क्रमांक	नाम	आयु	तारीख	पता
292	हरनाम सिंह	55	03.03.2021	संदली, मानसा जिला, पंजाब
293	तरजींदर सिंह सिद्धू	18	04.03.2021	गांव गोंडवाल, रायकोट, लुधियाना, पंजाब
294	नायब सिंह	75	05.03.2021	गांव सिरसारी, कोटकपुरा, फरीदकोट, पंजाब
295	जनक सिंह	70	06.03.2021	गांव गुंडवान, सुनाम, संगरूर, पंजाब
296	गुरप्रीत सिंह	28	06.03.2021	मान, लंबी गांव, श्री मुक्तसर साहिब, पंजाब
297	सतपाल सिंह	42	06.03.2021	गांव मिर्जियाना, तलवंडी साबो, बठिंडा, पंजाब
298	राजबीर सिंह	49	07.03.2021	गांव सिसाय, जिला हिसार, हरियाणा
299	हरिंदर सिंह	32	07.03.2021	गांव थारी, जिला करनाल, हरियाणा
300	मुख्तार सिंह	73	07.03.2021	गांव तेजा, फतेहगढ़ चूड़ियां, गुरदासपुर, पंजाब

क्रमांक	नाम	आयु	तारीख	पता
301	सुखवंत सिंह	58	08.03.2021	लाधा मुंडा, तरखानावली, जिला गुरदासपुर, पंजाब
302	मुख्तार सिंह निहंग	-	08.03.2021	वीला तेजा, गुरदासपुर जिला, पंजाब
303	सुखदेव सिंह	28-40	08.3.2021	गांव लाखना, तहसील पट्टी, तरनतारन, पंजाब
304	बलदेव सिंह थिनजू	55	09.03.2021	गांव डडविंडी, सुल्तानपुर लोधी, कपूरथला, पंजाब
305	राधा डंद	62	09.03.2021	गांव डिंडोली, जिला जींद, हरियाणा
306	गुरचरण सिंह	52	09.03.2021	गांव भट्टियां खुर्द, अमरगढ़, जिला संगरूर, पंजाब
307	परमिंदर सिंह	26	09.03.2021	गांव सहदरा, जिला नवांशहर, पंजाब
308	प्रेम सिंह	65	09.03.2021	जिला रोहतक, हरियाणा
309	बलवीर सिंह	70	10.03.2021	गांव हरेयो कलां, समराला, लुधियाना, पंजाब

क्रमांक	नाम	आयु	तारीख	पता
310	सुखपाल कौर	-	10.03.2021	गांव भेनी बाघा, जिला मानसा, पंजाब
311	गुरबख्श सिंह बलभेड़ा	85	11.03.2021	गांव बलबेहड़ा, तहसील सनौर, पटियाला, पंजाब
312	दिनेश सूरा	-	11.03.2021	गांव डाहया, जिला हिसार, हरियाणा
313	जोगिंदर सिंह	75	13.03.2021	गांव बदरुखान, जिला संगरूर, पंजाब
314	जसवंत सिंह नंदियाली	60	13.03.2021	गांव नंदियाली, एसएएस नगर, मोहाली, पंजाब
315	रतन सिंह	45	14.03.2021	गांव संधोआ, तलवंडी साबो, जिला बठिंडा, पंजाब
316	कुलदीप सिंह	21	15.03.2021	गांव कड़ेआल, अजनाला, अमृतसर, पंजाब
317	बलकरण सिंह संधू	22	16.03.2021	गांव लोधीवाल, जिला लुधियाना, पंजाब

क्रमांक	नाम	आयु	तारीख	पता
318	गुरतेज सिंह	42	-	गांव समौण, भीखीए जिला मानसा, पंजाब
319	हरपाल सिंह	45	17.03.2021	गांव उभावल, जिला संगरूर, पंजाब
320	बलजीत कौर	52	17.03.2021	गांव सुल्तानपुर, शेरपुर, जिला संगरूर, पंजाब
321	रेशम सिंह	-	17.03.2021	गांव एटनवाली, फिरोजपुर जिला, पंजाब
322	ज्ञान सिंह	50-65	18.03.2021	गांव नूरपुर, जिला गुरदासपुर, पंजाब
323	अमनप्रीत सिंह धनोआ	31	17.03.2021	गांव धनोआ, अटारी, जिला अमृतसर, पंजाब
324	भजन सिंह	80	18.03.2021	गांव नवां मुंडेकी, जिला फाजिल्का, पंजाब
325	जगप्रीत सिंह	-	19.03.2021	गांव घुआटविंड, जिला अमृतसर, पंजाब
326	गुरमेल कौर	75	20.03.2021	गांव परती, जिला बठिंडा, पंजाब

क्रमांक	नाम	आयु	तारीख	पता
327	गुरमेल सिंह	48	20.03.2021	गांव लसारा, तहसील फिल्लौर, जालंधर, पंजाब
328	अजायब सिंह	61	20.03.2021	गांव पक्का कला, रामा मंडी, संगत, बठिंडा, पंजाब
329	अवतार सिंह	65	20.03.2021	सिंहपुर जट्टां, दसुआ, होशियारपुर, पंजाब
330	गुरतेज सिंह	42	20.03.2021	अमरपुरा (गुरथेड़ी), तलवंडी साबो, बठिंडा, पंजाब
331	प्रीतम सिंह	75	-	गांव बुदरूखान, जिला संगरूर, पंजाब
332	निर्मल सिंह	-	21.03.2021	गांव चुन्नी कलां, जिला फ़तेहगढ़ साहिब, पंजाब
333	महिंदर कौर	65	21.03.2021	गांव गंडुआँ, सुनाम के पास, संगरूर जिला, पंजाब
334	बलवीर कौर	70	22.03.2021	गांव मंडी कलां, जिला बठिंडा, पंजाब

क्रमांक	नाम	आयु	तारीख	पता
335	जोगिंदर सिंह	62	24.03.2021	गांव थाथा, जिला अमृतसर, पंजाब
336	भोला सिंह	70	24.03.2021	गांव कोट वख्तू, तलवंडी साबो, बठिंडा, पंजाब
337	कामरेड लखविंदर सिंह	-	24.03.2021	जिला कपूरथला, पंजाब
338	हाकम सिंह	60	24.03.2021	गांव भालो, चौके के पास, बठिंडा जिला, पंजाब
339	बावा सिंह	-	25.03.2021	गांव बंबीहा, संगत मंडी, जिला बठिंडा, पंजाब
340	गुरमीत सिंह	55	25.03.2021	अबलू, गिद्दड़बाहा, श्रीमुक्तसर साहिब, पंजाब
341	जरनैल सिंह	-	26.03.2021	गांव ख्याला कलां, जिला मानसा, पंजाब
342	रमनदीप सिंह	25	26.03.2021	गांव खुंडेवाला, जगाधरी, यमुनानगर, हरियाणा

क्रमांक	नाम	आयु	तारीख	पता
343	कुलवंत सिंह गिल	75	26.03.2021	गांव सुधार (पट्टी गिल), लुधियाना, पंजाब
344	रफीक मोहम्मद	66	26.03.2021	गांव नंदपुर कैशो, जिला पटियाला, पंजाब
345	बाबा सरदारा	-	26.03.2021	गांव रसूलपुर कलां, जिला जालंधर, पंजाब
346	दविंदर सिंह	48	26.03.2021	वीपीओ काला बकरा जिला जालंधर पंजाब
347	हरदीप सिंह	65	27.03.2021	गांव कालेके, बाघापुराना, जिला मोगा, पंजाब
348	बलविंदर सिंह	53	28.03.2021	सलाना, जालंधर जिला, पंजाब
349	भूपेन्द्र सिंह	-	28.03.2021	पानीपत जिला, हरियाणा
350	अवतार सिंह	67	28.03.2021	मुलानपुर (सड़कपुरा), बाघापुराना, ज़िला मोगा, पंजाब
351	जगवीर सिंह	28	29.03.2021	गांव बडाइचान, अमलोह, फतेहगढ़ साहिब, पंजाब

क्रमांक	नाम	आयु	तारीख	पता
352	जगदीप सिंह सिधू	25	30.03.2021	गांव हिम्मतपुरा, निहालसिंहवाला, मोगा, पंजाब
353	इंद्रजीत सिंह	65	30.03.2021	रणजीत नगर, पटियाला जिला, पंजाब
354	अंश	2	30.03.2021	पटियाला जिला, पंजाब
355	कृपाल सिंह	65	30.03.2021	गांव चिन्नीवाल कलां, बरनाला जिला, पंजाब
356	ओम प्रकाश	-	31.03.2021	मकड़ोली, जिला रोहतक, हरियाणा
357	गमदूर सिंह	40	31.03.2021	गांव शकूर, जिला फिरोजपुर, पंजाब
358	सुखपाल सिंह	40	31.03.2021	गांव बालियांवाली, जिला बठिंडा, पंजाब
359	अर्शप्रीत सिंह	18	01.04.2021	गांव मंसूरपुर बुडलाडा, सलाना, जालंधर, पंजाब
360	परमबीर सिंह अत्री	-	01.04.2021	गांव इंदरपुरा, नाभा रोड, जिला पटियाला, पंजाब

क्रमांक	नाम	आयु	तारीख	पता
361	बलौर सिंह	-	01.04.2021	गांव सुरगुरी, एमसी जैतू, फरीदकोट, पंजाब
362	राज कौर	-	01.04.2021	गांव खेतला, सुनाम, जिला संगरूर, पंजाब
363	बंत सिंह भट्टी	55	01.04.2021	गांव दद्दोगल, तहसील धूरी, संगरूर, पंजाब
364	परमजीत सिंह महल	47	02.04.2021	गांव माहिल गेहलां, बंगा, नवांशहर, पंजाब
365	हरप्रीत सिंह	26	02.04.2021	गांव ढिलवां, जिला पटियाला, पंजाब
366	महिंदर सिंह बुर्ज हरी	65	02.04.2021	मानसा जिला, पंजाब
367	केवल सिंह दौलतपुर	76	03.04.2021	गांव दौलतपुर छाजला, जिला नवांशहर, पंजाब
368	लीला सिंह	-	03.04.2021	गांव घड़तैली, चौके, जिला बठिंडा, पंजाब
369	हरबंस सिंह	80	03.04.2021	खाना चमारा, डेरा बाबा नानक, गुरदासपुर, पंजाब

क्रमांक	नाम	आयु	तारीख	पता
370	कुलदीप सिंह ग्रेवाल	50	04.04.2021	गांव झिंगरन, जिला नवांशहर, पंजाब
371	गुरबचन सिंह	62	04.04.2021	गांव माड़ी मेघा, तरन तारन जिला, पंजाब
372	बलवंत कौर	77	05.04.2021	गांव बनभोरा, अमरगढ़, जिला संगरूर, पंजाब
373	गुरमेल सिंह गिल	58	05.04.2021	मस्तुआना साहिब, संगरूर जिला, पंजाब
374	कुलदीप सिंह	36	06.04.2021	सिरसा जिला, हरियाणा
375	मुकेश डागर	45	06.04.2021	रोहतक जिला, हरियाणा
376	करमजीत सिंह	48	06.04.2021	गांव मणि कलां, जिला बठिंडा, पंजाब
377	दर्शन सिंह पंगली	-	07.04.2021	गढ़ी मट्टो, गढ़शंकर, होशियारपुर, पंजाब
378	सुखविंदर सिंह	36	07.04.2021	गांव भाओवाल, जिला रूपनगर, पंजाब

क्रमांक	नाम	आयु	तारीख	पता
379	अमर सिंह	70	08.04.2021	जोइयांवाला तहसील. फिरोजपुर जिला, पंजाब
380	जसपाल सिंह	52	09.04.2021	गांव जोगानंद, जिला बठिंडा, पंजाब
381	राजेन्द्र पान्नू	-	11.04.2021	गांव बिचपड़ी, गोहाना, जिला सोनीपत, हरियाणा
382	लखवीर सिंह लक्खी	36	11.04.2021	गांव धौल खुर्द, पायल, खन्ना, लुधियाना, पंजाब
383	बरकत सिंह	80	11.04.2021	भोजिया, पुलिस थाना झबल, अमृतसर, पंजाब
384	स्वर्ण सिंह	70	11.04.2021	गांव कोकरी फूली सिंह, जिला मोगा, पंजाब
385	मनदीप सिंह मल्ही	32	11.04.2021	गांव चिंतगढ़, रोपड़ जिला, पंजाब
386	कश्मीर सिंह	-	12.04.2021	गांव पंडोरी रण सिंह, तरनतारन जिला, पंजाब
387	हरनेक सिंह	60	12.04.2021	गांव पखोके, बरनाला जिला, पंजाब

क्रमांक	नाम	आयु	तारीख	पता
388	सुरिंदर सिंह शेरगिल	-	12.04.2021	जमशेर खास, जालंधर जिला, पंजाब
389	रेशम सिंह	65	14.04.2021	गांव वारा वरयाम सिंह वाला, फिरोजपुर, पंजाब
390	दरबारा सिंह	60	14.04.2021	गांव भुटाल खुर्द (कलां), जिला संगरूर, पंजाब
391	महिंदर सिंह	65	14.04.2021	चसवाल, भादसों, नाभा, पटियाला, पंजाब
392	रणधीर सिंह	70	14.04.2021	ब्रोह-हरनी, काहनूवान ब्लॉक, गुरदासपुर, पंजाब
393	हरवंत सिंह	-	15.04.2021	गांव फतेगढ़ भादसों, भवानीगढ़, संगरूर, पंजाब
394	निरंजन सिंह	60	15.04.2021	गांव संगतपुरा, बटाला, गुरदासपुर, पंजाब
395	गुरलाल सिंह	47	15.04.2021	गांव लाडी, जिला संगरूर, पंजाब
396	गज्जन सिंह	-	16.04.2021	गांव दित्तुपुरजह्टां, भादसों, नाभा, पटियाला, पंजाब

क्रमांक	नाम	आयु	तारीख	पता
397	दर्शन सिंह	63	16.04.2021	रामपुरा फुल टाउन, बठिंडा जिला, पंजाब
398	मनजीत कौर	55	16.04.2021	गांव हरीके, तहसील शेरपुर, संगरूर, पंजाब
399	शशांक पाठक	-	16.04.2021	पांडवनगर, अक्षरधाम, नई दिल्ली
400	मलकीत सिंह मान	70	17.04.2021	भंगाला, तहसील बल्लुआना, फाजिल्का, पंजाब
401	करमजीत सिंह	-	16.04.2021	गांव रेतगढ़, भवानीगढ़, जिला संगरूर, पंजाब
402	जरनैल सिंह	52	17.04.2021	गांव काकड़ा, समाना, जिला पटियाला, पंजाब
403	गुरचरण सिंह	55	17.04.2021	गांव भंगचारी, श्री मुक्तसर साहिब जिला, पंजाब
404	बुद्ध सिंह जग्गेवाला	-	18.04.2021	गांव जग्गेवाला, तहसील जीरा, फिरोजपुर, पंजाब

क्रमांक	नाम	आयु	तारीख	पता
405	ओमवीर डीगल	-	18.04.2021	गांव डीगल, झज्जर, जिला, हरियाणा
406	गुरमेल सिंह लिट	66	18.04.2021	गांव बागनवाली, मस्तुआना साहिब, संगरूर, पंजाब
407	गुरमीत कौर	80	18.04.2021	गांव किशनगढ़, भादसों, जिला जालंधर, पंजाब
408	सुखराज सिंह	65	18.04.2021	गांव गगोवाल, जिला मानसा, पंजाब
409	उजागर सिंह	75	19.04.2021	गांव संगेहरा, जिला बरनाला, पंजाब
410	गुरजंट सिंह	63	19.04.2021	गांव अलीशेरा कलां, जिला मानसा, पंजाब
411	गुरमीत सिंह	-	19.04.2021	गांव समराई, तहसील फिल्लौर, जालंधर, पंजाब
412	दिलबाग सिंह	-35 45	20.04.2021	गांव दादूमाजारा, फतेहगढ़ साहिब, पंजाब
413	चमकौर सिंह पंडोरी	60	21.04.2021	गांव पंडोरी, जिला बरनाला, पंजाब

क्रमांक	नाम	आयु	तारीख	पता
414	हरि सिंह	63	22.04.2021	गांव गंडू खुर्द, तहसील बुढलाडा, मानसा, पंजाब
415	भाग सिंह	65	23.04.2021	गांव चक्ककलां, राजपुरा, पटियाला, पंजाब
416	सिकंदर सिंह मदनीपुर	52	24.04.2021	गांव मदनीपुर, मदौन, पायल, लुधियाना, पंजाब
417	जगरूप सिंह सतीके	-	24.04.2021	गांव सतीके, तहसील बुढलाडा, मानसा, पंजाब
418	छोटा सिंह	55	24.04.2021	जिला संगरूर, पंजाब
419	बाबू सिंह	60	22.4.2021	गांव भोजीमाजरी, नाभा, जिला पटियाला, पंजाब
420	प्रेम सिंह सिवाच	75	24.04.2021	गांव सैमाण, जिला रोहतक, हरियाणा
421	जोगिंदर सिंह ग्रेवाल	65	24.04.2021	गांव बुर्ज हरि सिंह, रायकोट, लुधियाना, पंजाब
422	हरबंत सिंह	67	25.04.2021	गांव भोगीवाल, मलेरकोटला, संगरूर, पंजाब

क्रमांक	नाम	आयु	तारीख	पता
423	जगदीप सिंह	-	25.04.2021	सदिओरा, बरनाला जिला, पंजाब
424	गुरदेव सिंह	73	25.04.2021	फतेहगढ़ साहिब, पंजाब
425	जगजीत सिंह	38	26.04.2021	गांव जेठुके, रामपुरा फूल, जिला बठिंडा, पंजाब
426	शमशेर सिंह	63	26.04.2021	गांव ओटलान, समराला, लुधियाना, पंजाब
427	हरि सिंह	60	26.04.2021	गांव घनौरी कलां, जिला संगरूर, पंजाब
428	गुरजंट सिंह खालसा	73	26.04.2021	गांव भाम, श्री मुक्तसर साहिब जिला, पंजाब
429	गुरजंट सिंह	50	27.04.2021	गांव फरवाही, जिला बरनाला, पंजाब
430	सूबा सिंह	56	27.04.2021	गांव चक्क मदरसा, श्री मुक्तसर साहिब, पंजाब

क्रमांक	नाम	आयु	तारीख	पता
431	निशान सिंह	48	28.04.2021	गांव कक्कड़ खुर्द, चोगावां2-, अमृतसर, पंजाब
432	मलकीत सिंह	55	28.04.2021	गांव कतलौर, श्री चमकौर साहिब, रूपनगर, पंजाब
433	रणजोध सिंह	-	28.04.2021	गांव चक्क भांबा, खालरा, तरनतारन, पंजाब
434	सुखदेव सिंह मान	65	28.04.2021	गांव बुर्ज मानशाहियां, मौड़ मंडी, बठिंडा, पंजाब
435	मोमिता बसु	25	29.04.2021	पश्चिम बंगाल
436	नाजर सिंह	45	29.04.2021	गांव मविसापन, जिला पटियाला, पंजाब
437	राम सिंह रेम्बो	26	30.04.2021	गांव चड्डा सेखवां, जिला संगरूर, पंजाब
438	करनैल सिंह	65	30.04.2021	शहर पट्टी जैद, तरनतारन जिला, पंजाब
439	बलविंदर सिंह	-	30.4.2021	गांव मिर्जके, फिरोजपुर जिला, पंजाब

क्रमांक	नाम	आयु	तारीख	पता
440	कप्तान सिंह	-	-	जिला झज्जर, हरियाणा
441	गुरमेल सिंह	65	01.05.2021	गांव गालिब कलां, जगराओं, लुधियाना, पंजाब
442	बलवीर सिंह	-	01.05.2021	गांव मौजेवाला, जिला मोगा, पंजाब
443	सुखमंदर सिंह ढेपी	-	01.05.2023	गांव ढेपी, जिला फरीदकोट, पंजाब
444	बिक्कर सिंह	65	01.05.2021	गांव भागचारी, श्री मुक्तसर साहिब जिला, पंजाब
445	प्रीतम सिंह खेतला	-	01.05.2021	-
446	जरनैल सिंह	70	01.05.2021	पंजग्रेन कलां, फरीदकोट जिला, पंजाब
447	कौर सिंह	-	01.05.2021	गांव भंगावली, जिला संगरूर, पंजाब
448	सुरजीत सिंह	-	01.05.2021	गांव सौहरान, कुराली, जिला मोहाली, पंजाब

क्रमांक	नाम	आयु	तारीख	पता
449	गुरचरण सिंह	68	02.05.2021	गांव कोट धुर्म, जिला मानसा, पंजाब
450	गुरमेल सिंह	65	02.05.2021	गांव टोला नांगल, जिला अमृतसर, पंजाब
451	लखविंदर सिंह	-	02.05.2021	गांव वाजिदपुर, तहसील नाभा, पटियाला, पंजाब
452	सुखदेव सिंह	68	02.5.2021	भनचिडी, लक्खेवाली, श्री मुक्तसर साहिब, पंजाब
453	अमरजीत सिंह	55	02.5.2021	कृष्णा बस्ती, पटियाला गेट, संगरूर, पंजाब
454	बलविंदर सिंह	55	03.05.2021	गांव अलीपुर खालसा, शेरपुर, संगरूर, पंजाब
455	सुखजिंदर सिंह	54	03.05.2021	गांव बिरारवाल, तहसील नाभा, पटियाला, पंजाब
456	मेघ सिंह	-	03.05.2021	गांव कलसाना, तहसील नाभा, पटियाला, पंजाब

क्रमांक	नाम	आयु	तारीख	पता
457	महिंदर सिंह	-	03.05.2021	गांव महिमा सवाई, जिला बठिंडा, पंजाब
458	नछतर सिंह बुट्टर	86	04.05.2021	गांव हठूर, तहसील जगराओं, लुधियाना, पंजाब
459	वीणा रानी	51	04.05.2021	गांव तलवंडी संगेहरा, नकोदर, जालंधर, पंजाब
460	पूरन सिंह	-	04.05.2021	गांव लखमीरवाला, जिला मानसा, पंजाब
461	प्रीतम सिंह	-	06.05.2021	गांव पब्बनराली, जिला गुरदासपुर, पंजाब
462	परगट सिंह	64	06.05.2021	गांव बदेश कलां, खमाणो, फतेहगढ़ साहिब, पंजाब
463	रणजीत सिंह	56	06.05.2021	गांव नंगल कलां, जिला मानसा, पंजाब
464	बंत सिंह	78	06.05.2021	गांव लहरा बेगा, बठिंडा जिला, पंजाब

क्रमांक	नाम	आयु	तारीख	पता
465	कामरेड राजबीर सिंह	-	06.05.2021	रेवाड़ी जिला, हरियाणा
466	गुरतेज सिंह बिंदा	-	08.05.2021	गांव हररायपुर, बठिंडा, पंजाब
467	केवल सिंह धींगी	-	09.05.2021	गांव रोड़ीकापुरा, जैतो, जिला फरीदकोट, पंजाब
468	निर्मल सिंह	64	09.05.2021	गांव झंडा कलां, सरदूलगढ़, मानसा, पंजाब
469	कश्मीर सिंह	-	09.05.2021	गांव काला नंगल, जिला गुरदासपुर, पंजाब
470	भूपिंदर सिंह	65	09.05.2021	गांव खानपुर, फतेहगढ़ साहिब जिला, पंजाब
471	सुखविंदर सिंह ग्रेवाल	-	10.05.2021	गांव कुटबा, महलकलां ब्लॉक, बरनाला. पंजाब
472	आत्मा सिंह	-	10.05.2021	किरपाल सिंहवाला, महल कलां, बरनाला, पंजाब
473	ज्ञानी नछत्तर सिंह	-	10.05.2021	गांव साधुवाला, सड़क, जिला फरीदकोट, पंजाब

क्रमांक	नाम	आयु	तारीख	पता
474	काला सिंह	-	10.05.2021	गांव मदाक, जैतो, जिला फरीदकोट, पंजाब
475	बाबू सिंह	-	10.05.2021	जिला पटियाला, पंजाब
476	बूटा सिंह ढिल्लवां	-	10.05.2021	गांव ढिलवां, जिला कपूरथला, पंजाब
477	हरबंस सिंह	80	-	गांव मौजेवाला, शाह अबू बक्कर, मोगा, पंजाब
478	मलकीत सिंह	73	11.05.2021	गांव मालन, गिद्दड़बाहा, मुक्तसर जिला, पंजाब
479	दविंदर सिंह मालोवाल	64	12.05.2021	गांव मालोवाल, तरसिका, अमृतसर, पंजाब
480	जरनैल सिंह वेरोके	-	12.05.2021	गांव वैरोके, डेरा बाबा नानक, गुरदासपुर, पंजाब
481	जगदीश गुमंती	68	13.05.2021	गांव गुमंती, भगता भाई ब्लॉक, बठिंडा, पंजाब
482	बलकार सिंह	65	13.05.2021	गांव मुल्लांपुर कलां, फतेहगढ़ साहिब, पंजाब

क्रमांक	नाम	आयु	तारीख	पता
483	लखवीर सिंह भंगू भुर्डे	54	14.05.2021	गांव भूराड़ा, चमकौर साहिब, रूपनगर, पंजाब
484	दर्शन सिंह	-	14.05.2021	गांव शेर सिंहवाला, सड़क, फरीदकोट, पंजाब
485	दर्शन सिंह गिल	60-80	14.05.2021	गांव मंसूरवाल कलां, जीरा, फिरोजपुर, पंजाब
486	अभय सिंह संधू	64	14.05.2021	मोहाली जिला, पंजाब
487	मेजर खान	-	15.05.2021	गांव झंडी भैणी, जिला पटियाला, पंजाब
488	लाभ सिंह	-	16.05.2021	गांव राई, बठिंडा जिला, पंजाब
489	मोहर सिंह	-	16.05.2021	समाघ, गिद्दड़बाहा, श्री मुक्तसर साहिब, पंजाब
490	काला सिंह सोहल	-	17.05.2021	गांव औजान, पटियाला, पंजाब
491	बूटा सिंह माणुके	70	17.05.2021	गांव मनुके, हथूर, जिला लुधियाना, पंजाब

क्रमांक	नाम	आयु	तारीख	पता
492	राजविंदर सिंह	22	18.05.2021	गांव अतला कलां, भीखी, मानसा, पंजाब
493	भोला सिंह	80	18.05.2021	गांव दौन खुर्द, जिला पटियाला, पंजाब
494	बलबीर सिंह	50	19.05.2021	गांव शंकरपुर, जिला पटियाला, पंजाब
495	गुरदयाल सिंह	-	19.05.2021	गांव वेरोके, बाघा पुराना, मोगा जिला, पंजाब
496	महिंदर सिंह	-	21.05.2021	गांव फुल्लांवाल, बीजा, जिला लुधियाना, पंजाब
497	दिलबाग सिंह तिवाना	48	22.05.2021	गांव चनारथल कलां, फतेहगढ़ साहिब, पंजाब
498	हाकम सिंह	75	22.05.2021	गांव जलालदीवाल, जिला लुधियाना, पंजाब
499	करमजीत सिंह	70	23.05.2021	गांव सकरोड़ी, ब्लॉक भवानीगढ़, संगरूर, पंजाब

क्रमांक	नाम	आयु	तारीख	पता
500	पाल सिंह	-	23.05.2021	गांव लैहल खुर्द, लहरगागा, जिला संगरूर, पंजाब
501	सरजा सिंह	62	23.05.2021	गांव दल सिंहवाला, जैतो, फरीदकोट, पंजाब
502	तेजिंदर सिंह	51	23.05.2021	गांव तुंग, जिला गुरदासपुर, पंजाब
503	गुरभेज सिंह	-	23.05.2021	गांव वारयाह पुराणे, तरनतारन जिला, पंजाब
504	रामचन्द्र खरब	66	24.05.2021	गांव उगालन, जिला हिसार, हरियाणा
505	महिंदर सिंह	-	27.05.2021	गांव संगतपुरा, लहरगागा, जिला संगरूर, पंजाब
506	गुपाल सिंह	60	27.05.2021	गांव कोलोवाल, अजनाला, अमृतसर, पंजाब
507	रवि कुमार बंगा	26	27.05.2021	गांव बंगा, जालंधर छावनी, पंजाब
508	तोता सिंह	70	27.05.2021	गांव फूल, बठिंडा जिला, पंजाब

क्रमांक	नाम	आयु	तारीख	पता
509	सुखदेव सिंह औलख	65	28.05.2021	खाने की दाब, मलौट, श्री मुक्तसर साहिब, पंजाब
510	मिड्डू सिंह	-	28.05.2021	गांव शाइना, तहसील सेहना, बरनाला, पंजाब
511	बलदेव सिंह झंडेवाला	-	29.05.2021	ब्लॉक झंडेवाल, मोगा जिला, पंजाब
512	रशपाल सिंह	-	29.05.2021	गांव ठक्कर सिंह, सठियालपुर, गुरदासपुर, पंजाब
513	करमजीत सिंह	45	30.05.2021	गांव पिथो, तहसील रामपुरा, बठिंडा, पंजाब
514	बाबा दलीप सिंह	80	30.05.2021	गांव रन्नवान, खमाणो, फतेहगढ़ साहिब, पंजाब
515	लाभ सिंह	78	31.05.2021	गांव भुचोन खुर्द, जिला बठिंडा, पंजाब
516	हरबंस सिंह	45	31.05.2021	गांव रुरकी, तहसील घनौर, पटियाला, पंजाब

क्रमांक	नाम	आयु	तारीख	पता
517	जगतार सिंह	69	01.06.2021	गांव राजियाना, जिला मोगा, पंजाब
518	संत सिंह (बसंत सिंह)	42	03.06.2021	गांव सहजारा, बरनाला जिला, पंजाब
519	अवतार सिंह मुप्पा	57	03.6.2021	गांव दल्ली, तहसील भोगपुर, जालंधर, पंजाब
520	जागीर सिंह	-	04.06.2021	गांव वीरम, तरनतारन जिला, पंजाब
521	श्याम लाल	70	04.06.2021	गांव कबूलपुर, तहसील घनौर, पटियाला, पंजाब
522	बलदेव सिंह	67	05.06.2021	गांव रोडे, बाघापुराना, मोगा, पंजाब
523	अवतार सिंह	35	06.06.2021	गांव सील, जिला पटियाला, पंजाब
524	मिंदू सिंह भगत	70	07.06.2021	गांव टिब्बी हरि सिंह, सरदूलगढ़, मानसा, पंजाब
525	प्यारे लाल	85	08.06.2021	न्यांग्यान, दुल्हेड़ा, झज्जर, हरियाणा

क्रमांक	नाम	आयु	तारीख	पता
526	दर्शन सिंह	60	09.06.2021	गांव बरसत, जिला पटियाला, पंजाब
527	बलबीर सिंह	75	09.06.2021	गांव सरला कलां, घनौर, जिला पटियाला, पंजाब
528	मेजर सिंह वल्टोहा	-	09.6.2021	गांव वल्टोहा, फिरोजपुर जिला, पंजाब
529	सुखपाल सिंह	-	11.06.2021	चम्बा हवेलिया, चोहला साहिब, तरनतारन, पंजाब
530	धर्म सिंह	65	11.06.2021	गांव मंडोली, तहसील घनौर, पटियाला, पंजाब
531	नानू राम	55	12.06.2021	न्यांग्यान, दुल्हेड़ा, झज्जर, हरियाणा
532	जसवीर सिंह	-	13.06.2021	गांव रतनगढ़, तहसील मोरिंडा, रूपनगर, पंजाब
533	दर्शन सिंह	70	13.06.2021	गांव मट्टा, कोट कपूरा, फरीदकोट, पंजाब
534	गुरचरण सिंह	60	14.06.2021	गांव उप्पली, बरनाला जिला, पंजाब

क्रमांक	नाम	आयु	तारीख	पता
535	मुख्तियार सिंह	-	15.06.2021	गांव पीपलियां, बुढलाडा, जिला मानसा, पंजाब
536	पाला	55	16.06.2021	गांव खटकढ़, जिला जींद, हरियाणा
537	सुखचैन सिंह	38	16.06.2021	गांव सितारगंज, उधम सिंह नगर, उत्तराखंड
538	अमरीक सिंह	51	16.06.2021	गांव छोटा घर, मोगा जिला, पंजाब
539	सुखदेव सिंह	-	17.06.2021	गांव राजिया, जिला बरनाला, पंजाब
540	जरनैल सिंह	46	20.06.2021	पीपली चक (चक मेघा वीरन), फिरोजपुर, पंजाब
541	बलबीर सिंह बहादुरके	65	22.06.2021	गांव बहादरके, जगराओं, जिला लुधियाना, पंजाब
542	उम्मेद पान्नू	-	23.06.2021	गांव छतेरा, तहसील गोहाना, सोनीपत, हरियाणा

क्रमांक	नाम	आयु	तारीख	पता
543	गुरमेल सिंह	65	23.06.2021	गांव किला भर्रियां, जिला संगरूर, पंजाब
544	जगबीर मांडा	52	24.06.2021	गांव सरहाली मांडा, पट्टी, तरनतारन, पंजाब
545	बलवीर सिंह	-	24.06.2021	गांव झंडेवाला, जिला मोगा, पंजाब
546	सुखविंदर सिंह	45	25.06.2021	गांव काउंके कलां, जगराओं, लुधियाना, पंजाब
547	बलबीर सिंह	74	26.06.2021	गांव बुधसिंह, जिला मोगा, पंजाब
548	जगसीर सिंह	52	26.06.2021	गांव आटला कलां, भीखी, जिला मानसा, पंजाब
549	कौर सिंह	58	28.06.2021	गांव धारसूल कलां, टोहाना, फतेहाबाद, हरियाणा
550	अवतार सिंह	50	29.06.2021	गांव कंधारगढ़ चन्ना, धूरी, जिला संगरूर, पंजाब

क्रमांक	नाम	आयु	तारीख	पता
551	राजिंदर कुमार	37	30.06.2021	गांव मेहता (तपा मंडी के पास), बरनाला, पंजाब
552	करम सिंह	58	01.07.2021	गांव ठुल्लेवाला, बरनाला जिला, पंजाब
553	अंग्रेज कौर	85	02.07.2021	गांव बाम्हना, जिला पटियाला, पंजाब
554	परपत सिंह	-	02.07.2021	गांव सलीमपुर अफगाना, गुरदासपुर, पंजाब
555	रूप सिंह	70	03.07.2021	गांव घेल, बरनाला जिला, पंजाब
556	बख्शीश सिंह	60	03.07.2021	गांव बाऊपुर, जिला गुरदासपुर, पंजाब
557	हरजीत सिंह	-	05.07.2021	गांव शेरगढ़, ख्नौरी, जिला पटियाला, पंजाब
558	मोहन सिंह	-	06.07.2021	गांव कोकरी कलां, जिला मोगा, पंजाब
559	दर्शन सिंह रोडे	71	06.07.2021	गांव रोडे, तहसील बाघापुराना, मोगा, पंजाब

क्रमांक	नाम	आयु	तारीख	पता
560	धर्म सिंह	81	06.07.2021	गांव पट्टे पैनी, तरनतारन जिला, पंजाब
561	हरपाल सिंह	75	08.07.2021	गांव यादपुर, अचल साहिब, गुरदासपुर, पंजाब
562	सुच्चा सिंह	73	08.07.2021	-
563	प्रकाश सिंह	-	09.07.2021	गांव दौधर गरबी, जिला मोगा, पंजाब
564	सुच्चा सिंह	-	09.07.2021	गांव बंगोवनी, जिला गुरदासपुर, पंजाब
565	गुरमीत सिंह	46	10.07.2021	गांव चौनपुर, हर्षाछीना, अमृतसर, पंजाब
566	तेजपाल सिंह	-	10.07.2021	पंडोरी वड़ैच, तहसील वेरका5-, अमृतसर, पंजाब
567	सोहन सिंह	45	11.07.2021	क्यूंके कलां (पट्टी बाड़ा), जगराओं, लुधियाना, पंजाब
568	बिकर सिंह	45	11.07.2021	गांव झंडुके, तहसील संगरूर, मानसा, पंजाब

क्रमांक	नाम	आयु	तारीख	पता
569	जगदीश सिंह	58	13.07.2021	गांव चोगावां, जिला मोगा, पंजाब
570	महिंदर सिंह	76	17.07.2021	गांव दादू पुरा, मजीठा3-, अमृतसर, पंजाब
571	रमता सिंह	72	19.07.2021	गांव खोखर कलां, लहरागागा, संगरूर, पंजाब
572	सुखदेव सिंह	58	19.07.2021	गांव बल्लुआना, जिला बठिंडा, पंजाब
573	जसबीर सिंह गिल	-	24.07.2021	घरुआं, खरड़, साहिबजादा अजीत सिंह नगर, पंजाब
574	गुरभाग सिंह	35	24.07.2021	गांव देदेहर साहिब, तरनतारन जिला, पंजाब
575	रणजीत सिंह	65	27.07.2021	गांव भूंडर, तहसील सरदूलगढ़, मानसा, पंजाब
576	दर्शन सिंह	-	30.07.2021	धनौला शहर, बरनाला जिला, पंजाब

क्रमांक	नाम	आयु	तारीख	पता
577	अवतार सिंह मलाह	65	30.07.2021	गांव मल्लाह, जगराओं, लुधियाना, पंजाब
578	कश्मीर सिंह	55	25.07.2021	गांव मैसर खान, मौड़ मंडी, बठिंडा, पंजाब
579	बोहर सिंह	-	26.07.2021	गांव शेरगढ़, श्री मुक्तसर साहिब जिला, पंजाब
580	जगमोहन	66	28.07.2021	गांव धामड़, जिला रोहतक, हरियाणा
581	रणजीत कौर	50	29.07.2021	जिला होशियारपुर, पंजाब
582	गोपाल राम	65	30.07.2021	गांव गंगा, तहसील डबवाली, सिरसा, हरियाणा
583	सुखवीर सिंह	35	31.07.2021	गांव बिंजल, भुनेर हेरी, पटियाला, पंजाब
584	दलजीत सिंह	-	31.07.2021	गांव पेडनी खुर्द, भादसों के पास, नाभा, पंजाब
585	कश्मीर सिंह	-	31.07.2021	गांव धालीवाल, पट्टी, जिला लुधियाना, पंजाब

क्रमांक	नाम	आयु	तारीख	पता
586	मघर सिंह	70	01.08.2021	गांव संघेरा, जिला बरनाला, पंजाब
587	जनक सिंह	63	01.08.2021	जिला पटियाला, पंजाब
588	राजिंदर कौर	86	02.08.2021	गांव मुहावा, अटारी, जिला अमृतसर, पंजाब
589	सुदागर सिंह	58	03.08.2021	गांव उगोके, तपा, बरनाला, पंजाब
590	सिकंदर सिंह	49	03.08.2021	गांव पोना, तहसील जगराओं, लुधियाना, पंजाब
591	जतिंदर सिंह	34	04.08.2021	गांव रायपुर कलां, खरड़, एसएएस नगर, पंजाब
592	महेंदर सिंह ठाकन	65	07.08.2021	गांव कुलेरी, तहसील अग्रोहा, हिसार, हरियाणा
593	रेशम सिंह विर्क	-	08.08.2021	मौजेवाला गांव, मोगा जिला, पंजाब
594	गुरतेज कौर	63	09.08.2021	भूंडर गांव, रामपुरा, बठिंडा, पंजाब

क्रमांक	नाम	आयु	तारीख	पता
595	जसवंत सिंह महरून	-	14.08.2021	गांव वकील महरोन, जिला मोगा, पंजाब
596	निर्मल सिंह सोही	-	15.08.2021	हमीदी गांव, बरनाला जिला, पंजाब
597	लाभ सिंह	70	16.08.2021	गांव उभावल (मस्तुआना साहिब), संगरूर, पंजाब
598	अंत सिंह	-	16.08.2021	गांव बालेवाल, भवानीगढ़, जिला संगरूर, पंजाब
599	शरणजीत कौर	-	17.08.2021	गांव हयात नगर, जिला गुरदासपुर, पंजाब
600	मनप्रीत सिंह गिल	35	17.08.2021	गांव बुर्ज मानसइयां, मौड़, बठिंडा
601	महल सिंह	70	18.08.2021	गांव शरिहन वाला, फिरोजपुर जिला, पंजाब
602	तरसेम सिंह	34	18.08.2021	गांव राजगढ़ क्यूब, मौड़ मंडी, बठिंडा, पंजाब

क्रमांक	नाम	आयु	तारीख	पता
603	जरनैल सिंह	30	18.08.2021	गांव शेरगढ़ चीमा, जिला संगरूर, पंजाब
604	जगतार सिंह	48	19.08.2021	गांव सियोना, जिला पटियाला, पंजाब
605	करनैल सिंह	72	20.08.2021	गांव रुडी कलां, बरनाला जिला, पंजाब
606	सोहन लाल शर्मा	53	20.08.2021	गांव कांजला, तहसील धूरी, जिला संगरूर, पंजाब
607	मघर सिंह	65	20.08.2021	गांव बनेड़ा, तहसील धूरी, जिला संगरूर, पंजाब
608	हरदीप सिंह	-	22.08.2021	गांव भगवानपुरा कलां, भिखीविंड, तरनतारन, पंजाब
609	सज्जन सिंह	75	22.08.2021	गांव वराना, सरहाली कलां, तरनतारन, पंजाब
610	गुरदीप सिंह	30	23.08.2021	गांव हरिया वाला, बाघापुराना मोगा, पंजाब

क्रमांक	नाम	आयु	तारीख	पता
611	कौर सिंह	62	24.08.2021	गांव बाडी, संगत मंडी, जिला बठिंडा, पंजाब
612	लाभ सिंह	50	24.08.2021	गांव रामपुरा फूल (पट्टी जटाना), बठिंडा, पंजाब
613	छिंदर कौर	-	25.08.2021	गांव भगता, जिला बठिंडा, पंजाब
614	मेवा सिंह कालाझर	70	26.08.2021	गांव कालाझर, भवानीगढ़, संगरूर, पंजाब
615	शिंगारा सिंह	49	26.08.2021	गांव करारवाला, जिला बठिंडा, पंजाब
616	परमा सिंह	75	28.08.2021	गांव रामनगर भठल, बुढलाडा, मानसा, पंजाब
617	सुशील काजल	50	29.08.2021	गांव रायपुर जाटान, जिला करनाल, हरियाणा
618	देवेंद्र	39	29.08.2021	जुलाना, जींद जिला, हरियाणा
619	बलजिंदर सिंह	40	30.08.2021	गांव चूहड़चक, जिला मोगा, पंजाब

क्रमांक	नाम	आयु	तारीख	पता
620	लाल दीन	50	31.08.2021	गांव अजीमबाद, मलेरकोटला, संगरूर, पंजाब
621	सुखविंदर सिंह	-	-	गांव मानबिबारियाँ, जिला मानसा, पंजाब
622	दर्शन सिंह	-	02.09.2021	गांव मटर, कालांवाली, बड़ागुढ़ा, सिरसा, हरियाणा
623	मघर सिंह	70	04.09.2021	गांव फुमनवाला, भवानीगढ़, संगरूर, पंजाब
624	दलेर सिंह	25	04.09.2021	जिला फिरोजपुर, पंजाब
625	करमजीत सिंह	45	06.09.2021	गांव सुहावी, खमाणो, फतेहगढ़ साहिब, पंजाब
626	गुरदयाल सिंह	68	09.09.2021	गांव बुट्टर बखुआहा, गिद्दड़बाहा, श्री मुक्तसर साहिब, पंजाब
627	चमकौर सिंह	75	09.09.2021	गांव मनुके गिल, बाघापुराना, मोगा, पंजाब

क्रमांक	नाम	आयु	तारीख	पता
628	बलविंदर सिंह	60	11.09.2021	गांव राजपुरा, भवानीगढ़, जिला संगरूर, पंजाब
629	इकतर सिंह	78	12.09.2021	गांव भगता भाई, जिला बठिंडा, पंजाब
630	मनोज शर्मा	37	15.09.2021	गांव खानपुर कलां, जिला सोनीपत, हरियाणा
631	कंचन लाल	52	15.09.2021	बरेली, उत्तर प्रदेश
632	कुलवंत सिंह	56	16.09.2021	महसामपुर, बाबा बकाला, अमृतसर जिला, पंजाब
633	राजपाल	75	16.09.2021	गांव दूबलधन बिधान, बेरी, झज्जर, हरियाणा
634	अंग्रेज सिंह	47	17.09.2021	गांव कमालपुरा, अजनाला, अमृतसर, पंजाब
635	सुखविंदर सिंह	-	18.09.2021	गांव जैनपुर, धूरी, जिला संगरूर, पंजाब
636	जय सिंह	74	19.09.2021	गांव ढिंसा, समराला, जिला लुधियाना, पंजाब

क्रमांक	नाम	आयु	तारीख	पता
637	सुरजीत सिंह	-	20.09.2021	मंगवाल, संगरूर जिला, पंजाब
638	बलवीर सिंह	68	22.09.2021	अमरगढ़, बठिंडा, पंजाब
639	सुखदेव सिंह	-	22.09.2021	गांव कोटरा, जिला बठिंडा, पंजाब
640	हरजिंदर सिंह बग्गा	38	26.09.2021	गांव सांगवान, पट्टी, तरन तारन, पंजाब
641	तारा सिंह	68	26.09.2021	गांव रोहला, समराला, लुधियाना, पंजाब
642	बघेल राम	55	27.09.2021	गांव खेला, जिला जालंधर, पंजाब
643	प्रीतम सिंह	75	28.09.2021	गांव सुल्लर, जिला संगरूर, पंजाब
644	बलकार सिंह	66	01.10.2021	गांव मोड, अटारी, जिला अमृतसर, पंजाब
645	निर्मल सिंह	42	01.10.2021	बुर्ज धुनेके, मोगा जिला, पंजाब
646	राम सिंह	48	02.10.2021	गांव जेठुके, रामपुरा फूल, बठिंडा, पंजाब

क्रमांक	नाम	आयु	तारीख	पता
647	सतपाल सिंह	-	02.10.2021	गांव संघरेरी, भवानीगढ़, संगरूर, पंजाब
648	गुरविंदर कौर बोपाराय	-	02.10.2021	गांव छपार, जिला संगरूर, पंजाब
649	अमनदीप सिंह	-	03.10.2021	गांव शाहपुर कलां, जिला संगरूर, पंजाब
650	रविंदर सिंह रवि	32	03.10.2021	गांव बीरेवाले डोगरान, बुढलाडा, मानसा, पंजाब
651	गुरविंदर सिंह	19	03.10.2021	मोहरनिया, मटेरा, नानपारा, बहराईच, उत्तर प्रदेश
652	लवप्रीत सिंह	21	03.10.2021	पलिया कलां, जिला लखीमपुर खीरी, उत्तर प्रदेश
653	दलजीत सिंह	35	03.10.2021	गांव थंजरन टांडा, नानपारा, बहराईच, उत्तरप्रदेश
654	नछत्तर सिंह	65	03.10.2021	नामदार पुरवा, धौरहेरा, लखीमपुर खीरी, उत्तर प्रदेश

क्रमांक	नाम	आयु	तारीख	पता
655	रमन कश्यप	35	03.10.2021	निघासन, जिला लखीमपुर खीरी, उत्तर प्रदेश
656	परमजीत सिंह	50	04.10.2021	गांव सुधार, जिला लुधियाना, पंजाब
657	कुलदीप सिंह	-	05.10.2011	गांव छपार, जिला संगरूर, पंजाब
658	सुखदेव सिंह	75	06.10.2021	गांव झंडनवाला, जिला बठिंडा, पंजाब
659	कस्तूरी लाल	58	07.10.2021	बरनाला जिला, पंजाब
660	ज्ञानी चूहड़ सिंह	-	09.10.2021	गांव बिम्बर, तहसील भवानीगढ़, संगरूर, पंजाब
661	काबल सिंह	60	09.10.2021	लश्करी नंगल, अजनाला, अमृतसर
662	नवदीप सिंह	33	09.10.2021	गांव कम्बो, जिला अमृतसर, पंजाब
663	जसवीर सिंह	35	10.10.2021	गांव दिवा खोसा, जिला लुधियाना, पंजाब
664	बचित्तर सिंह	40	11.10.2021	गांव चौनपुर, अजनाला, अमृतसर, पंजाब

क्रमांक	नाम	आयु	तारीख	पता
665	गमदूर सिंह	62	11.10.2021	गांव कुलरिया, जिला मानसा, पंजाब
666	वरिंदर सिंह ढींडसा	39	17.10.2021	गांव उभावल संगरूर जिला, पंजाब
667	करनैल सिंह	61	20.10.2021	गांव राणो, नाभा, जिला पटियाला, पंजाब
668	रणजीत सिंह	-	25.10.2021	गांव भाटियान खुर्द, जिला पटियाला, पंजाब
669	बहादुर सिंह	53	25.10.2021	गांव फतेहगढ़ छाना, समाना
670	रामफल सिंह	70	25.10.2021	गांव भुटाल कलां, लहरागागा, संगरूर, पंजाब
671	महिंदर कौर	-	27.10.2021	किला रायपुर, जिला लुधियाना, पंजाब
672	धर्म सिंह	55	28.10.2021	गांव जेठूके, जिला बठिंडा, पंजाब
673	रिपन सिंह	50	28.10.2021	गांव जेठूके, जिला बठिंडा, पंजाब

क्रमांक	नाम	आयु	तारीख	पता
674	अमरजीत कौर	51	29.10.2021	गांव खिवा डायलुवाला, जिला मानसा, पंजाब
675	गुरमेल कौर	65	29.10.2021	गांव खिवा डायलुवाला, जिला मानसा, पंजाब
676	सुखविंदर कौर	55	29.10.2021	गांव खिवा डायलुवाला, जिला मानसा, पंजाब
677	निहंग बाबा सोहन	95	29.10.2021	मुरीदके, फतेहगढ़ चूड़ियां ब्लॉक, गुरदासपुर, पंजाब
678	करण सिंह	60	29.10.2021	गांव शाहपुर कंडेला, जिला जींद, हरियाणा
679	जुगराज सिंह	57	30.10.2021	बाबर वाशा, ब्लॉक घल्ल खुर्द, फिरोजपुर, पंजाब
680	मेजर सिंह	-	31.10.2021	गांव उभावल, जिला संगरूर, पंजाब
681	लाडी बाबा	-	01.11.2021	जिला लुधियाना, पंजाब
682	गुरजंट सिंह	54	02.11.2021	गांव चन्नू, लंबी, श्री मुक्तसर साहिब, पंजाब

क्रमांक	नाम	आयु	तारीख	पता
683	महिंदर कौर	70	05.11.2021	गांव हिम्मतपुरा, निहालसिंह वाला, मोगा, पंजाब
684	सतनाम सिंह मल्लेपुर	-	05.11.2021	बाबा लाल सिंह जी कुल्ली वालिया, गुरदासपुर, पंजाब
685	गुरप्रीत सिंह	45	10.11.2021	रूड़की, फतेहगढ़ साहिब, पंजाब
686	राम दिया	50	10.11.2021	कनौर, बनूर, मोहाली, पंजाब
687	मेवा सिंह पूनिया	75	14.11.2021	भागल, कैथल, हरियाणा
688	हरजीत सिंह टहलपुरा	70	14.11.2021	टहलपुरा, फतेहगढ़ साहिब, पंजाब
689	भगवंत सिंह रसूलपुर	-	15.11.2021	रसूलपुर, रूपनगर, पंजाब
690	महिंदर सिंह	60	16.11.2021	गांव रल्ला, जिला मानसा, पंजाब
691	गुरप्रीत सिंह	40	16.11.2021	तुंगा, नाभा, पटियाला, पंजाब
692	सुखदेव सिंह	58	17.11.2021	सानेर, जीरा, फिरोजपुर, पंजाब
693	हरचरण सिंह खालसा	65	17.11.2021	गांव हाकम वाला, बुढलाढा, मानसा, पंजाब

क्रमांक	नाम	आयु	तारीख	पता
694	जसविंदर सिंह नंदगढ़	57	19.11.2021	नंदगढ़, मंडी लखेवाली, श्री मुक्तसर साहिब, पंजाब
695	जंग सिंह	65	21.11.2021	गांव माझा, भवानीगढ़, संगरूर, पंजाब
696	बूटा सिंह	42	21.11.2021	गांव सिरसारी, फरीदकोट जिला, पंजाब
697	जगदेव सिंह	55	21.11.2021	गांव जखेपाल धालीवालबास, सुनाम, संगरूर, पंजाब
698	तरसेम चंद	60	21.11.2021	गांव पीरकोट, बठिंडा जिला, पंजाब
699	नछतर सिंह	62	22.11.2021	गांव लेहरा, जिला बठिंडा, पंजाब
700	जगमोहन सिंह	29	22.11.2021	गांव जहुरा, टांडा उरमुर, होशियारपुर, पंजाब
701	रामबीर	55	22.11.2021	गांव खेड़ी साध, जिला रोहतक, हरियाणा

क्रमांक	नाम	आयु	तारीख	पता
702	वीरेंद्र सिंह	63	22.11.2021	गांव रोहद, झज्जर जिला, हरियाणा
703	सुखदेव सिंह	65	23.11.2021	गांव डिंग मंडी, सिरसा, हरियाणा
704	बलबीर सिंह	49	25.11.2021	गांव हरदासपुरा, मेहल कलां, बरनाला, पंजाब
705	बलजीत सिंह (मोटा)	50	25.11.2021	गांव ढिलवां, तपा मंडी, जिला बरनाला, पंजाब
706	रुल्दू राम	38	-	गांव हंसदेहर, नरवाना, जिला जींद, हरियाणा
707	इंदर सिंहमार	55	-	गांव उझाना, नरवाना, जिला जींद, हरियाणा
708	परमिंदर सिंह	35	28.11.2021	गांव कामी कलां, घनौर, पटियाला, पंजाब
709	चरण सिंह	67	29.11.2021	गांव गोबिंदपुरा, शेरपुर, संगरूर, पंजाब
710	जसपाल सिंह	-	29.11.2021	गांव सादा सिंहवाला, जिला मानसा, पंजाब

क्रमांक	नाम	आयु	तारीख	पता
711	गुरजंट सिंह	60	30.11.2021	गांव कपियाल, भवानीगढ़, जिला संगरूर, पंजाब
713	गिरॉज संत	58	01.12.2021	गांव दीघोट, तहसील होडल, पलवल, हरियाणा
714	गुरचरण सिंह	-	02.12.2021	गांव कैरे, टल्लेवाला, सेहना, बरनाला, पंजाब
715	धीरम रावीश	-	-	कैथल जिला, हरियाणा
716	बीराराम	52	-	गांव बालू, जिला कैथल, हरियाणा
717	जगजीत सिंह	49	02.12.2021	गांव रुड़के खुर्द, फिल्लौर, जालंधर, पंजाब
718	भरपूर सिंह	68	03.12.2021	पटियाला जिला, पंजाब
719	जगर सिंह	-	03.12.2021	गांव तोलावाल, सुनाम, चीमा मंडी, पंजाब
720	मंगल सिंह	74	05.12.2021	गांव नंगली, बाबा बकाला, अमृतसर, पंजाब

क्रमांक	नाम	आयु	तारीख	पता
721	दमन सिंह	41	05.12.2021	गांव स्वाइच कमालू, मौड़ मंडी, बठिंडा, पंजाब
722	तरलोक सिंह	-	05.12.2021	गांव हिम्मतपुरा, निहालसिंह वाला, मोगा, पंजाब
723	नायब सिंह	87	07.12.2021	गांव हराज, श्री मुक्तसर साहिब, पंजाब
724	गुरनैब सिंह	-	07.12.2021	गांव दरौला, पटियाला, पंजाब
725	धर्मपाल मलिक	65	08.12.2021	गांव न्यात, जिला सोनीपत, हरियाणा
726	मंजीत सिंह पान्नू	70	10.12.2021	गांव काले घनुपुर, छेहरटा, अमृतसर, पंजाब
727	अजयप्रीत सिंह	36	10.12.2021	गांव आसा बुट्टर, श्री मुक्तसर साहिब, पंजाब
728	सुखदेव सिंह	35	10.12.2021	गांव आसा बुट्टर, श्री मुक्तसर साहिब, पंजाब
726	प्यारा सिंह	62	11.12.2021	जालंधर जिला, पंजाब

क्रमांक	नाम	आयु	तारीख	पता
727	बलजीत सिंह	-	11.12.2021	गांव घुमन कलां, मौड़ मंडी, बठिंडा, पंजाब
728	रणजीत सिंह	40	12.12.2021	गांव जस्टाना कलां, मोहाली, पंजाब
729	जसविंदर/ अमरीक सिंह	-	12.12.2021	गांव मान मराड, फरीदकोट, पंजाब
730	राजिंदर सिंह	55	12.12.2021	मुक्तसर रोड, जैतो, फरीदकोट, पंजाब
731	बलदेव सिंह	-	17.12.2021	जिला लुधियाना, पंजाब
732	रघुबीर सिंह	55	18.12.2021	श्री मुक्तसर साहिब, पंजाब
733	नरंजन सिंह दौहला	-	18.12.2021	जिला संगरूर, पंजाब

स्रोत: https://humancostoffarmersprotest.blogspot.com/2020/12/list-of-deaths-in-farmers-protest-at.html?m=1

इसके अलावा हरियाणा के लिए कुछ और नाम किसान नेता चौधरी जोगिन्दर घासीराम नैन द्वारा उपलब्ध कराये गए हैं। वे नाम नीचे दिए गए हैं।

क्रमांक	नाम	तारीख	पता
1	कमलजीत सिंह	06.12.20	डबवाली, सिरसा, हरियाणा
2	सत्यनारायण	28.12.20	बरहाना, झज्झर, हरियाणा
3	खेलू राम	01.01.21	हुमांयूपुर, रोहतक, हरियाणा
4	रणदीप सिंह	09.01.21	गुन्दिआना, यमुना नगर, हरियाणा
5	शीशपाल	09.01.21	गगसीना, करनाल, हरियाणा
6	राजेश चहल	11.01.21	गढ़ी गुजरान, करनाल, हरियाणा
7	दीवाना राम	17.01.21	उचाना कलां, जींद, हरियाणा
8	सतबीर सिंह	20.01.21	सिरसी, भिवानी, हरियाणा
9	सुमित कालीरमन	26.01.21	सिसाय, हिसार, हरियाणा
10	राजेश	26.01.21	मदीना, सोनीपत, हरियाणा
11	शमशेर सिंह	27.01.21	समैंन, फतेहाबाद, हरियाणा
12	कुलतार सिंह	27.01.21	कृष्णा कॉलोनी, टोहाना, फतेहाबाद, हरियाणा

क्रमांक	नाम	तारीख	पता
13	प्रेम सिंह	30.01.21	मालपुर, पानीपत, हरियाणा
14	रामपाल	30.01.21	बागड़ू खुर्द, जींद, हरियाणा
15	दिलबाग	31.01.21	कोहला, गोहाना, सोनीपत, हरियाणा
16	दलीप	02.02.21	जुलानी खेड़ा, कैथल, हरियाणा
17	सतीश	03.02.21	मुकीमपुर, सोनीपत, हरियाणा
18	संदीप	07.02.21	गोरखपुर, फतेहाबाद, हरियाणा
19	बलवान	10.02.21	भैणी सुरजन, रोहतक, हरियाणा
20	राजबीर	11.02.21	आदर्श नगर, सोनीपत, हरियाणा
21	अत्तर सिंह	17.02.21	निम्बड़ी वाली, भिवानी, हरियाणा
22	अंकित	24.02.21	जाटल, पानीपत, हरियाणा
23	अनूप	24.02.21	खरावड़, रोहतक, हरियाणा
24	साधुराम शर्मा	08.03.21	गोरखपुर, फतेहाबाद, हरियाणा

क्रमांक	नाम	तारीख	पता
25	ईश्वर सिंह	09.03.21	बराह खुर्द, जींद, हरियाणा
26	हीरा सिंह	18.03.21	ढाणी खेड़ा, भिवानी, हरियाणा
27	जसबीर सिंह	23.03.21	जसोर खेड़ी, झज्झर, हरियाणा
28	नन्द राम	25.03.21	दुब्बलधन माजरा, झज्झर, हरियाणा
29	गुरप्रीत सिंह	27.03.21	रानियाँ, सिरसा, हरियाणा
30	अश्वनी कुमार	27.03.21	नुरण खेरा, सोनीपत, हरियाणा
31	ईश्वर सिंह	31.03.21	चहड़ कला, भिवानी, हरियाणा
32	बलवान सिंह	08.04.21	बारवास, भिवानी, हरियाणा
33	कुलविंदर	24.04.21	गुरुद्वारा नाडा साहिब, पंचकूला, हरियाणा
34	ईश्वर सिंह	29.04.21	दिमाना, झज्झर, हरियाणा
35	हरपाल सिंह	29.04.21	ढेर, फतेहाबाद, हरियाणा
36	कृष्ण कुमार	30.04.21	खरड़, हिसार, हरियाणा

क्रमांक	नाम	तारीख	पता
37	सोनू	01.05.21	मदीना, रोहतक, हरियाणा
38	जगराम	03.05.21	कितलाना, भिवानी, हरियाणा
39	संतरो देवी	09.05.21	बिरधाना, झज्झर, हरियाणा
40	गुरचरण	10.05.21	लहरोदा, तहसील नारनौल, महेंद्रगढ़, हरियाणा
41	जय भगवान्	11.05.21	खरावड़, रोहतक, हरियाणा
42	विक्रम सिंह	14.05.21	दरियापुर, झज्झर, हरियाणा
43	राजबीर सिंह	15.05.21	बैठ्यान पाना, बेरी, झज्झर, हरियाणा
44	प्रेमनाथ	18.05.21	सिंघानी धाम, भिवानी, हरियाणा
45	ईश्वर सिंह	20.05.21	कन्हड़ी, फतेहाबाद, हरियाणा
46	रामकिशन	29.05.21	धनाना, भिवानी, हरियाणा
47	जगरूप सिंह	05.06.21	शंकरपुरा, फतेहाबाद, हरियाणा
48	चंदरपति	08.06.21	गोयला कलां, झज्झर, हरियाणा

क्रमांक	नाम	तारीख	पता
49	सतपाल	16.06.21	खटखड़, जींद, हरियाणा
50	हरकौरी देवी	11.06.21	खरकड़ी, भिवानी, हरियाणा
51	करनैल सिंह	13.06.21	तलवाड़ी, फतेहाबाद, हरियाणा
52	हक्कम सिंह	16.07.21	ढेर, फतेहाबाद, हरियाणा
53	बिंजा	17.06.21	पालुवास, भिवानी, हरियाणा
54	साहिब सिंह	27.06.21	धमकोरा रोड, फतेहाबाद, हरियाणा
55	कौर सिंह	28.06.21	धारसूल कलां, फतेहाबाद, हरियाणा
56	सतपाल	03.07.21	निम्बड़ी वाली, भिवानी, हरियाणा
57	सुनील	30.07.21	नहला, फतेहाबाद, हरियाणा
58	महावीर सिंह	31.07.21	भाना, कैथल, हरियाणा
59	धर्मबीर सिंह	02.08.21	सिंघानी, भिवानी, हरियाणा
60	धर्मवीर वशिष्ठ	06.08.21	पानीपत, हरियाणा

क्रमांक	नाम	तारीख	पता
61	फ़तेह सिंह	21.08.21	बालावास, पानीपत, हरियाणा
62	फ़तेह सिंह	21.08.21	बालावास, रेवाड़ी, हरियाणा
63	रणबीर सिंह	23.08.21	खरावड़, रोहतक, हरियाणा
64	रोहताश	30.08.21	मदीना, रोहतक, हरियाणा
65	दलबीर सिंह	09.09.21	हरी नगर, पानीपत, हरियाणा
66	दयानन्द	10.09.21	धनाना, भिवानी, हरियाणा
67	नथा राम	23.09.21	सुरबरा, जींद, हरियाणा
68	अजीत सिंह	08.10.21	डाडम, भिवानी, हरियाणा
69	चरणजीत	24.10.21	रोहद, सफीदों, जींद, हरियाणा
70	जगसीर सिंह	13.11.21	मटदादू, सिरसा, हरियाणा
71	अमरीक सिंह	15.11.21	खंबेड़ा, कैथल, हरियाणा
72	रोमी कुमार	25.11.21	डाबोदा कलां, झज्झर, हरियाणा

क्रमांक	नाम	तारीख	पता
73	पवन	26.11.21	मलहाना, सोनीपत, हरियाणा
74	मेवा सिंह	26.12.21	दरियापुर, भिवानी, हरियाणा
75	राजबीर	-	दिमाना, झज्झर, हरियाणा
76	पाली राम	-	इस्माइलाबाद, कुरुक्षेत्र, हरियाणा

पंजाब की 31 जत्थेबंदियों के नाम तथा प्रधान

क्र सं	जत्थे बंदियों के नाम	प्रधान/जनरल सेक्रेटरी	मोबाईल
1	भारतीय किसान यूनियन एकता उग्राहां	जोगेंद्र सिंह उग्राहां	9417557433
2	भारतीय किसान यूनियन सिंधुपुर	जगजीत सिंह दल्लेवाल	9417164682
3	पंजाब किसान यूनियन	रलदू सिंह मानसा	9872420294
4	भारतीय किसान यूनियन राजेवाल	बलबीर सिंह राजेवाल	9814228005
5	क्रांतिकारी किसान यूनियन पंजाब	डॉ दर्शन पाल	9417269294
6	किरती किसान यूनियन	निर्भय सिंह ढुडिके	7508101311

क्र सं	जत्थे बंदियों के नाम	प्रधान/जनरल सेक्रेटरी	मोबाईल
7	जम्हूरी किसान सभा पंजाब	कुलवंत सिंह संधू	9779077892
8	भारतीय किसान यूनियन एकता डकौंदा	जगमोहन सिंह पटियाला	9417354165
9	कुल हिंद किसान सभा पंजाब	बलदेव सिंह निहालगढ़	9876000715
10	कुलहिंद किसान सभा पंजाब	मेजर सिंह पूनावाला	8054564300
11	किसान संघर्ष कमेटी पंजाब	इंद्रजीत सिंह कोट बुढ़ा	7710251311
12	आजाद किसान संघर्ष कमेटी पंजाब	निर्वैर सिंह ढोंलके	9872040642
13	जय किसान आंदोलन पंजाब	गुरबख्श बरनाला	9465206313
14	किसान मजदूर संघर्ष कमेटी	सतनाम सिंह पन्नू	9417956005
15	किसान संघर्ष कमेटी पंजाब	कुलवंत सिंह पन्नू	9872331741
16	भारतीय किसान यूनियन क्रांतिकारी	सुरजीत सिंह धूल	9463990885

क्र सं	जत्थे बंदियों के नाम	प्रधान/जनरल सेक्रेटरी	मोबाईल
17	भारतीय किसान यूनियन कादियां	हरमीत सिंह	9815083846
18	भारतीय किसान यूनियन लखोवाल	जसविंदर सिंह लखोवाल	9815653079
19	भारतीय किसान यूनियन दोआबा	सतनाम सिंह सैनी	8837556318
20	भारतीय किसान यूनियन मानसा	बोध सिंह मानसा	9814892882
21	माझा किसान कमेटी	बलविंदर सिंह औलख	9779457229
22	इंडियन फार्मज एसोसिएशन-भारत	सतनाम सिंह बहिरू	9814749077
23	भारतीय किसान मंच	बूटा सिंह शादीपुर	9530835050
24	लोक भलाई इंसाफ वेलफेयर सोसाइटी	बलदेव सिंह सिरसा	7589000547
25	दोआबा किसान कमेटी, टांडा	जगबीर सिंह टांडा	7305000003
26	दोआबा किसान संघर्ष कमेटी	मुकेश चंद्र	9985600066
27	धन्ना संघर्ष कमेटी, दसूहा		9814734380

क्र सं	जत्थे बंदियों के नाम	प्रधान/जनरल सेक्रेटरी	मोबाईल
28	आजाद किसान कमेटी, दोआबा	हरपाल सिंह	9779916119
29	भारतीय किसान यूनियन, मान		
30	किसान बचाओ मोर्चा	कृपा सिंह नत्थू वाला	8146918347
31	आजाद किसान कमेटी, दोआबा		9279916119

अखिल भारतीय किसान संगठन

1. अखिल भारतीय किसान सभा (सम्बन्धित सी. पी. एम), अध्यक्ष- हनान मौला (आठ बार के सांसद)

2. अखिल भारतीय किसान सभा (सम्बन्धित सी. पी. आई.) अध्यक्ष- अतुल अनजान

3. स्वराज अभियान अध्यक्ष-योगेंद्र यादव

4. ऑल इन्डिया भारतीय किसान खेत मजदूर संगठन (सम्बन्धित एस. यू. सी. आई.)

5. जय किसान आंदोलन

6. कर्नाटक राज्य रायथा संघ

7. जन आंदोलनों के लिए राष्ट्रीय गठबंधन (National Alliance for People's Movement)

8. लोक संघर्ष मोर्चा

9. अखिल भारतीय किसान खेत मजदूर संगठन

10. राष्ट्रीय किसान मजदूर संगठन

11. अखिल भारतीय किसान मजदूर सभा

12. आशा किसान स्वराज

13. लोक संघर्ष मोर्चा

14. अखिल भारतीय किसान महासभा

15. स्वाभिमानी शेतकारी संगठन

16. किसान संघर्ष समिति

17. तराई किसान सभा

उत्तर प्रदेश के किसान संगठन

1. भारतीय किसान यूनियन टिकैत

2. भारतीय किसान यूनियन असली (गैर राजनैतिक) प्रधान हरपाल सिंह

हरियाणा के किसान संगठन

1. गुरनाम सिंह चढ़ूनी की भारतीय किसान यूनियन

2. अखिल भारतीय किसान सभा (सी.पी.एम.) हरियाणा इकाई प्रधान फूल सिंह श्योकंद

3. अखिल भारतीय किसान सभा (सी पी आई) हरियाणा इकाई

4. पगड़ी संभाल जट्टा-मनदीप नथवान

मध्यप्रदेश का किसान संगठन

1. राष्ट्रीय किसान मजदूर महासंघ, अध्यक्ष- शिव कुमार शर्मा (उर्फ कक्का)

इसके अतिरिक्त, खापों के संगठन, गांव स्तर के संगठन व अनेक रूप से स्वत:स्फूर्त ढंग से अनेक तरह से लोगों ने भागीदारी की।

तस्वीरों के लिए संदर्भ

1. Siwach, S., & Jagga, R. (2020, November 26). No one can stop us, say thousands at capital's borders. *The Indian Express*. https://indianexpress.com/article/india/no-one-can-stop-us-say-thousands-at-capitals-borders-7069770/

2. Dagar B S, Dainik Bhaskar, Hindi news, 2020. धरना है या लंगर: दिल्ली में किसान आंदोलन- कहीं रोटी पक रही, कहीं चाय-दूध उबल रहा, पंगत में बैठे लोग ले रहे प्रसाद https://dainik-b.in/0MDL3z4m1bb

3. (2020, December 4). Farmers say they have come to Delhi for decisive battle, urge PM to listen to their "Mann ki Baat." *The Week*. https://www.theweek.in/news/india/2020/11/30/farmers-say-they-have-come-to-delhi-for-decisive-battle-urge-pm-to-listen-to-their-mann-ki-baat.html

4. Pahwa, N. (2020, December 9). What's driving the biggest protest in world history? *Slate Magazine*. https://slate.com/news-and-politics/2020/12/india-farmer-protests-modi.html

5. Srivastava, A. (2020, December 22). Tamil Nadu farmers lend support to Singhu protesters, say ready to join agitation. *Hindustan Times*. https://www.hindustantimes.com/delhi-news/tamil-nadu-farmers-lend-support-to-singhu-protesters-say-ready-to-join-agitation/story-NJO5ZquA9ixxYpDRxqMcWP.html

6. Khan, N. (2020, December 23). Kisan Diwas 2020: A timeline of farmers' protest in the year of the pandemic. *Times Now.* https://www.timesnownews.com/mirror-now/in-focus/article/kisan-diwas-2020-a-timeline-of-farmers-protest-in-the-year-of-the-pandemic/697911

7. Farmers from 21 districts of Maharashtra march to Mumbai to protest against new farm laws, January 24, 2021 https://freepresskashmir.news/2021/01/24/farmers-from-21-districts-of-maharashtra-march-to-mumbai-to-protest-against-new-farm-laws/

8. Economic Times, Jan 30, 2021. People in villages cried and couldn't sleep when Tikait wept: Farmers

9. Online, F. (2021, January 29). Farmers Protest: 'We will not vacate the site,' says BKU spokesperson Rakesh Tikait. *Financial Express.* https://www.financialexpress.com/india-news/farmers-protest-live-news-ghaziabad-admin-protesting-farmers-rakesh-tikait-vacate-ghazipur-site-republic-day-violence/2180805/

10. Admin. (2021, January 31). *Punjabi singers Kanwar Grewal and Harf Cheema reach farmers' protest site against new farm laws at the Delhi-Ghazipur border in Delhi on Sunday. (ANI Photo)*. India News Stream. https://www.indianewsstream. com/foreign-affairs/punjabi-singers-kanwar-grewal-and-harf-cheema-reach-farmers-protest-site-against-new-farm-laws-at-delhi-ghazipur-border-in-delhi-on-sunday-ani-ph-oto/

11. **Tribune News Service, New Delhi, February 4:** When PM says he is a phone call away, then who is between him and farmers, wonders Deepender Hooda. Deepender Singh Hooda was speaking in the Rajya Sabha during the Budget Session; he also gave a list of farmers who had died during the agitation against the Centre's farm laws. (https://www. tribuneindia.com/news/haryana/when-pm-says-he-is-a-phone-call-away-then-who-is-between-him-and-farmers-wonders-deepender-hooda-207908)

12. निजी संपर्क

13. State, W. T. (n.d.). *One year of farmers' protests in India: June 2020 to June 2021 – The Polis Project*. https://www. thepolisproject.com/read/one-year-of-farmers-protests-in-india-june-2020-to-june-2021/

14. TIMESOFINDIA.COM. (2021, July 26). Farm laws: Rahul Gandhi drives tractor to Parliament; theatrics, says BJP. *The Times of India*. https://timesofindia.indiatimes.com/india/

farm-laws-rahul-drives-tractor-to-parliament-theatrics-says-bjp/articleshow/84762853.cms

15. न्यूज अ. र. ए. (2021, July 26). आंदोलन के 8 महीने: महिला किसानों ने जंतर-मंतर पर संभाला किसान संसद का मोर्चा, अभिनेत्री गुल पनाग शामिल. *https://www.abplive. com.* https://www.abplive.com/news/india/8-months-of-farmers-protest-women-farmers-at-jantar-mantar-kisan-sansad-gul-panag-also-present-ann-1945471

16. Press Trust of India & Business Standard. (2021, September 5). Several farmers converge for "Kisan maha panchayat" in Muzaffarnagar.

17. *Priyanka Gandhi Vadra at Farmers' tribute to those killed in Lakhimpur.* October 12, 2021 (n.d.). NDTV.com. https://www.ndtv.com/india-news/priyanka-gandhi-vadra-at-farmers-tribute-to-those-killed-in-lakhimpur-2573361

18. Gupta V, Dec 9, 2021, Wire. Farmers at Delhi Borders Begin Packing as SKM Announces Suspension of Yearlong Protests

19. Arora K, Dec 10, 2021, Wire. Retired Govt, Army Officers Recommend Nobel Peace Prize for Samyukt Kisan Morcha. Activist Yogendra Yadav and Samyukta Kisan Morcha (SKM) leaders show victory signs after SKM announced to call off the farmer's agitation at the Singhu border in New Delhi, Thursday, December 9, 2021. Photo: PTI

20. लेखक स्वयं